时速 160 公里动力集中动车组构造与检修

主　编 ◎ 史新伟　陶丹丹　史富强
副主编 ◎ 赵　霆　靳　波　王　宁
李志涛　师玲萍　王　娟
李天赐　乔　森　梁朝利

西南交通大学出版社
·成　都·

图书在版编目（CIP）数据

时速 160 公里动力集中动车组构造与检修 / 史新伟，陶丹丹，史富强主编. — 成都：西南交通大学出版社，2022.9（2024.7 重印）
ISBN 978-7-5643-8910-9

Ⅰ. ①时… Ⅱ. ①史… ②陶… ③史… Ⅲ. ①高速动车 - 车体结构 - 职工培训 - 教材②高速动车 - 车辆检修 - 职工培训 - 教材 Ⅳ. ①U266

中国版本图书馆 CIP 数据核字（2022）第 165499 号

Shisu 160 Gongli Dongli Jizhong Dongchezu Gouzao yu Jianxiu

时速 160 公里动力集中动车组构造与检修

主　编　史新伟　陶丹丹　史富强

责任编辑 / 李华宇
封面设计 / GT 工作室

西南交通大学出版社出版发行
（四川省成都市金牛区二环路北一段 111 号西南交通大学创新大厦 21 楼　610031）
发行部电话：028-87600564　028-87600533
网址：http://www.xnjdcbs.com
印刷：四川玖艺呈现印刷有限公司

成品尺寸　185 mm × 260 mm
印张　15　　字数　375 千
版次　2022 年 9 月第 1 版　　印次　2024 年 7 月第 2 次

书号　ISBN 978-7-5643-8910-9
定价　48.00 元

课件咨询电话：028-81435775

前言

PREFACE

为贯彻落实国家创新驱动发展，加快推进铁路装备现代化建设，我国考虑充分利用既有线路和机、客车的检修资源，着眼于打造拥有完全自主知识产权的动车组，实现核心技术及关键部件的全部自主化。自 2015 年起，中国铁路总公司和中国中车集团携手启动实施了时速 160 公里动力集中动车组的立项研制工作。时速 160 公里动力集中动车组纳入“复兴号”序列，其定位于既有普速线路运行，利用既有机、客车检修资源，逐步取代既有机车车辆，大幅度改善乘客乘坐体验，提升运输品质。2015 年 8 月开始，中国铁路总公司和中国中车多次在北京组织召开了“动力集中动车组技术条件及技术方案研讨会”，并分别提出了基本技术要求。2016 年，中国铁路总公司陆续与中国中车集团多家子公司签订了《时速 160 公里动力集中动车组关键技术研究》合同，同年完成了设计图纸归档、样车试制、整列组编及调试、网络互通试验等工作。2017 年 8 月，中国铁路总公司组织进行了技术条件、设计方案和实验评审，9 月中旬完成整列型式试验，12 月完成环形铁道试验。2018 年 1 月，在成都局完成线路运行试验，2 月中国铁路总公司组织进行了试用评审，4 月开始运用考核工作。2019 年，时速 160 公里动力集中动车组列车开始在我国铁路线上投入商业运行，目前发展速度很快，已经占据我国既有线铁路旅客列车很大的份额。“复兴号”动力集中型动车组采用中国标准，实现了牵引系统、制动系统、网络系统等全部核心软件和车体、牵引电机、转向架、车轮等主要硬件的自主化；我国目前已成为世界上轨道交通发展速度最快的国家，随着轨道交通建设力度的不断加大，轨道交通专业人才需求量也在不断增长，因此培养具有良好素质的人才已经成为首要任务之一。

轨道交通系统设备先进、结构复杂，高新技术广泛应用，要保障这个庞大系统的安全和高效，必须依靠与之相匹配的高素质员工。本书的编者总结长期的工作经验，深入调研，总结我国动车组列车的理论与实践经验，面向高等院校和轨道交通行业尤其是从事动车组检修与运用的从业者，从动车组车辆应知应会的基础知识、检修和运用的基本技能、应急故障处置的专业知识与技能等方面，全面分析、阐述了动车组车辆专业和安全性方面的基本知识与技能，为我国高等院校和动车组车辆检修、运用的从业队伍，培养一批责任心强、业务过硬、技艺精湛的能工巧匠，打下坚实的基础。

本书编者是从事轨道交通车辆专业教学的高校教师和铁道车辆一线的技术与管理人员，具有较为丰富的专业基础知识和实践经验，将教学和车辆一线企业的实际需求有机结合，强调知识技能的系统性和实用性，理论结合实际剖析教材，是校企合作教材编写的又一个典型模范。本书主要包括列车概况、车体结构、车端连接、转向架、车内布置、司机室、牵引传动系统、空气制动及总风系统、辅助系统、列供系统及负载、动力集中动车组控制及信息传输、旅客信息系统、通风及空调系统、车辆给排水及卫生系统、电务车载等内容，涵盖了动车组检修和运用人员在工作期间必须掌握的专业知识，对动车组故障应急处理等方面的有关规定也有一定分析与探讨。因此，本书既可作为轨道交通车辆专业及其他相关专业的教材，也可作为轨道交通运营现场的培训教材和其他对轨道交通驾驶感兴趣读者的科普读物。

本书由中国铁路西安局集团有限公司史新伟、辽宁铁道职业技术学院陶丹丹、陕西交通职业技术学院史富强担任主编。中国铁路西安局集团有限公司赵霆、靳波、王宁、李志涛、李天赐、乔森、梁朝利，西安铁路职业技术学院师玲萍、王娟担任副主编。具体编写分工为：史新伟编写第 1、2、3、4 章；史富强、陶丹丹编写第 5、6、7 章；赵霆编写第 8 章；靳波编写第 9 章、师玲萍、王娟编写 10、11 章；中国铁路西安局集团有限公司王宁、李志涛、李天赐、乔森及梁朝利编写 12、13、14、15、16 章；全书由史富强、王宁统稿。本书在编写过程得到了中国铁路西安局集团有限公司的大力支持，在此表示深深的感谢。

由于编者水平有限，纰漏之处在所难免，欢迎批评指正。

编　者

2022 年 6 月

目录
CONTENTS

1 绪 论

为深入落实国家创新驱动发展战略，加快推进铁路装备现代化建设，中国铁路考虑充分利用既有线路和机、客车的检修资源，着眼于打造拥有完全自主知识产权的动车组，实现核心技术及关键部件全部自主化。自 2015 年起，中国铁路总公司（现更名为中国国家铁路集团有限公司，简称“国铁集团”）和中国中车股份有限公司（以下简称“中国中车”）携手启动实施了时速 160 公里动力集中型电动车组的立项研制工作。时速 160 公里动力集中动车组纳入“复兴号”序列，其定位于既有普速线路运行，利用既有机、客车检修资源，逐步取代既有机车车辆，大幅度改善乘客乘坐体验，提升运输品质。

2015 年 8 月开始，中国铁路总公司和中国中车多次在北京组织召开动力集中动车组技术条件及技术方案研讨会，并分别提出了基本技术要求。2016 年，中国铁路总公司陆续与中国中车多家子公司签订了《时速 160 公里动力集中动车组关键技术研究》合同，同年完成了设计图纸归档、样车试制、整列组编及调试、网络互通试验等工作。2017 年 8 月，中国铁路总公司组织进行了技术条件、设计方案和试验评审，9 月中旬完成整列型式试验，12 月完成环形铁道试验。2018 年 1 月，在成都局完成线路运行试验，2 月中国铁路总公司组织进行了试用评审，4 月开始运用考核工作。2019 年 1 月，首辆动集动车组在兰州局正式上线运营。

“复兴号”动力集中动车组采用中国标准，实现了牵引系统、制动系统、网络系统等全部核心软件和车体、牵引电机、转向架、车轮等主要硬件的自主化。

1.1 动力集中动车组分类及命名方式

1.1.1 按编组形式分类

动力集中动车组按编组形式可分为短编和长编两种形式。

短编：1Mc+7T（6 辆普通座车、1 辆餐吧车）+1Tc；

长编：1Mc+16T（6 辆普通卧车、7 辆包间卧车、1 辆餐座合造车、2 辆普通座车）+1Mc。

注：Mc 为动力车，是“motor car with cabin”的缩写；Tc 为控制车，是“trailer car with cabin”的缩写；T 为拖车，是“trailer car”的缩写。

1.1.2 按制造平台分类

动力集中动车组由 4 个生产平台、7 家主机厂供应商生产制造。

（1）株洲+浦镇平台：南京浦镇车辆有限公司（以下简称“浦镇公司”）（拖车及控制车）与株洲电力机车有限公司（以下简称“珠机公司”）（动力车）合造。

（2）大连+唐山平台：唐山机车车辆有限公司（以下简称“唐山公司”）（拖车及控制车）与大连机车车辆有限公司（以下简称“大连公司”）（动力车）合造。

（3）大同+长春平台：长春中车轨道车辆有限公司（以下简称“长客股份”）（拖车及控制车）与大同电力机车有限公司（以下简称“大同公司”）（动力车）合造。

（4）大同+四方平台：四方机车车辆股份有限公司（以下简称“四方股份”）（拖车及控制车）与大同电力机车有限公司（动力车）合造。

1.1.3　命名方式

时速 160 公里动力集中动车组是复兴号动车组系列产品，整列总代号为“CR200J”，简称“CR200J 动车组”。为区分编组中动力车制造企业，在整列总代号“CR200J”后增加 1 位阿拉伯数字。为区分拖车及控制车制造企业，以四位阿拉数字表示车组号，即整列代号为“CR200J×-××××”具体含义如下：

CR 200 J×- ××××

- ××××：以四位阿拉伯数字表示车组号
- J×-：动力车制造企业区分代号
- 200：动力集中动车组 150 km＜v≤200 km
- CR：中国铁路标态

其中，“CR200J1”表示动力车由株机公司制造的动车组整列代号；“CR200J2”表示动力车由大同公司制造的动车组整列代号；“CR200J3”表示动力车由大连公司制造的动车组整列代号。后四位车组编号表示拖车及控制车的生产企业：

（1）唐山公司制造的国铁动车组，短编车组号段为 1001～1999，长编车组号段为 5001～5999。

（2）浦镇公司制造的国铁动车组，短编车组号段为 2001～2999，长编车组号段为 6001～6999。

（3）长客股份制造的国铁动车组，短编车组号段为 3001～3999，长编车组号段为 7001～7999。

（4）四方股份制造的国铁动车组，短编车组号段为 4001～4999，长编车组号段为 8001～8999。

1.1.4　按剖面形状分类

按照中国国家铁路集团有限公司（简称“国铁集团”）要求和 CR200J 动车组产品定位及顶层指标，打破原机、客车组合的思路，结合动车组设计理念，为进一步完善和提升经济合理性、乘客舒适性、技术先进性等，2019 年 9 月和 11 月，项目组组织国内外动力集中动车组进行全面对比，如图 1-1 和图 1-2 所示，提出了动力集中（简称“动集”）动车组（鼓形车体）全面系统设计优化方案。

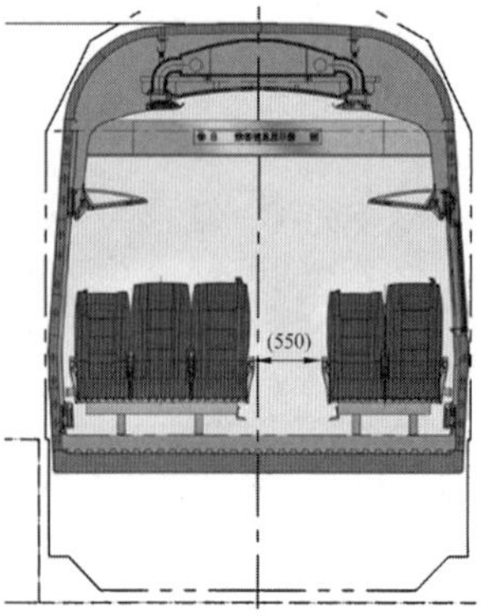

图 1-1　鼓形动集剖面

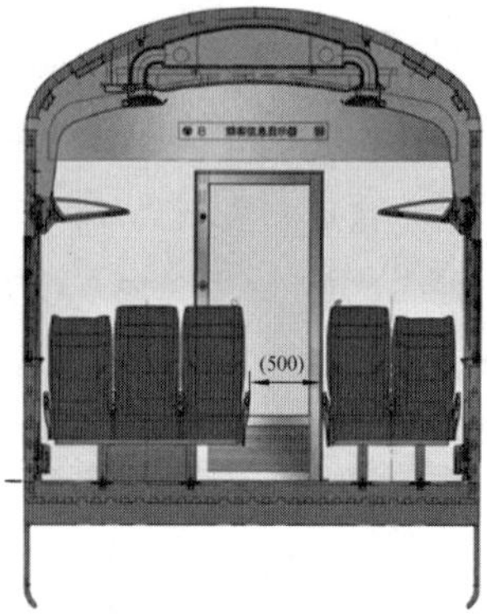

图 1-2　直形动集剖面

2019 年 8 月起，国铁集团对直形动集动车组进行了优化，2020 年 1 月公布了鼓形动集动车组技术条件，2021 年开始配属，目前全路配属 76 组。

1.1.5　按动力方式分类

按照动力来源方式，动集动车组可分为电动和双源两种形式。

电动：运用于电气化铁路区段，全部动力来源于接触网供电。动力由 1 台（短编）或 2 台（长编）电力动力车提供，为目前主流车型。

双源：可同时运用于电气化及非电气化铁路区段，2021 年，国铁集团为拉林（拉萨至林芝）、拉日（拉萨至日喀则）铁路定制了 3 组高原双源动力集中动车组（鼓形车体）。因拉萨至日喀则为非电气化区段，该车组一端为 1 辆电力动力车，另一端为 2 辆内燃动力车，同时拖车增加了制氧设备。

具体编组为：1 辆电力动力车、9 辆拖车、2 辆内燃动力车，编组 12 辆，总定员 755 人。

1.2　CR200J3 型动力集中动车组概貌

2019 年 1 月，由大连公司、唐山公司携手打造的 CR200J3 型动力集中动车组（以下简称“CR200J3 动集动车组”）首次投入运营，以下是该动车组概貌。

1.2.1　动集动车组列车

CR200J3 动集动车组采用流线型外形，具备良好的高速运行气动特性，如图 1-3 所示。列车两端外形对称设计且均设有司机室，便于列车双向驾驶。

图 1-3　动集动车组概貌

1.2.2　动集动车组司机室

每列动集动车组的两端分别设置有相同结构与功能的司机室，由前端司机室实施列车控制，为司机提供一个安全、整洁、美观、舒适的工作环境，便于操作、维护，如图 1-4 所示。

图 1-4　司机室概貌

1.2.3　动集动车组客室

1.2.3.1　旅客座席、卧铺

动集动车组旅客座席及卧席布置在列车客室中，客室包括一等座车、二等座车客室及一等卧车和二等卧车客室，如图 1-5 ~ 图 1-8 所示。

图 1-5　一等座

图 1-6　二等座

图 1-7　二等卧

图 1-8　一等卧

二等座座椅靠背可调，不可旋转，椅背上设折叠式茶桌、杂志袋等，座椅下部设置插座；一等座座椅靠背可调节，不可旋转，椅背上设文件袋、脚踏等，座椅下部设置插座。

二等卧车设置上、中、下三层卧铺，采用全包结构，下铺通过铺腿连接在地板和间壁上，上铺通过端部支承连接在间壁上。一等卧车设置上、下两层卧铺，采用全包结构，下铺通过铺腿连接在地板和间壁上，上铺通过端部隐藏式支承连接在间壁上。

基于人机工程学设计的洗面间集成了按压式水龙头、插座、面镜、皂液器、抽纸盒、电暖风机、储水式温水器、冲拖布水阀等，如图 1-9 所示；无障碍卫生间壳体采用玻璃钢材质制造，集成了按压式水龙头、婴儿护理台、倾斜式面镜、抽取纸巾盒、电暖风机、扶手、衣帽钩等，如图 1-10 所示。

图 1-9　洗面间

图 1-10　无障碍卫生间

1.2.3.2　其他旅客服务设施

餐吧区设备配置适应常温、低温饮料食品的展示及售卖需求，兼顾少量盒餐的微波加热以及日常清洗需求。走廊采用铝蜂窝复合板间壁、开敞式设计，大圆弧过渡转角增大了通过宽度，方便旅客通过，如图 1-11 和图 1-12 所示。

图 1-11　餐车吧台

图 1-12　走廊

车厢内部照明全部采用 LED 照明，普通座车主灯带亮度可调，行李架设辅助灯带；普通卧车走廊上部使用隐形灯带照明，走廊茶桌下方设置地灯，包间内部使用包间顶灯照明，客室内设置带 USB 接口的阅读灯。包间卧车走廊上部使用隐形灯带照明，包间内部使用包间顶灯照明，如图 1-13 所示。

图 1-13　客室照明

旅客信息服务系统（PIS）具备车内外信息显示屏，集成广播播音系统和视频监控系统，预留 Wi-Fi 接入端口，无障碍区域设置旅客呼叫系统，如图 1-14 所示。

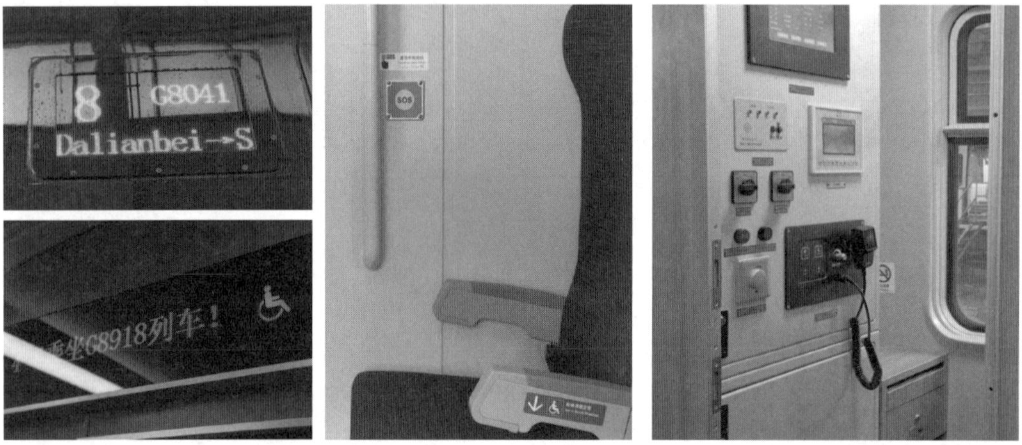

图 1-14　旅客信息服务系统

基于标动 Wi-Fi 系统的改进：互联网接入和乘客空间区域的无线信息网络全覆盖；无线互联网实时接入和本地娱乐；音视频点播、列车商城购物、乘务服务呼叫、列车运行信息推送；与客站/车库 Wi-Fi 网络互通、认证鉴权、安全防护和系统管理维护。

2 列车概况

2.1 车辆配置

动力集中动车组是中国铁路总公司 2016 年的重点项目，按照“同一标准，两个平台”和“同一平台，多家配套”的原则进行动力车的研发，并实现如下目标：

（1）具有完全的自主知识产权，实现核心技术及关键部件全部自主化；

（2）提高通用件比例，实现不同技术平台下的最大简统化及互通互联互控；

（3）采用更高速率和带宽的通信网络，实现高度自动化、信息化和智能化；

（4）采用模块化、开放式设计理念，实现重要系统及关键部件接口统一，多家供货；

（5）关键技术指标达到国际领先水平，实现更高效、节能与环保。

动力车的总体设计承袭既有成熟的、可靠的和谐型电力机车技术平台的技术基础，是为满足铁路旅客快速运输要求，在大连机车车辆有限公司批量生产的 HX_D3 系列电力机车技术平台上研制的新一代产品，借鉴了既有客运电力机车的应用经验，按照系列化、标准化、信息化、模块化的思路进行设计与制造。在保持 HX_D3G 型八轴 200 km/h 客运电力机车的总体技术参数和系统设计方案不变的条件下，进行了适应动车组运用需求的优化和调整，保证动力车整车的成熟度，同时为动力车利用既有和谐车的维修能力和体系创造条件。

2.1.1 编组型式及主要车型

动集动车组编组形式有两种，即短编和长编。

2.1.1.1 短编

动力集中动车组编组见图 2-1，其编组形式为：1Mc+7T（6 辆普通座车、1 辆餐吧车）+1Tc。其中，Mc 为带司机室的动力车；T 为拖车；Tc 为带司机室的拖车，即控制车。共计 9 辆编组，1 动 7 拖 1 控，全部为座车，总定员 720 人。

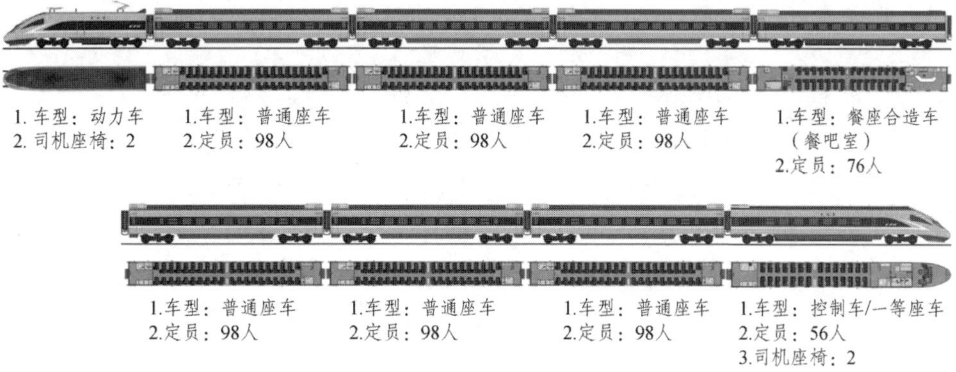

图 2-1 CR200J3 型短编动集动车组编组示意图

短编按车种不同，可分为动力车、普通座车（二等座车）、餐吧车和控制车（一等座车）。其中，动力车司机室设司机座椅 2 个，司机室后端设机械室集中安装各设备，不承担旅客运输任务。普通座车两端设通过台及走廊，中部客室设 2+3 座椅，定员 98 人。餐吧车一位端设无障碍通过台及走廊，中部客室一位端设 2 个无障碍座椅，其余设 2+3 座椅，二位端设餐吧区及大走廊，定员 76 人。控制车一位端设通过台及走廊，中部客室设 2+2 座椅，二位端设司机室和设备间，客室和设备间设通过台及小走廊，定员 56 人。

2.1.1.2　长编

动力集中动车组长编编组见图 2-2，其编组形式为：1Mc+18T（6 辆普通卧车、2 辆普通座车、1 辆餐座合造车、7 辆包间卧车）+1Mc，共计 18 辆编组，2 动 16 拖，总定员 918 人。

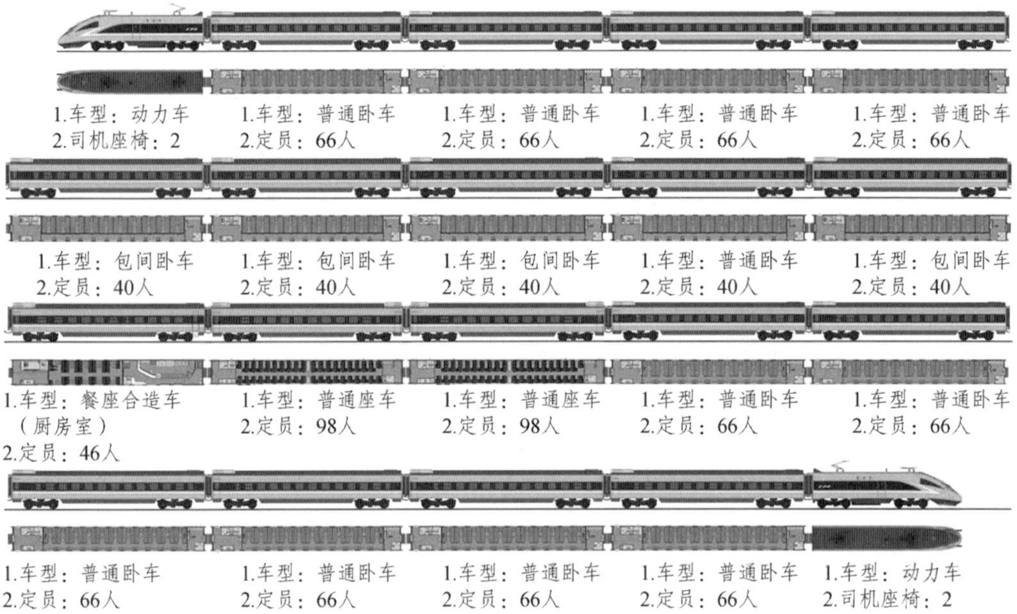

图 2-2　CR200J3 型长编动集动车组编组示意图

长编按车种不同，可分为动力车、普通卧车（二等卧车）、包间卧车（一等卧车）、餐座合造车和普通座车（二等座车）。普通卧车一位端设座式便器卫生间、乘务室、电热开水器，小走廊内设电气控制柜、卧具柜；车体中部设 11 个半封闭式卧铺包间；二位端设三人洗面间及隐藏式洁具柜、垃圾箱、蹲式便器卫生间，定员 66 人。包间卧车一位端设座式便器卫生间、乘务员室、电热开水器，小走廊内设电气控制柜、卧具柜；车体中部设 10 个封闭式卧铺包间；二位端设三人洗面间及隐藏式洁具柜、垃圾箱、蹲式便器卫生间，定员 40 人。餐座合造车一位端设隐藏式垃圾箱和一个无障碍卫生间；车体中部为客室、播音室及机械师室，设置 2+3 普通座椅，客室设有无障碍座位和残障人士轮椅存放区；二位端设配电柜及配餐式厨房，定员 46 人。

2.1.2　列车主要技术参数

CR200J3 型动集动车组最高运营速度为 160 km/h，在我国铁路既有线路上运行。列车主要技术参数见 2-1。

2-1 CR200J3 型动集动车组主要技术参数

车体轮廓		直形	鼓形
定员	普通座车（二等座车）	98 人	
	控制车（一等座车）	56 人	
	普通卧车	66 人	
定员	包间卧车	40 人	
	餐吧车（短编）	76 人	
	餐座合造车（长编）	46 人	
车体长度	动力车	≈20 000 mm	
	拖车	25 500 mm	
	控制车	27 955 mm	
车体高度	拖车、控制车	4 030 mm	4 433 mm
	动力车	4 433 mm	
转向架中心距	拖车、控制车	18 000 mm	
	动力车	10 055 mm	
转向架轴距	拖车、控制车	2 500 mm	
	动力车	2 800 mm	
车体宽度		3 105 mm	3 360 mm
车辆间距		1 076mm	800 mm
轴重		不大于 165 kN，同一轮对轮重差不超过 4%	
车顶距轨面高度（空车时）		4 433 mm	
车辆定距		18 000 mm	
轨距		1 435 mm	
车钩中心线距轨面高度		850 ~ 880 mm	
客室地面距轨面高度		1 283 mm	
最高运营速度		160 km/h	
最高试验速度		176 km/h	
在平直道上重车（考虑 30%超员）紧急制动距离		初速 120 km/h 时，不大于 800 m	
		初速 160 km/h 时，不大于 1 400 m	
通过最小曲线半径		整列连挂：*R*145 m	
		动力车单车：*R*125 m	
		拖车（控制车）单车：*R*100 m	
静止状态下车体传热系数（*K* 值）		客室：≤1.11 W/（m^2·K）	
轮对内侧距		（1 353 ± 1）mm	

2.2 主要技术特点

动力集中动车组动力车为 HX_D3G 型机车的“一般改进型”产品；拖车为 25T 型客车的“一般改进型”产品；控制车为 25T 型客车的“重大改进型”产品。它充分利用既有 25T 客车技术平台，考虑研制周期，适应现有客车运用，遵循技术一体化设计原则，具备自主化、简统化、互联互通、成熟性、先进性、经济性等特点，在外观、内装设计上参照既有 CRH 动车组，提高了密封性能，减小了纵向冲动，降低了噪声，改善了乘坐舒适性。其主要技术特点有：

（1）轴式为 B_0-B_0，电传动系统为交-直-交传动，采用 IGBT 水冷变流机组、1 400 kW 大转矩异步牵引电动机，具有起动（持续）牵引力大、恒功率速度范围宽、黏着性能好、功率因数高等特点。

（2）采用牵引、辅助、列供变流器一体化设计，每节动力车的辅助电气系统采用 2 组辅助变流器，能分别提供 VVVF 和 CVCF 三相辅助电源，对辅助机组进行分类供电。该系统冗余性强，一组辅助变流器故障后可以由另一组辅助变流器对全部辅助机组供电。

（3）采用微机网络控制系统，实现了逻辑控制、自诊断功能，而且实现了动力车的网络重联功能。

（4）除受电弓、避雷器、高压连接器外，其他高压设备均放置在车内高压柜内，恶劣天气下降低了车顶高压放电的可能性，减少了检修工作量，提高了动力车运行的可靠性。

（5）总体设计采用高度集成化、模块化的设计思路，电气屏柜和各种辅助机组分功能斜对称布置在中间走廊的两侧；采用了规范化司机室，有利于动力车的安全运行。

（6）车体采用流线型设计和轻量化桁架式整体承载结构，车端采用小间隙车钩，两节之间采用半永久式车钩装置，无连挂间隙，方便安装、检修、维护，减小了列车冲击。

（7）转向架采用承载式整体铸造铝合金齿轮箱体，将进风道设置在齿轮箱体上，有效减轻了牵引电机的重量，大大降低了簧间质量，提高了动力车的运行品质。

（8）采用下悬式安装方式的一体化多绕组（全去耦）变压器，具有高阻抗、重量轻等特点，并采用强迫导向油循环风冷技术。

（9）采用独立通风单层铝合金绝缘顶盖，减轻了重量的同时提高了避雷器和高压设备在雾霾天气下运行的可靠性和安全性。

（10）采用了集成化气路的空气制动系统，具有空电制动功能。机械制动采用轮盘制动。

2.3 主要技术参数

2.3.1 工作电源

电流制式为 25 kV/单相交流 50 Hz，网压允许波动范围为 17.5 ~ 31 kV。在 22.5 ~ 29 kV 网压下，轮周功率为 5 600 kW；网压从 22.5kV 到 19 kV，轮周功率从 5 600 kW 线性减小，网压在 19 kV 时，轮周功率为 4 729 kW；网压从 19 kV 到 17.5 kV，轮周功率从 4 729 kW 线性下降到 0；网压从 29 kV 到 31 kV，轮周功率从 5 600 kW 线性下降到 0，如图 2-3 所示。

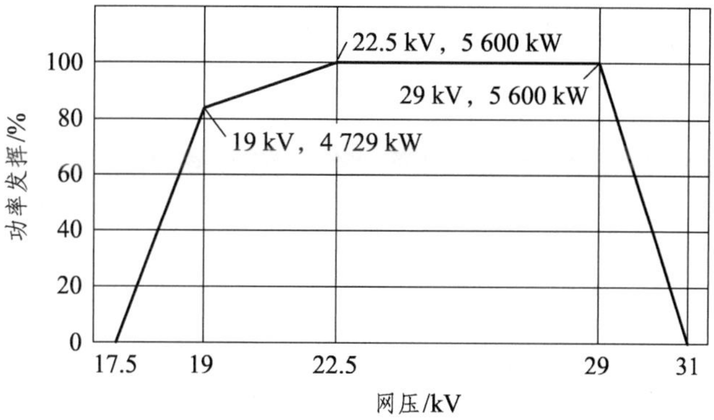

图 2-3　动力车网压-功率特性

在 25～29 kV 网压下，短时（半小时）轮周功率为 6 400 kW；网压从 25 kV 到 19 kV，轮周功率从 6 400 kW 线性减小，网压在 19 kV 时，轮周功率为 4 729 kW；网压从 19 kV 到 17.5 kV，轮周功率从 4 729 kW 线性下降到 0；网压从 29 kV 到 31 kV，轮周功率从 6 400 kW 线性下降到 0，如图 2-4 所示。

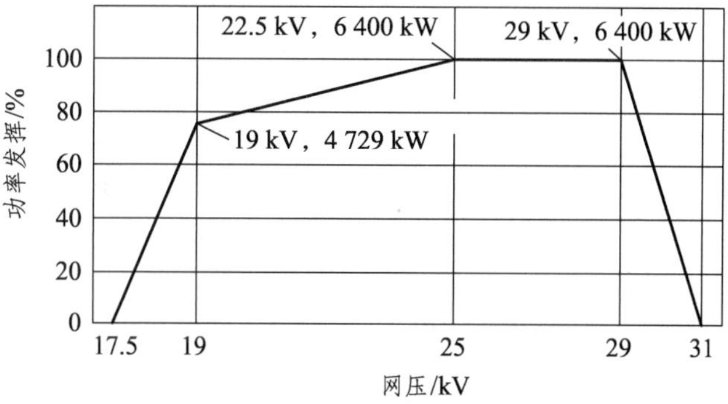

图 2-4　动力车网压-功率特性

在网压允许波动范围内，能够保证辅助功率正常发挥。

在网压允许波动范围内，能够保证列车供电功率正常发挥。

在网压允许波动范围内，辅助功率、列车供电功率正常发挥。

2.3.2　牵引性能参数

电传动方式：交－直－交传动

持续功率：5 600 kW（短时 6 400 kW）

动力车速度：

最高运营速度：160 km/h

最高试验速度（新轮）：176 km/h

持续速度：95 km/h

动力车起动牵引力：240 kN

动力车持续牵引力：212 kN

2.3.3　动力制动性能参数

电制动方式：再生制动

电制动功率：5 600 kW（132 ~ 160 km/h）

最大电制动力：153 kN

牵引-制动性能特性曲线如图 2-5 所示。

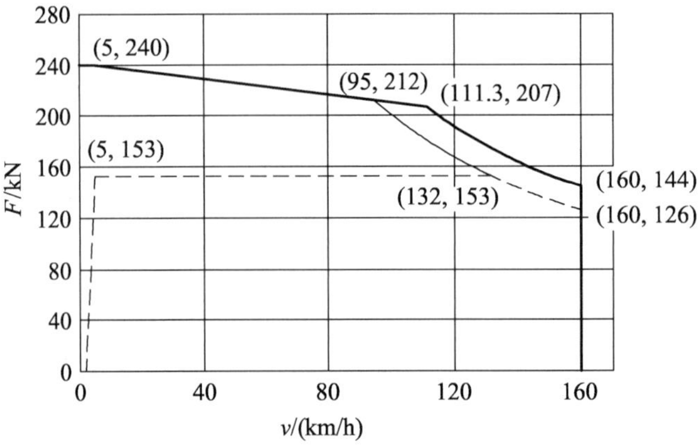

图 2-5　牵引-制动特性曲线

2.3.4　主要结构尺寸

轨距：1 435 mm

轴式：B_0-B_0

动力车总重：78 t

轴重：195 kN

动力车前、后车钩中心距：19 985 mm

车体宽度：3 105 mm

车体高度：4 030 mm（新轮）

动力车全轴距：12 855 mm

转向架固定轴距：2 800 mm

车轮直径：1 250 mm（新轮）

　　　　　1 200 mm（半磨耗）

　　　　　1 150 mm（全磨耗）

受电弓落下时，滑板顶面距轨面高度：≤4 750 mm

受电弓滑板距轨面的工作范围：5 150 ~ 6 500 mm

车钩中心线距轨面高度（新轮）：（880 ± 10）mm

排障器距轨面高度：110 mm

2.3.5　功率因数

当动力车发挥 10%及以上额定功率时，功率因数大于等于 0.98。

2.3.6　等效干扰电流（J_P）

牵引工况下发挥持续功率，且列车供电没有投入，距牵引变电所 10 km 处测量，接触网阻抗每千米 0.63 Ω、64°的条件下，等效干扰电流（J_P）小于等于 2.5 A。

2.3.7 动力车总效率

额定网压下，在牵引工况发挥持续功率时（不包括列车供电），动力车总效率大于等于0.85。

2.3.8 动力车自动过分相控制

动力车具有自动通过分相区的功能。自动过分相装置具有动作时间点记录功能。在自动过分相装置故障时，可采用手动或半自动方式通过分相区。

2.3.9 6A 系统

动力车安装车载安全防护系统（6A 系统），包含中央处理平台（含音、视频终端）和空气制动安全监测、防火监控、高压绝缘检测、走行部故障监测、自动视频监控及记录等子系统。

2.3.10 动力车动力学性能

动力车应能以 5 km/h 速度安全通过半径为 125 m 的曲线，并应能在半径 250 m 的曲线上进行正常摘挂作业。

动力车动力学其他性能、参数须符合 TB/T 2370—1993 的有关要求。

动力车单机以 160 km/h 速度于平直道上施行紧急空气制动时，最大制动距离小于等于 1 400 m。

3 车体结构

3.1 概述

动集动车组相比传统机车车辆的运营速度有所增加，这就要求动车组车体结构设计需考虑：

（1）为了减小空气阻力，车体外形设计成流线型；为了提高乘坐舒适度，车体采用气密结构；为了降低能耗，车体采用轻量化设计。

（2）动力车以八轴客运电力机车技术为基础，参照我国既有动车组经验及要求，进行优化设计。

（3）拖车以既有 25T 型客车为基础，在平面布置、内部装饰、人机界面等方面参照既有 CRH 动车组进行优化设计。

3.2 钢结构

3.2.1 动力车车体钢结构

3.2.1.1 概述

动力车车体为中间内走廊式单司机室整体承载焊接结构，主要由车体钢结构、顶盖、牵引缓冲装置等组成。其中，车体钢结构由司机室、左右侧墙、底架、后端墙及前围板和排障器等大部件组成整体结构，如图 3-1 所示。顶盖由 3 个可拆卸的独立顶盖组成，方便车内设备吊装。

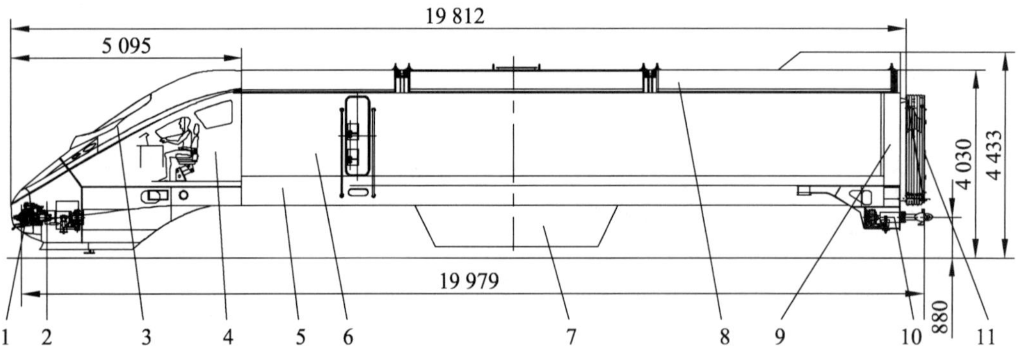

1—前端车钩缓冲装置；2—开闭机构；3—玻璃钢复合材料头罩；4—司机室钢结构；
5—底架；6—侧墙；7—裙板；8—铝合金顶盖；9—后端墙；
10—后端车钩缓冲装置；11—折棚风挡。

图 3-1 动力车钢结构

3.2.1.2 底架

底架主要由前后端牵引梁、前后旁承梁、变压器梁、中梁及左右边梁等组成。中间变压器横梁采用鱼腹结构，并安装有牵引拉杆座。底架结构如图 3-2 所示。

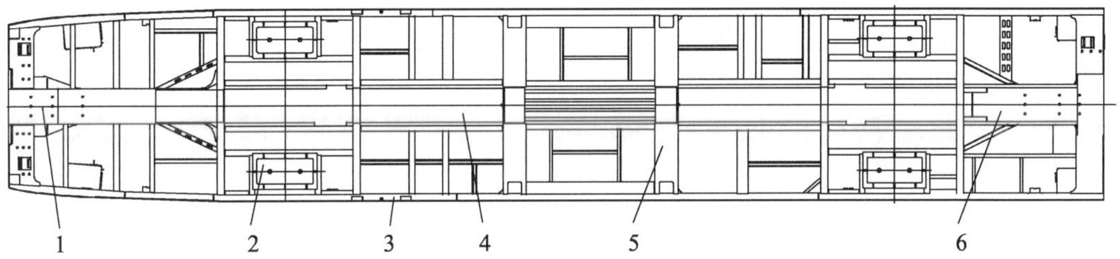

1—前端部牵引梁；2—旁承梁；3—边梁；4—变压器梁；5—中梁；6—后端部牵引梁。

图 3-2　动力车底架

3.2.1.3　司机室

司机室由钢结构和司机室头罩两部分组成，司机室头罩体现材料轻量化理念，采用流线型外形设计，使用夹芯玻璃钢复合材料，粘接在钢结构上，如图 3-3 所示。

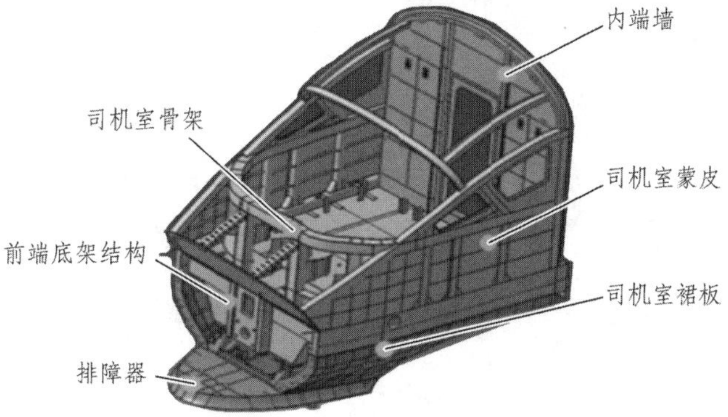

图 3-3　司机室

3.2.2　控制车车体钢结构

控制车钢结构车体部分基于 25T 技术平台进行优化、提升，在前端增加司机室结构，整体保持筒形承载主结构。侧墙和端墙根据平面度提升的需求进行适应性改进。

3.2.3　拖车车体钢结构

车体钢结构采用薄壁筒形整体承载结构，与 25T 型客车相同。车体由底架、侧墙、车顶、端墙等大部件组成。

底架钢结构主要由端牵枕、横梁、侧梁、地板等组成。车下设备安装采用统型结构，易实现模块化，简化工艺；枕外采用平地板，枕内采用波纹地板，枕外通过台地板设有排水孔；通过台、厕所和洗脸室易腐蚀部位地板采用不锈钢板。

侧墙、端墙主要由梁柱、墙板及附件等组成，梁柱为乙形断面，立面开减重孔，实现轻量化。端墙线槽与骨架焊接在一起，以提高骨架刚度。

车顶由上边梁、弯梁、纵梁、侧顶板、中顶板、平顶等组成。采用梁柱交圈设计，以提高车体刚度、模态和抗扭转性能；车顶不设雨檐（侧门上方设置雨檐），车顶和侧墙圆滑过渡。

优化项点：车体采用大断面鼓形车体；拖车车体材料采用高耐候钢。

3.3　平面布局

3.3.1　动力车布局

3.3.1.1　设备布置

动力集中动车组动力车是一台四轴动力车。在动力车的前端设有一个司机室，中间是机械室。在机械室内设有 700 mm 宽的中央通道，在通道左右两侧设有主变流装置、通风机、复合冷却器、空气压缩机等电气设备。在车体下设有 2 台二轴转向架及主变压器，在顶盖上设有受电弓及避雷器。车内设备布置以平面斜对称布置为主，设备成套安装，有利于动力车的重量分配和动力车的制造、检修及部件的互换。其车体外形及设备布局如图 3-4 所示。

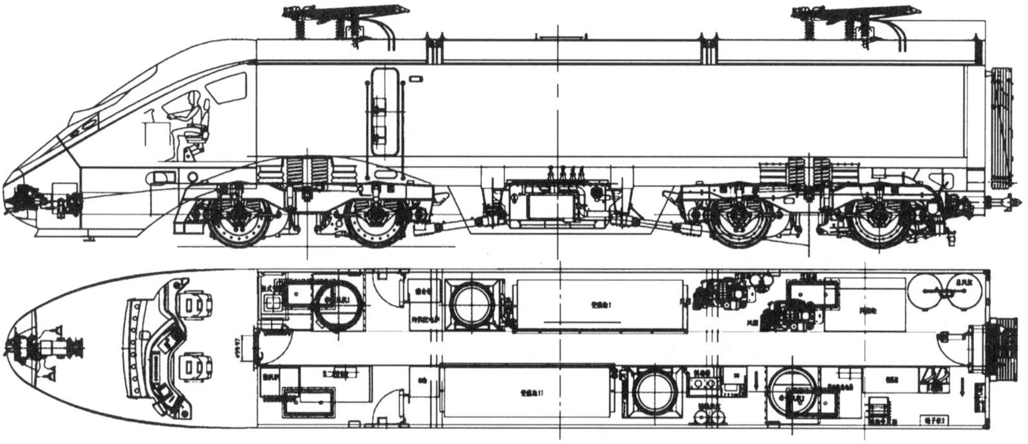

图 3-4　动力车外形及设备布置

3.3.1.2　车顶设备布置

每台动力车设有 3 块顶盖，在第Ⅰ和第Ⅲ块顶盖上布置有受电弓、支撑绝缘子、避雷器和高压穿墙套管。避雷器底部、高压电缆穿墙套管上部和下部采用绝缘防护，能够有效防止污闪。第Ⅰ顶盖上还设有天线安装预留座；在第Ⅱ块顶盖上设有受电弓摄像头、LKJ 三合一天线、北斗天线、3G 天线和活动天窗。活动天窗用于登上车顶检修作业（为确保安全，天窗设置钥匙联锁装置）。车顶设备布置如图 3-5 所示。

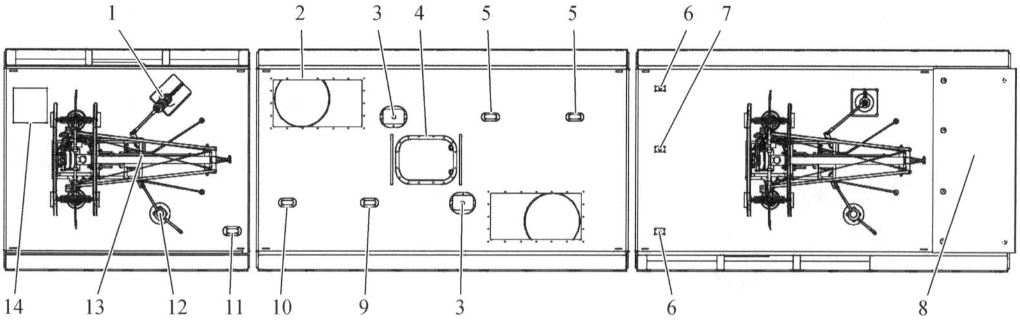

1—高压套管；2—复冷风机通风口；3—受电弓摄像头；4—活动天窗；5—LKJ 车载三合一天线；6—多频天线；7—电台 GPS 天线；8—导流罩；9—北斗天线；10—3G 天线；11—天线安装预留座；12—避雷器；13—受电弓；14—空调风道。

图 3-5　车顶设备布置

3.3.1.3　司机室

每节动力车在前端设置有单司机室，整个司机室布置及设计进行人机工程优化，并进行降噪处理。司机室内宽敞、明亮，司机能够方便地接近司机室内的每一个部位，如图 3-6 所示。司机室两侧各设有 1 个可打开的侧窗，后墙中部设有通向机械间的门。

图 3-6　司机室效果图

3.3.1.4　机械室设备布置

机械室设备配置如图 3-7 所示。主要特点如下：

（1）牵引变流器、复合冷却器、牵引通风机采用斜对称布置，便于平衡动力车轴重。

（2）动力车的电器柜采取适当集中、合理化布置的方式。

（3）动力车主变压器位于动力车中部，下悬于底架下，以降低动力车重心。

（4）动力车采用先进的油水冷却设备来冷却变压器油和变流器水，散热器采用共体分层模式，充分利用空间并提高冷却效率。

（5）动力车机械间内管路和布线采用先进的预布式中央管排、线槽方式，安装在中央走廊地板下，美观且便于安装和维护。

（6）动力车通风系统为独立式通风系统，各通风系统相互独立，互不影响。动力车运行时机械间保持微正压工况。

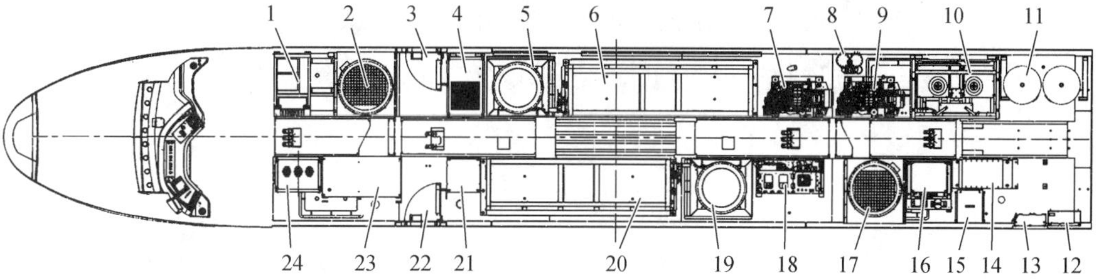

1—柜式空调；2—牵引风机 1；3—侧入门；4—列供管理柜；5—复合冷却器 1；6—变流柜 1；7—空压机 1；8—干燥器；9—空压机 2；10—网侧柜；11—总风缸；12—空气箱；13—端子柜；14—低压柜；15—辅助变压器；16—蓄电池充电柜；17—牵引风机 2；18—制动柜；19—复合冷却风机 2；20—变流柜 2；21—6A 柜；22—侧入门；23—三方设备柜；24—微机柜。

图 3-7　机械室设备配置

3.3.1.5 车下设备

车下设备如图 3-8 所示。主变压器悬挂在动力车中部，以变压器为中心对称布置 2 台转向架。在转向架上配置有牵引电机等设备。另外，还配置了动车插座、辅助/控制电路外接电源插座、行灯插座、机车电子标签、速度传感器和轴温传感器等设备。

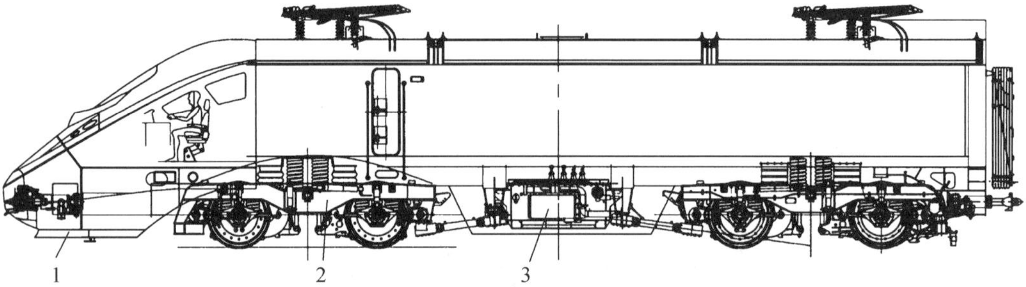

1—排障器；2—走行部；3—变压器。

图 3-8 车下设备布置

3.3.2 车辆布局

3.3.2.1 二等座车（普通座车）

二等座车（普通座车）定员 98 人，两端设通过台；一位端设座便器卫生间、乘务员室（或大件行李区）及小走廊，小走廊内设电气综合控制柜、电热开水器间；车体中部为客室，设置 2+3 普通座椅及 4 个安全锤；二位端设蹲便器卫生间、隐藏式垃圾箱、开敞式双人洗面间及小走廊，平面布置如图 3-9 所示。

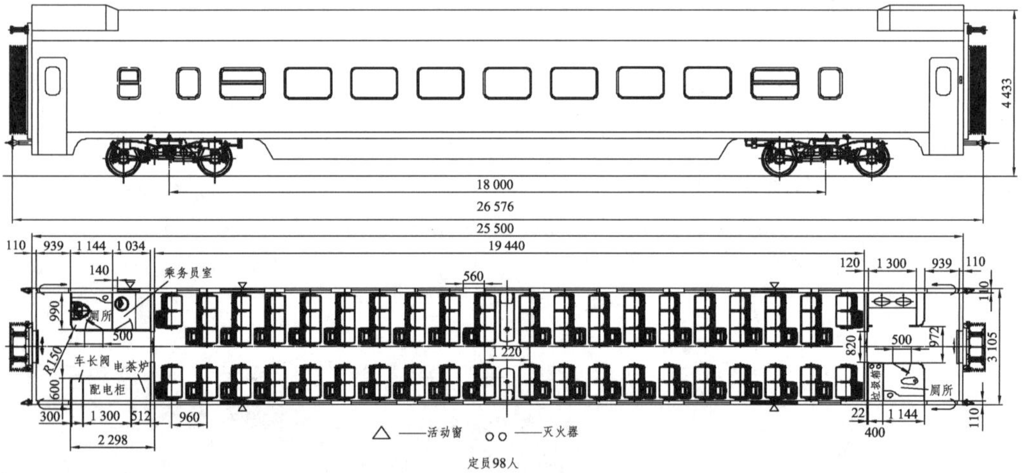

图 3-9 二等座车平面布置图

3.3.2.2 一等座车（控制车）

一等座车（控制车）总定员 56 人，车两端设通过台；一位端设蹲便器卫生间、乘务员室及小走廊，小走廊内设电气控制柜、电热开水器间；车体中部为客室，设置 2+2 一等座椅及 4 个安全锤；二位端设座便器卫生间、隐藏式垃圾箱、开敞式双人洗面间、小走廊及司机室，平面布置如图 3-10 所示。

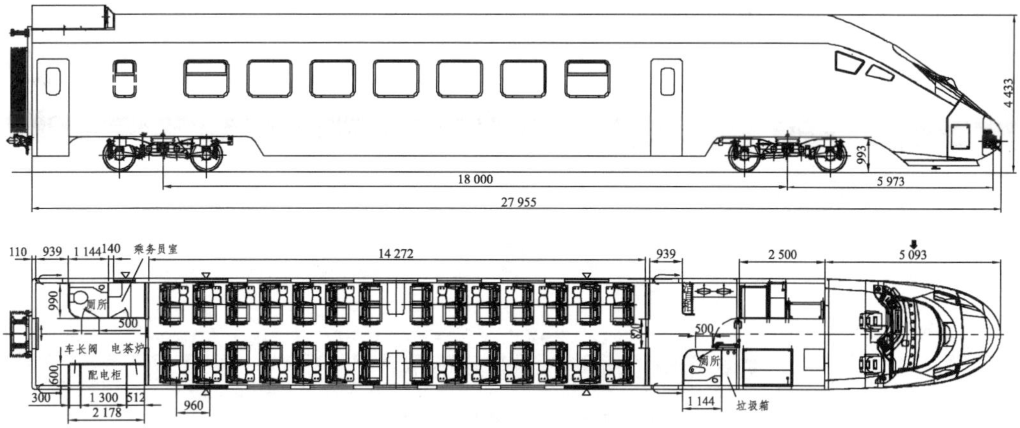

图 3-10　一等座车平面布置图

3.3.2.3　二等卧车（普通卧车）

二等卧车总定员 66 人，一位端设通过台、座式便器卫生间、乘务员室及小走廊，乘务室内设电热开水器，小走廊内设电气控制柜、卧具柜；车体中部设 11 个半封闭式卧铺包间及侧走廊，上铺与中铺、中铺与下铺间设脚蹬；二位端设三人洗面间及隐藏式洁具柜、垃圾箱、蹲便器卫生间及小走廊，平面布置如图 3-11 所示。

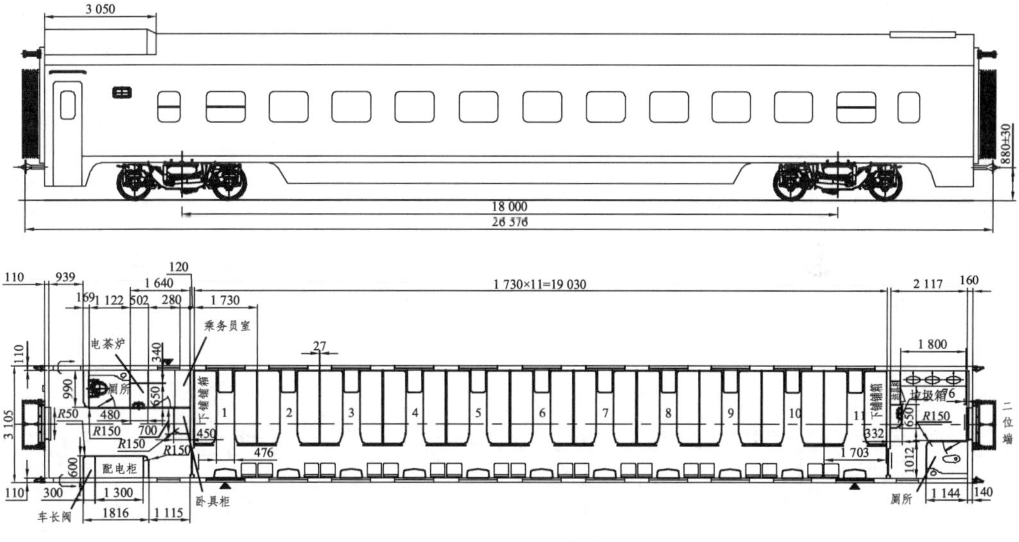

图 3-11　二等卧车平面布置图

3.3.2.4　一等卧车（包间卧车）

一等卧车总定员 40 人，一位端设通过台、座便器卫生间、乘务员室及小走廊，乘务室内设电热开水器，小走廊内设电气控制柜、卧具柜；车体中部设 10 个封闭式卧铺包间及侧走廊；二位端设三人洗面间及隐藏式洁具柜、垃圾箱、蹲便器卫生间及小走廊。

3.3.2.5　餐吧车

餐吧车总定员 76 人，一位端设通过台、隐藏式垃圾箱和 1 个无障碍卫生间；车体中部为客室，设置 2+3 普通座椅及 4 个安全锤，客室设有无障碍座位和残障人士轮椅存放区；二位端设机械师室、配电柜、电热开水器、餐吧区及侧走廊，餐吧区设方便于售卖的展示及储藏设备，平面布置如图 3-12 所示。

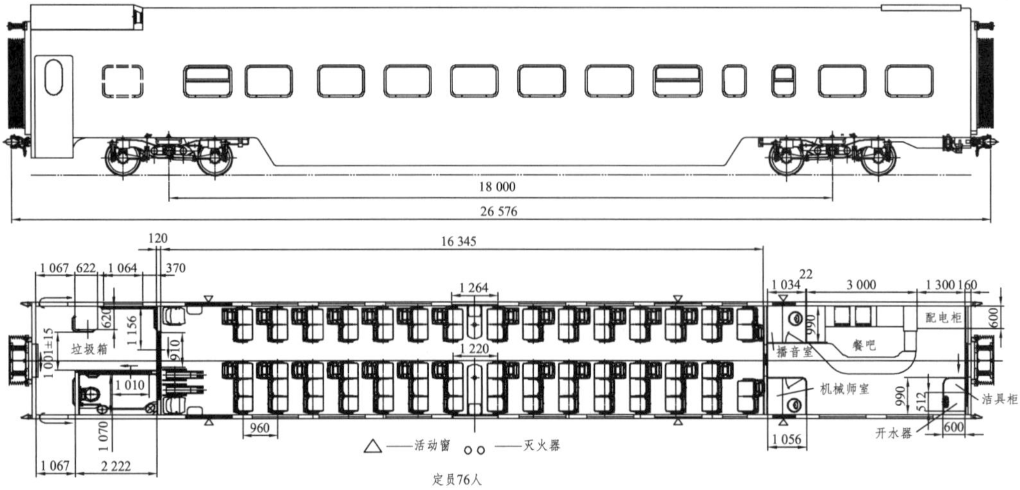

图 3-12　餐吧车平面布置图

3.3.2.6　餐座合造车

餐座合造车总定员 46 人，一位端设通过台；一位端小走廊设隐藏式垃圾箱和一个无障碍卫生间；车体中部为客室、播音室及机械师室，设置 2+3 普通座椅及 4 个安全锤，客室设有无障碍座位和残障人士轮椅存放区；二位端设配电柜、配餐式厨房及侧走廊，平面布置如图 3-13 所示。

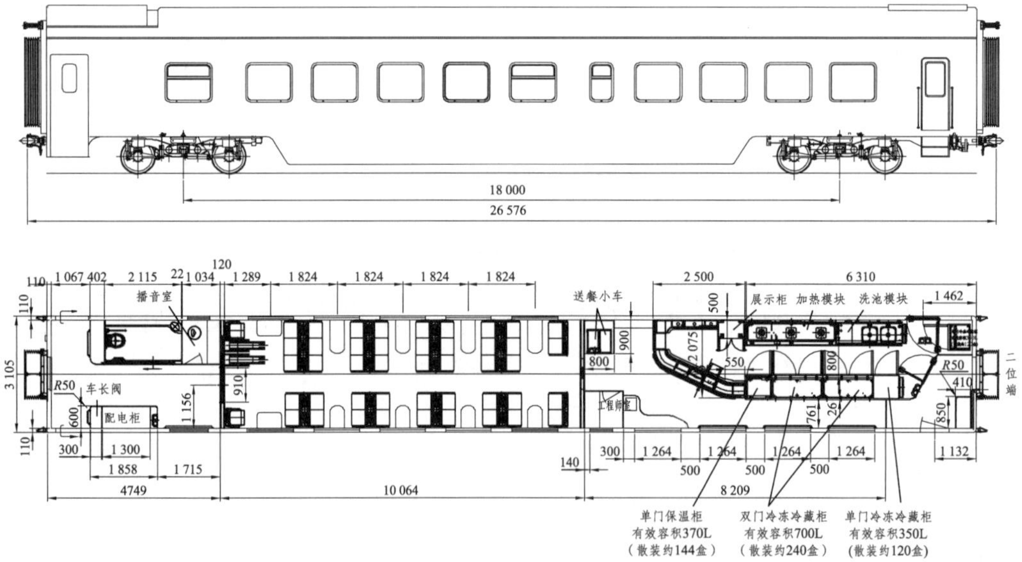

图 3-13　餐座合造车平面布置图

3.4　动力集中动车组主要系统性能介绍

动力集中动车组电气系统在 25T 型客车的基础上进行优化设计，优化了供电网络和旅客信息服务系统，增加了安全环路系统，升级了轴报、行车安全、火灾报警等安全监测系统，提高了列车运行的安全性和旅客乘坐的舒适度。

4 车端连接

动力集中动车组车端连接由机械连接、电气连接及气路连接三部分组成，实现动力车与拖车、拖车与拖车之间机械、电路、空气的连接。

4.1 机械连接

4.1.1 概述

时速 160 公里动力集中动车组车端连接系统主要由以下几部分组成：全自动车钩、密接式车钩、15X 托梁式车钩、风挡系统、开闭机构、车端阻尼（仅直形车）等。

4.1.2 设备布置

时速 160 公里动力集中动车组车端连接系统布置如下：

（1）全自动车钩布置在控制车司机室端，可用于短编组重联时两组短编间全自动连挂；

（2）密接式车钩布置在动力车、控制车非司机室端（与拖车连挂端）及全列拖车的一、二位端，用于拖车之间以及动力车、控制车与拖车之间的机械连挂；

（3）15X 托梁式车钩布置在动力车司机室端，可用于无动力调车、回送及救援时与机车间机械连挂；

（4）内、外风挡布置在动力车、控制车非司机室端（与拖车连挂端）及全列拖车的一、二位端；

（5）开闭机构仅布置在司机室车一位端；

（6）车端阻尼安装于直形动力车、控制车非司机室端及拖车一、二位端。

4.1.3 主要部件的结构与功能

4.1.3.1 全自动钩缓装置

全自动钩缓装置由缓冲系统、安装吊挂系统、连挂系统、电气连接器、连接环等组成，可以实现自动机械连挂、自动气路连挂、自动电路连挂、自动及手动机械分解、自动气路分解、自动及手动电路分解，缓和及吸收列车运行过程中车辆间的冲击能量。其结构如图 4-1 所示。

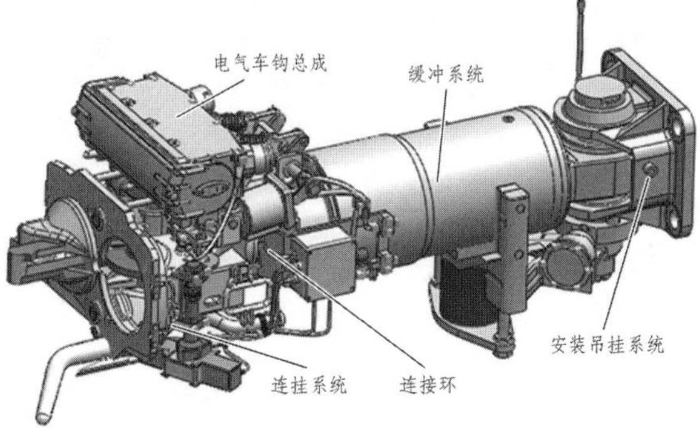

图 4-1 全自动车钩

日常维护保养：

1. 前端车钩整体检查

（1）目视检查，检查机械车钩、电钩推送装置、缓冲装置及安装吊挂装置，确认无裂纹、变形，螺栓紧固无松动，弹簧无变形、断裂，橡胶件无老化、变形、龟裂。

（2）清洁表面污物。

2. 机械车钩检查

（1）清理车钩连挂面、钩舌、连挂杆和各风管连接器，去除杂物，用无绒布擦干净。

（2）拉动解钩手柄，检查连挂机构是否灵活，旋转后能否流畅复位。

（3）润滑车钩头，润滑位置如图 4-2 所示。

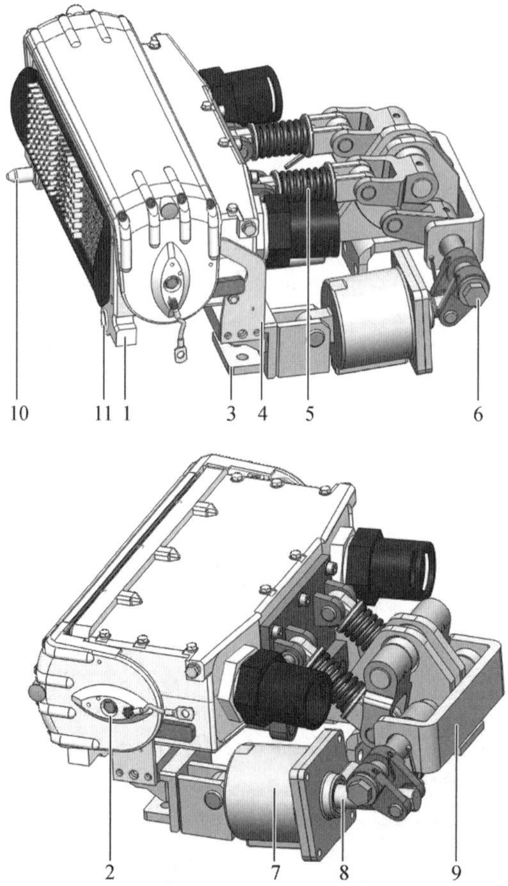

1—前板；2—翻盖机构；3—安装架；4—操作臂；5—推送弹簧；6—手动操作回转轴；7—推送气缸；8—活塞杆；9—支撑架；10—定位销；11—定位孔。

图 4-2　车钩头润滑位置

3. 电气连接器检查

（1）清洁橡胶框，用滑石粉除去尘土。

（2）用干净干燥的无绒布清洁触头和触头块。

4. 风管连接器检查

使用无油压缩空气或无油抹布清洁风管连接器，如图 4-3 所示。

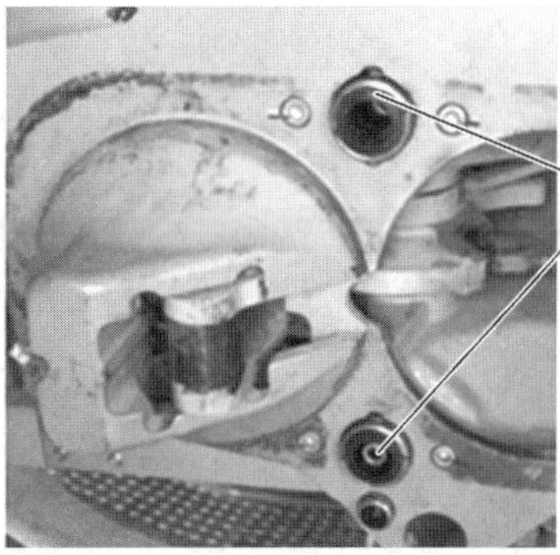

图 4-3　风管连接器

5. 推送机构检查

（1）干燥状态下清洁定向杆，不得润滑。

（2）润滑定位销和转动点位置如图 4-4 所示。

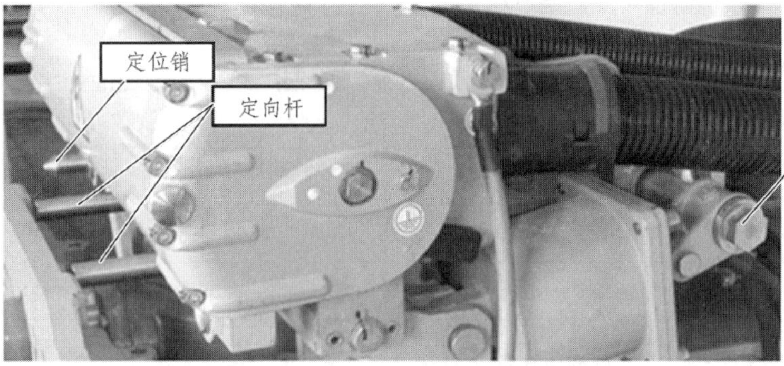

图 4-4　推送机构润滑位置

6. 连接卡环检查

检查上下连接卡环间是否充满润滑脂，充满状态如图 4-5 所示。如果没有，应用 AUTOL TOP 2000 润滑脂充满。

图 4-5　连接卡环润滑脂充满状态

4.1.3.2　密接式钩缓装置

控制车非司机室端及中间车两端采用密接车钩 MJGH-25T，与国内 25T 型客车所用车钩相同，能够实现自动连挂，需手动解钩。为适应 800 mm 车端间距，鼓形车车钩安装座位置单侧向车体中心方向移动 138 mm。

密接式钩缓装置由连挂系统、缓冲系统及安装吊挂系统三部分组成，可以实现车辆间的自动连挂和分解，缓和及吸收列车运行过程中车辆间的冲击能量。其结构如图 4-6 所示。

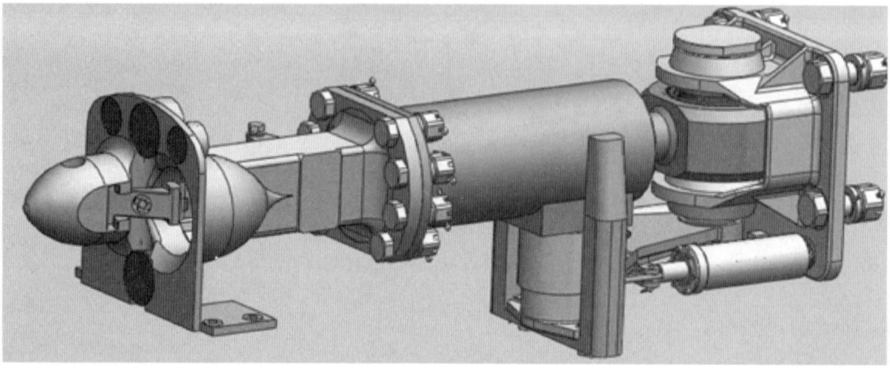

图 4-6　密接式车钩

日常维护保养：日常运用中以目视检查为主，主要检查项点见表 4-1。

表 4-1　主要检查项点

项点	检查内容	处理方法
外观检查	各件有无明显变形及可见裂纹	如零件有明显变形或裂纹，应更换
M38 安装螺栓	螺母有无松动现象	用测力扳手补足力矩
M30 连接螺栓	连接螺母有无松动现象	用测力扳手补足力矩
连挂状态	车钩解钩手柄位置是否正确	确保连挂到位（手柄末端与车钩纵向中心线基本平行或偏差不超过 10°）
钩高调整装置 M16 螺母	M16 紧固螺母及备母有无松动现象	用测力扳手补足力矩 200 N · m
钩尾销螺母	观察开槽螺母结构开口销有无剪断；观察双螺母结构开口销状态是否正常	开槽螺母结构如开口销断裂，需用测力扳手补足力矩 500 N · m 后安装新开口销
支架弯曲	观察支架水平方向有无可见弯曲	弯曲低于 17 mm 时，调修或更新；弯曲严重时，应同时对钩尾销与支架配合面台阶处探伤
内半筒脱出	缓冲器内半筒脱出	运行中途停站时，脱出量按 35 mm 控制；库检时，脱出量按 15 mm 控制；段修时，脱出量按 8 mm 控制

正常使用中，每满 6 个月应分解列车，进行开钩、闭钩操作，并清洗、润滑钩舌和钩腔，以确保转动灵活。

若 6 个月分钩周期与 A1 修程较接近时，允许将该检查与 A1 修程合并进行。

定期检修：

车钩运行满 30 万千米、60 万千米、120 万千米、240 万千米、480 万千米时，应对整车分别实施 A1、A2、A3、A4、A5 修程，到期后应分别按段修或厂修检修规程实施相应检修。

4.1.3.3　15X 托梁式车钩

15X 型钩缓装置的缓冲系统结构与全自动钩缓装置的缓冲系统一致，如图 4-7 所示。钩体采用带卡环的 15X 小间隙钩体，在原 15X 钩体的基础上将钩体的后端加工成卡环形状，可以与缓冲器的卡环进行连接，钩体侧面自带手动解钩功能。为了避免车钩低头造成脱钩风险，安装吊挂系统采用预压缩的橡胶支撑结构。

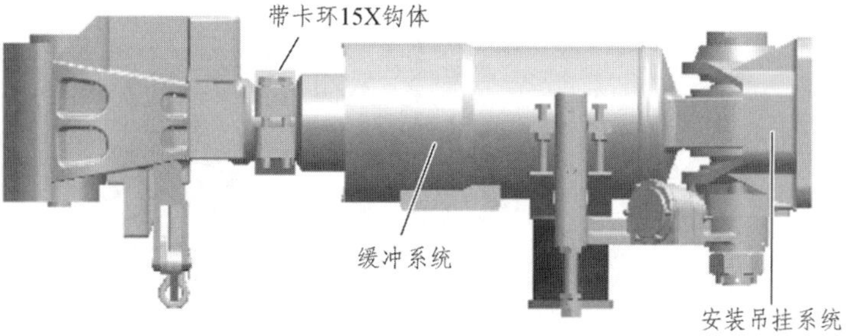

图 4-7　15X 托梁式钩缓装置

日常维护保养：按照以下程序对钩缓装置进行检查，必要时进行修补或更换。

（1）检查钩缓装置（见图 4-8）钩尾销上的开口销（2）是否变形损坏，开口销变形损坏时，应及时更换开口销，开口销应按国家相关标准规定进行锁定。

（2）检查钩缓装置与车体连接处的安装螺栓（3）、螺母（6）及连接环组成上的螺栓（10）、螺母（9）是否有松动或遗失。发现有松动时，应按规定力矩及时扭紧并锁定。安装螺栓及螺母的扭紧力矩推荐值为 1 400～1 500 N·m，连接环组成上的螺栓、螺母的扭紧力矩推荐值为（160 ± 10）N·m。

（3）检查钩缓装置上安装座（11）、壳体焊接组成（1）等零部件是否有裂纹或变形现象，发现以上零部件有裂纹或变形时，应及时更换相应零部件或整体更换钩缓装置。

（4）检查带卡环 15X 车钩（见图 4-9）上钩舌销的开口销是否断裂，开口销断裂者须更换新品。检查带卡环 15X 车钩的钩舌销是否转动灵活，车钩开钩及闭钩有无卡滞现象。

（5）对带卡环 15X 车钩内部的钩舌、钩腔内部相互运动部位涂抹 AUTOL TOP 2000 润滑脂。

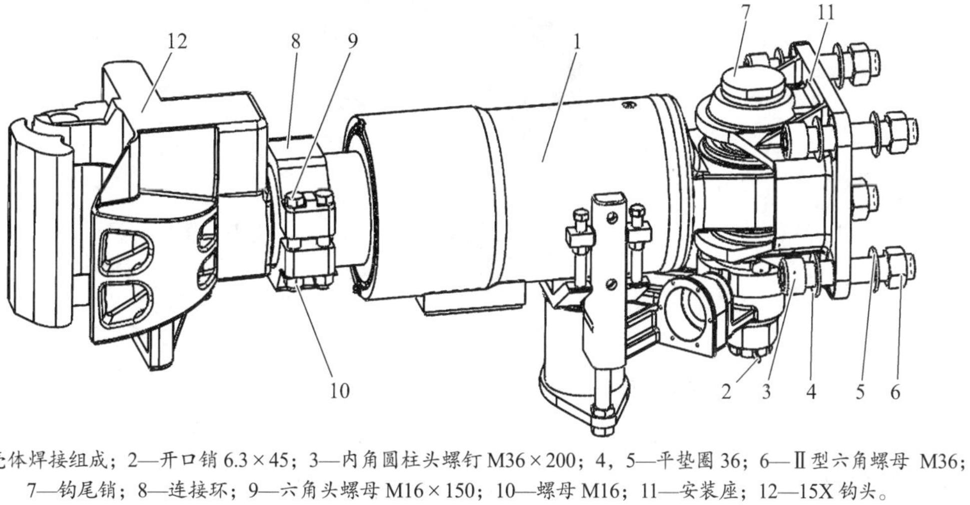

1—壳体焊接组成；2—开口销 6.3 × 45；3—内角圆柱头螺钉 M36 × 200；4，5—平垫圈 36；6—Ⅱ型六角螺母 M36；7—钩尾销；8—连接环；9—六角头螺母 M16 × 150；10—螺母 M16；11—安装座；12—15X 钩头。

图 4-8　钩缓装置组成

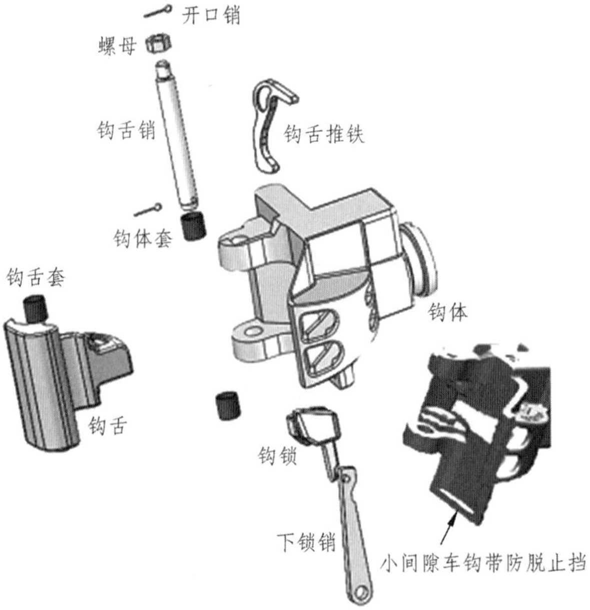

图 4-9　15X 钩头组成

4.1.3.4　风挡系统

风挡系统包括双层折棚内风挡和非接触橡胶外风挡。

双层折棚风挡可为乘客提供一个可在两车厢间自由通行的过道。该风挡气密、水密、隔声、隔热性能良好，可使乘客免受外界气候条件的影响，并能免受车辆交汇或进入隧道时气压变化的影响。其结构组成如图 4-10 所示。鼓形车将原直形车双层折棚风挡优化为双层橄榄型，有利于减小风挡传热系数，提高列车保温性能。

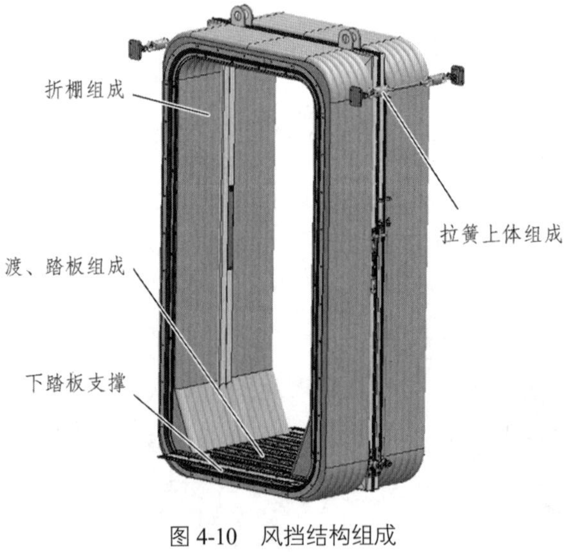

图 4-10　风挡结构组成

直形车橡胶外风挡采用半包非接触式月牙形结构，可提高车辆气动性能及美观效果，如图 4-11 所示。鼓形车在车辆间距减小后，将原直形车外风挡优化为接触式椭圆形结构，能够有效减小列车在运用过程中产生的空气扰流现象，有利于提高整车的气动舒适性，如图 4-12 所示。

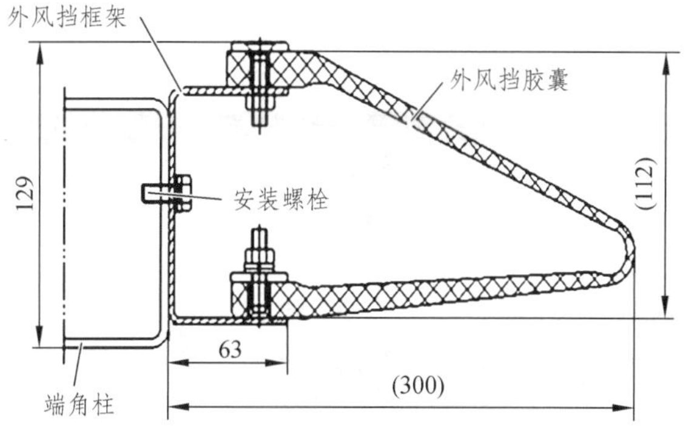

图 4-11　直形车外风挡

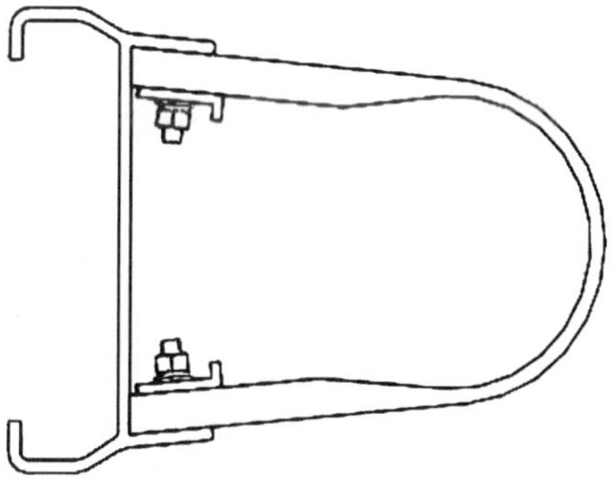

图 4-12　鼓形车外风挡

4.1.3.5　开闭机构

开闭装置作为动车组前端活动舱门的驱动机构，在单列运行时，使前端活动舱门处于关闭状态，形成完整的列车空气动力学外形，以减小风阻和风噪。在需要重联运行时，使前端活动舱门处于开启位置，以便车钩能够完全、无障碍连挂，并能够适应在不同曲线半径上运行时车钩摆角带来的影响。其结构示意图如图 4-13 所示。

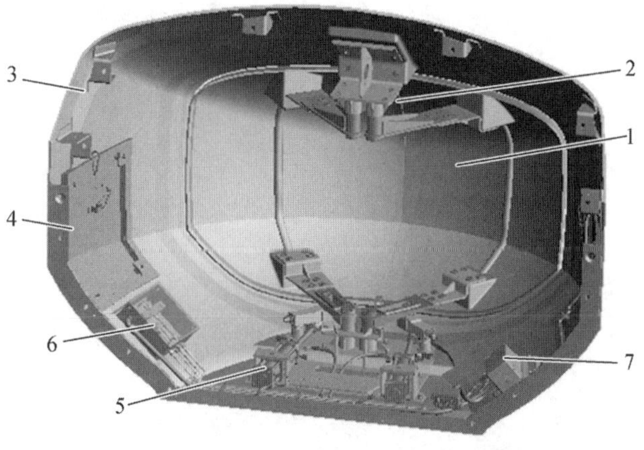

1—玻璃钢舱门；2—上部运动机构；3—玻璃钢头罩；4—玻璃钢检修门；5—下部运动机构；6—气动系统；7—电控系统。

图 4-13　开闭机构结构示意图

维护保养：在日常检查维护中，应对开闭装置的相对滑动部件用润滑脂给予适当润滑（建议采用 AUTOL TOP 2000），防止因锈蚀导致动作不良。

另外，应定期对开闭装置进行开启或关闭动作试验，进行运行状态检查，保证动作正常。

4.1.3.6　车端阻尼

直形车车体端部安装车端阻尼装置，车端阻尼装置安装接口、外形尺寸和阻尼参数与 25 T 车端阻尼装置相同。车端阻尼装置通过螺栓安装于车体端墙安装框外表面。它主要由安装梁、阻尼轴、底座、磨耗板、钢丝绳、阻尼销轴、弹簧、阻尼柱套座等组成，如图 4-14 所示。鼓形车进行了优化，取消了车端阻尼。

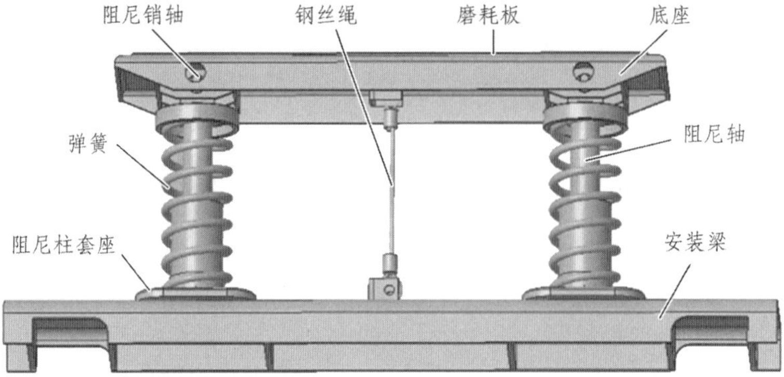

图 4-14　车端阻尼

维护保养：

（1）检查阻尼器磨耗板是否有断裂、缺损，安装铆钉是否有脱出、缺失，磨耗板安装座是否有变形、裂纹，焊接处有无开焊。

（2）检查阻尼器定位螺栓是否有缺失，安装螺栓是否有缺失或松动，开口销是否有缺失、折断或并口。

（3）检查阻尼器弹簧是否有折断或压死，推杆是否有变形或磨痕，推杆套是否有窜出。

（4）检查阻尼器座是否有变形或裂纹，阻尼器组装扁销是否有折损或缺失，开口销是否有缺失、折断或并口；阻尼器安装螺栓是否有缺失或松动，开口销是否有缺失、折断或并口。

（5）检查阻尼器安装座是否有变形、裂纹，焊接处有无开焊。

4.2　电气连接

4.2.1　概述

车辆间设置贯通的车端连接器，用于全列车的供电和信息通信，包括 DC 600 V 电力连接器、DC 110 V 电力连接器、重联连接器、控制连接器、网络连接器。

4.2.2　设备布置

直形车车端设置 DC 600 V 电力连接器、通信（控制）连接器、重联连接器、DC 110 V 电力连接器（与动力车不连通）。直形车端连接器布置如图 4-15 所示。

图 4-15　直形车端连接器

鼓形车端设置 DC 600 V 电力连接器（+）、DC 600 V 电力连接器（–）、DC 110 V 电力连接器、控制连接器、网络连接器、重联连接器，均采用矩形连接器，如图 4-16 所示。

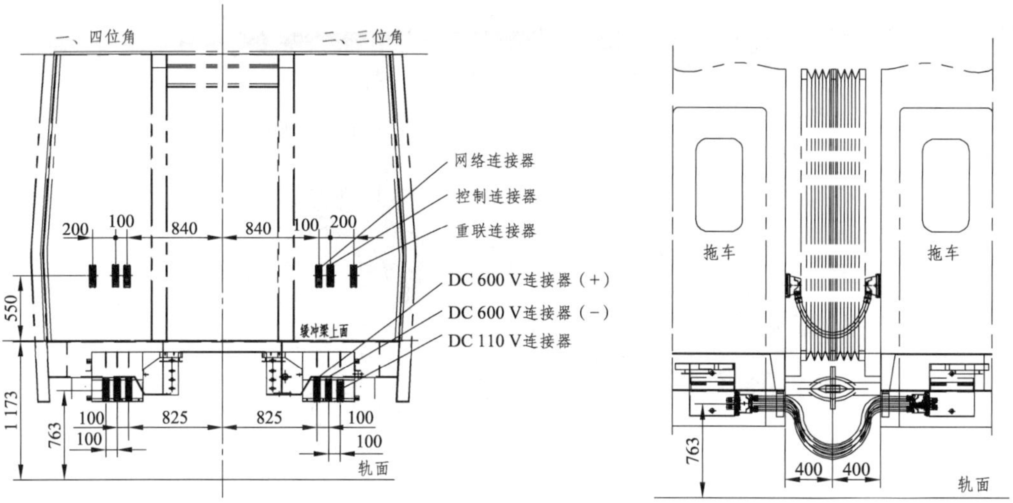

图 4-16　鼓形车端连接器布置图

4.2.3　主要部件的结构与功能

DC 600 V 电力连接器：车端设置 DC 600 V 电力连接器插座，拖车配 DC 600 V 电力连接器插头对，用于列车 DC 600 V 干线贯通。

DC 110 V 电力连接器：车端设置 DC 110 V 电力连接器插座，配 DC 110 V 电力连接器插头对，用于全列 DC 110 V 干线贯通（直形车 DC 110 V 拖车与动力车间未贯通）。

控制连接器：车端设置控制连接器插座，为 60 芯插座，用于拖车与拖车之间的信息通信和控制，以及动力车与拖车之间的信息通信和控制。

重联连接器：车端设置重联连接器插座，为 60 芯插座，用于动力车与动力车/控制车司机室之间的通信。拖车的重联线仅贯通。

网络连接器：车端设置网络连接器插座，包括 3 个百兆以太网模块以及 1 个千兆以太网模块，用于车辆之间的以太网通信、WTB 通信、6A 通信以及 Wi-Fi 通信。

4.2.4　维护保养

检查各零部件状态是否良好，如出现配件老化、破损等现象，应及时修理或更换。

4.3　气路连接

4.3.1　概述

车端风管连接采用既有 25T 型客车和 CR200J 动车组风管连接形式。

4.3.2　设备布置

车端气路连接包括制动软管连接器总成、总风软管连接器总成、全自动车钩风管连接器等连接。列车管负责制动装置的用风供给，给副风缸、工作风缸等供风，总风管专门供给制动系统外的其他用风设备，全自动车钩风管连接器用于短编组重联时编组间的气路连接。

拖车间气路连接如图 4-17 所示，包括制动软管连接器、总风软管连接器连接。

图 4-17　拖车车端气路连接

短编控制车全自动车钩风管连接器包括列车管连接器（BP 连接器）、总风管连接器（MRP 连接器）、解钩风管连接器（UP 连接器），如图 4-18 所示。

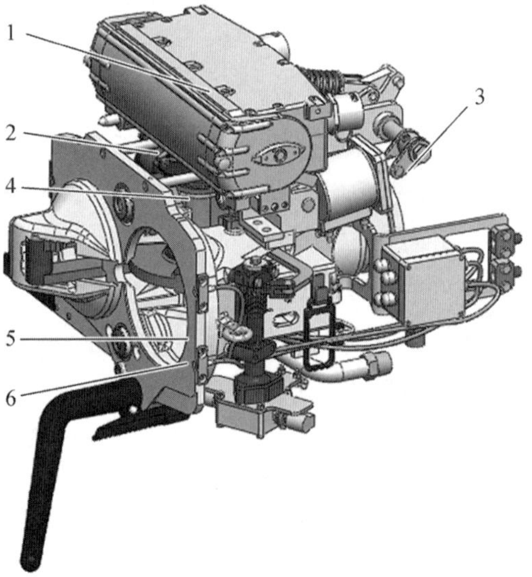

1—电气连接器；2—机械车钩；3—电气连接器推送装置；4—列车管连接器（BP 连接器）；
5—总风管连接器（MBR 连接器）；6—解钩风管连接器（UP 连接器）。

图 4-18　全自动车钩风管连接器

4.3.3　维护保养

检查各零部件状态是否良好，如出现配件老化、破损、漏风等现象，应及时修理或更换。

5 转向架

5.1 概述

转向架是动力车的关键部件之一，对动力车运行的安全性、稳定性、舒适性和可靠性会产生极为重要的影响，应具有足够的安全可靠性及运动稳定性储备、优良的运行平稳性以及较小的轮轨动作用力，并兼顾曲线通过性能。

转向架设计本着“先进、成熟、经济、可靠”的原则，采用经实践检验的成熟可靠的先进技术，在保证转向架具有良好的动力学性能的同时，还融入少维护、长检修周期和良好的可接近性等设计理念，并尽量满足标准化、模块化的要求。

5.2 动力车转向架

5.2.1 主要技术特点及参数

5.2.1.1 主要技术特点

（1）牵引电机采用对置方式。

（2）驱动单元（包括牵引电机、齿轮箱总成和六连杆空心轴等）的悬挂采用弹性架悬。

（3）驱动系统采用轮对空心轴驱动方式，齿轮箱为承载式铸铝齿轮箱，轴承采用油润滑，以适应 200 km/h 速度等级的要求。

（4）轴箱轴承采用免维护的双列圆柱滚子轴承单元（CRU160×270）。

（5）一系悬挂系统采用单拉杆轴箱定位＋螺旋弹簧方式，各轴均安装垂向减振器；二系悬挂系统采用高圆螺旋弹簧＋橡胶垫结构，辅以各向减振器。

（6）牵引装置采用低位推挽牵引杆牵引，以提高动力车的黏着利用率。

（7）基础制动采用轮盘制动方式。

转向架外形如图 5-1 所示。该转向架主要由构架、一系悬挂装置、驱动装置、轮对装配、二系悬挂装置、基础制动装置、电机悬挂装置、牵引杆装配、轮缘润滑执行装置、配管装配及其他附属装置组成。

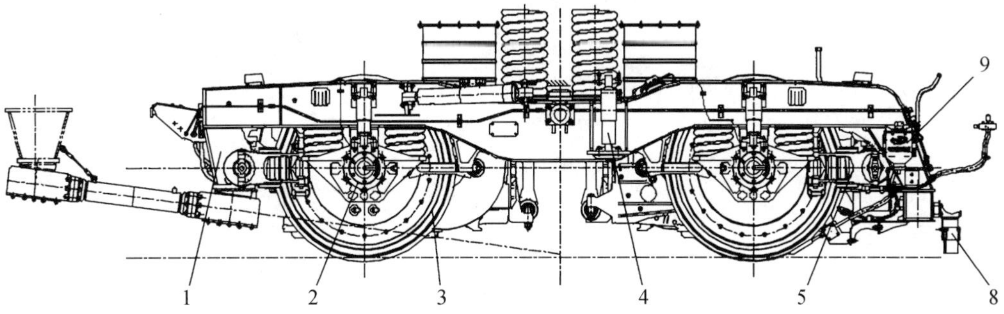

1—构架装配；2—一系悬挂装置；3—轮对装配；4—二系悬挂装置；
5—基础制动装置；8—附件装配；9—轮缘润滑执行装置；

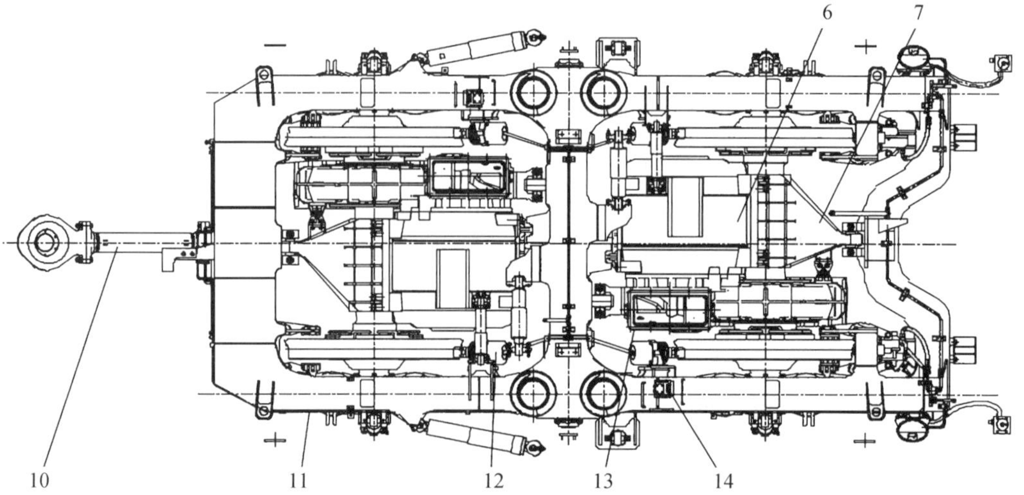

6—驱动装置；7—电机悬挂装置；10—牵引杆装配；11—配管；
12—踏面清扫装置；13—进风道装配；14—轴温布线。

图 5-1　动力车转向架总图

5.2.1.2　主要技术参数

轴式：B_0-B_0

最高运行速度（km/h）：≥160

最高试验速度（km/h）：176

轨距（mm）：1 435

轴重（kN）：195

轴距（mm）：2 800

两转向架中心距（mm）：10 055

动力车全轴距/节（mm）：12 855

轮径（mm）（新/全磨耗）：1 250/1 150

轮对内侧距（mm）：1 353

踏面形状：JM3

牵引电机功率（kW）：1 400

传动方式：单侧斜齿轮、双侧六连杆弹性驱动

传动比：3.96（99/25）

启动牵引力/转向架（kN）：120

电机悬挂方式：弹性架悬

轴箱轴承自由横动量（mm）：0.3～0.7

弹簧静挠度：一系（mm）：39.5

二系（mm）：131.5

一系垂向刚度（kN/mm）（每轴箱）：2×1.031

一系横向刚度（kN/mm）（每轴箱）：2×1.725

二系垂向刚度（kN/mm）：4×0.391

二系横向刚度（kN/mm）：4×0.126

牵引点高度（mm）：25

基础制动方式：轮盘制动

动力车通过最小曲线半径（m）：125（v≤5 km/h）

驱动装置最低点距轨面高度（mm）（新轮）：130

转向架总质量（t）：17.6

转向架相对车体最大回转角：3.8°

扫石器距轨面高度（mm）（在踏面允许磨耗范围内可调）：30

5.2.2 构架

构架是转向架各部件的安装基础，承受并传递各种载荷，强度设计和刚度设计是构架设计的重点。方案设计着重考虑构架上有关零部件的相对位置及安装空间，尽量使结构重量和受力分布比较均匀。

5.2.2.1 构架构成

构架采用两轴转向架构架传统的“日”字形焊接钢结构，由两根侧梁、一根牵引梁、一根横梁和一根前端梁构成，各梁均为薄板焊接成的箱形梁。侧梁采用鱼腹式结构，并设置轴箱拉杆座、各油压减振器座、弹簧座和各止挡座等部件。构架的焊接执行 EN15085 标准，焊缝远离高应力区，所有焊缝已通过疲劳寿命分析及静强度计算。通过有限元计算使构架强度和刚度均满足静强度和疲劳强度要求。构架外形结构如图 5-2 所示。

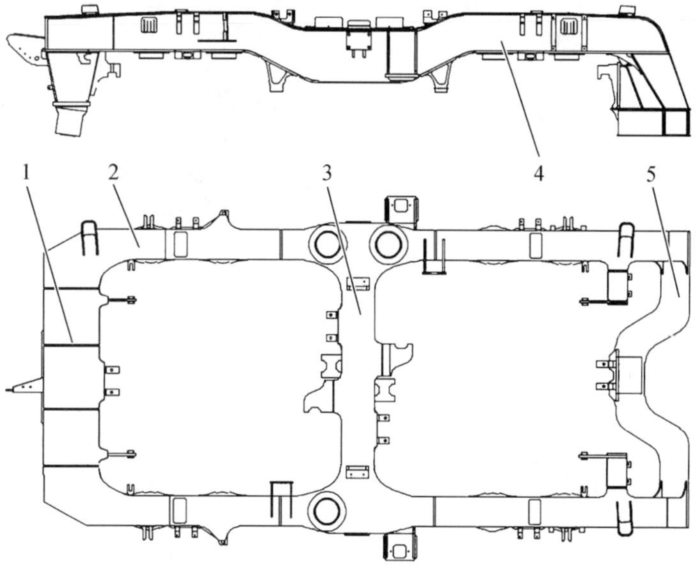

1—牵引梁；2—侧架（一）；3—横梁（一）；4—侧架（二）；5—前端梁。

图 5-2 构架外形结构

5.2.2.2 维护保养

日常运用和检修时应加强对构架进行检查，尤其是检查电机吊座、减振器座焊缝和各横梁、侧梁连接处焊缝。

构架不允许随意动用电焊，若需要电焊，一定要就近搭接接地线，同时要注意保护好其他零部件。

构架产生裂纹，允许焊修。在焊修前应在裂纹末端钻一个不小于$\phi 6$ 的止裂孔，然后沿裂纹开坡口，根除裂纹后才能进行焊修。焊修后应采取措施消除焊接应力，应经常观察焊修部位，并做好记录。

5.2.3 轮对

轮对是转向架最重要的关键件之一。动力车绝大部分载荷通过轮对传递给钢轨，牵引电动机所产生的扭矩也是通过它传至钢轨产生牵引力。动力车运行时，它还承受钢轨接头、道岔、曲线通过和线路不平顺时的垂向及水平作用力。

5.2.3.1 轮对组成

轮对主要由车轴、车轮、制动盘等组成。车轮为整体辗钢车轮，材料采用符合 TJ/JW 038—2014 规定的 ER9 合金钢，踏面为 JM3 踏面，减少轮缘磨耗，提高车轮的使用寿命。车轮与车轴过盈配合，配合过盈量为 0.225 ~ 0.295 mm。车轮残余静不平衡值应不大于 50 g・m。制动盘采用铸钢盘。车轴材料采用符合 EN13261 规定的 EA4T。轮对装配具体结构如图 5-3 所示，其中车轮（一）与空心轴传动装置连接。

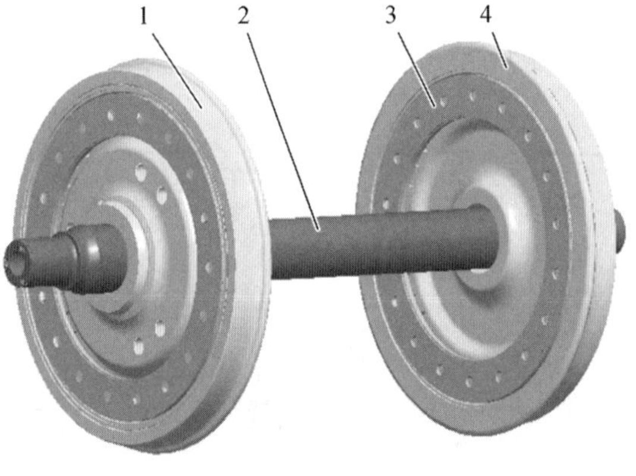

1—车轮（一）；2—车轴；3—KNORR 制动盘；4—车轮（二）。

图 5-3 轮对装配

5.2.3.2 维护保养

在运用中，需检查轮对状态，踏面应无剥离，轮缘应无裂纹。如图 5-4 所示，检查车轮踏面磨耗状态，轮缘垂直磨耗高度不超过 18 mm，轮缘厚度在距踏面滚动圆向上 10 mm 处测量不小于 23 mm。踏面擦伤深度不大于 0.7 mm；踏面磨耗深度不大于 7 mm。当磨耗达到限度时，车轮踏面应重新镟轮。

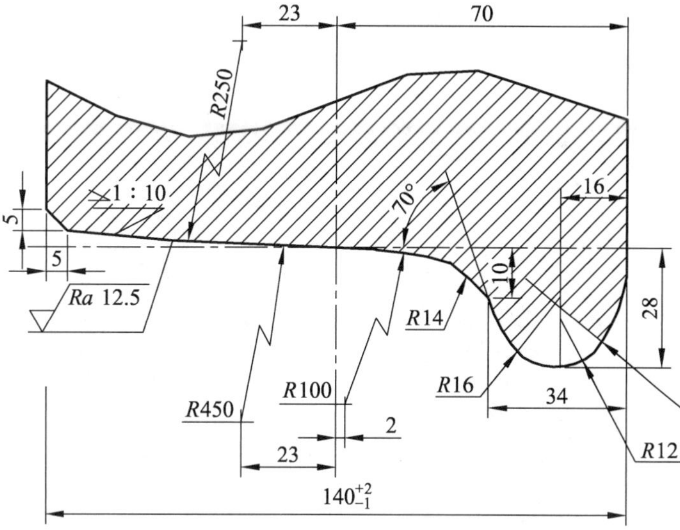

图 5-4　JM3 踏面

5.2.4　驱动装置

5.2.4.1　驱动装置简介

驱动装置由牵引电机、空心轴装配、连杆盘、齿轮箱装配等组成，如图 5-5 所示。

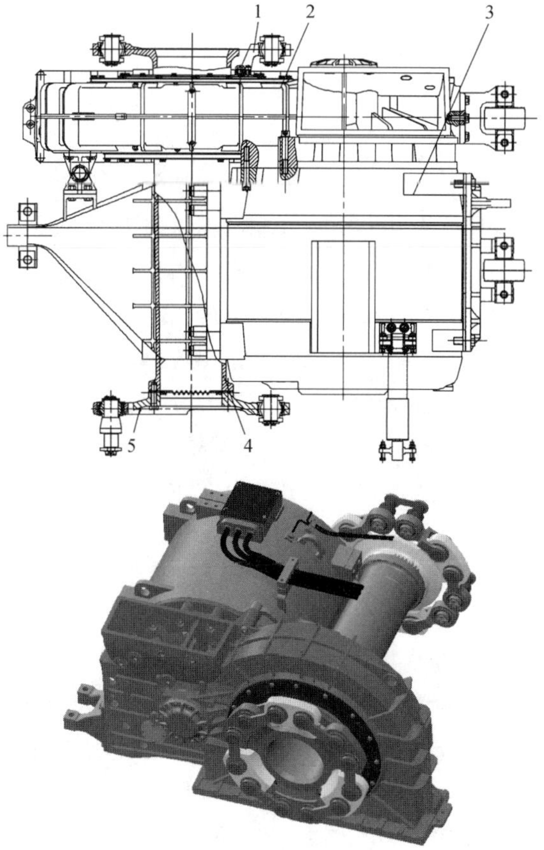

1—齿侧连杆盘；2—齿轮箱装配；3—牵引电机；4—空心轴装配；5—非齿侧连杆盘。

图 5-5　驱动装置

电机产生的驱动力经牵引齿轮的啮合后以扭矩的方式经从动齿轮输出端输出，并先后经过齿侧连杆盘、空心轴装配、非齿侧连杆盘后，最终传递到轮对，如图 5-6 所示。

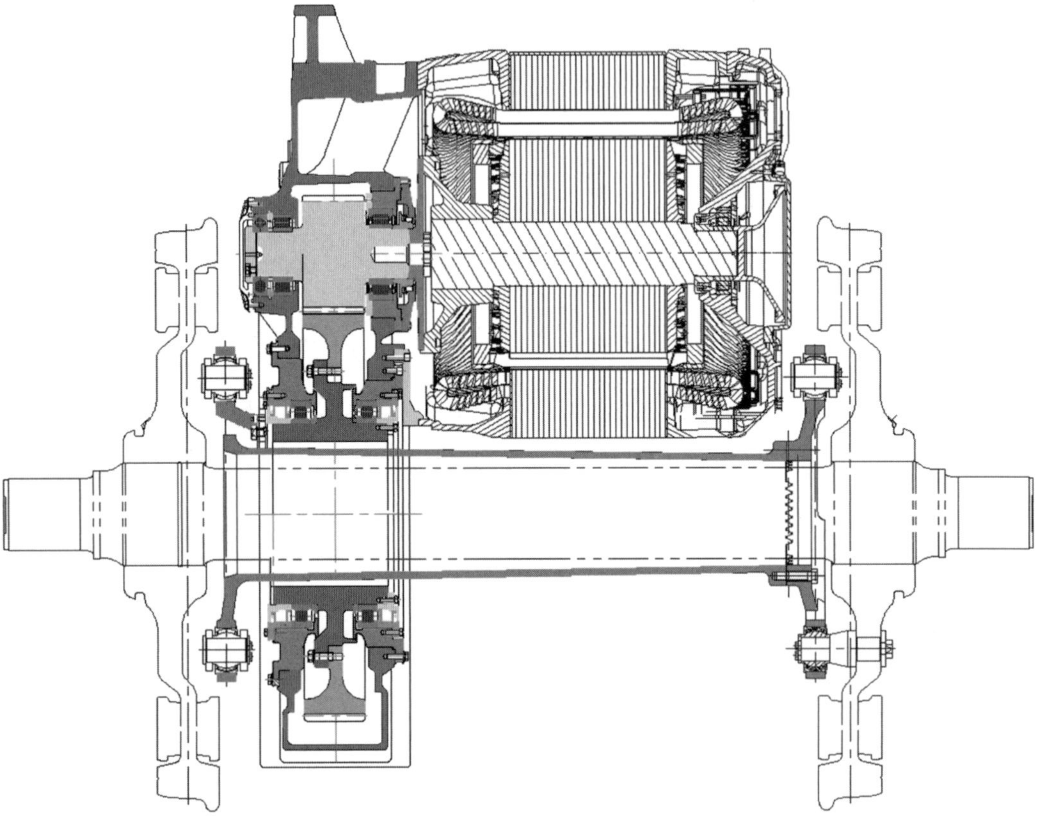
图 5-6　驱动装置剖面图

电机与齿轮箱组成刚性结构：齿轮箱与电机是通过定子外壳法兰与齿轮箱骨架之间的螺栓进行连接的。空心轴的一端通过连杆盘、六连杆机构及传动销连接在齿轮箱的输出轴上，另一端通过连杆盘、六连杆机构及传动销与所驱动的车轮相连。

电机仅有一个轴承，位于电机的非输出端。输出端的电机轴由安装在齿轮箱内的小齿轮轴上的膜式联轴器支撑。该膜式联轴器由两个主要部分组成：一部分连接在电机轴上（电机与齿轮箱之间的联轴法兰）；另一部分安装在小齿轮轴上（膜片）。这两部分在电机组装到齿轮箱的过程中用螺栓相连接。

膜式联轴器的角度灵活性可以补偿由于“重量与牵引力”以及“不可避免的驱动装置加工与组装精度误差”所导致的小齿轮轴与电机轴的弯曲而形成的角度偏差。该联轴器在径向及扭转方向上都是牢固的。

电机输出的扭矩通过膜式联轴器、小齿轮、大齿轮、齿芯、连杆盘、空心轴，最后通过传动销传递到主动车轮，使动力车向前或向后运行。当动力车低速运行进行空气制动时，车轮上的黏着制动力以与上述相反的顺序反作用于电机，使动力车减速。

连杆盘和传动销之间、连杆盘与大齿轮之间都有橡胶关节，提供三向刚度，以适应动力车蛇行运动、过曲线时出现的构架和轮对之间的横向和纵向位移及相应的角位移。

牵引电动机为交流异步电动机，功率为 1 430 kW。

5.2.4.2 驱动装置参数

传动比：3.96

齿数：99/25

模数：9.096 4

螺旋角：6°

压力角：22.5°

中心距：572.35 mm

齿轮油型号：Castrol Optigear RMO

齿轮箱效率：$\eta \geqslant 98\%$

5.2.4.3 齿轮箱装配

（1）主动齿轮侧由带有端齿的薄板联轴器、带有端齿的主动齿轮、圆柱滚子轴承、四点球轴承、压盖等组成，如图 5-7 所示。

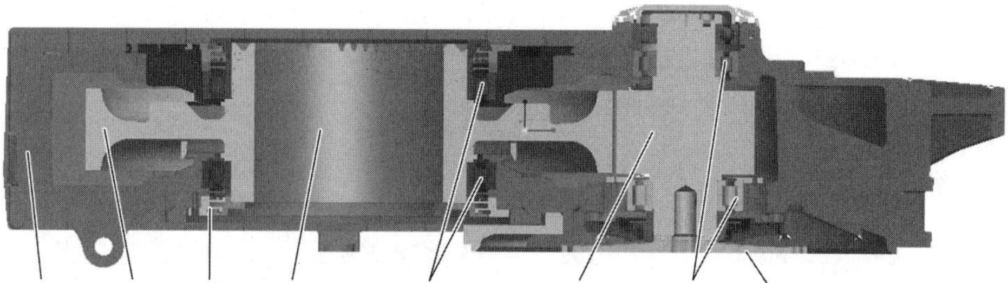

1—齿轮箱体；2—从动齿轮；3—齿芯；4—从齿侧迷宫式密封圈；5—从齿侧轴承；6—主动齿；7—主齿侧轴承；8—薄板联轴器。

图 5-7 齿轮箱结构

薄板联轴器端齿侧和主动齿轮连接，另一侧与牵引电机转子连接传递电机输出的扭矩。主动齿轮两侧的圆柱滚子轴承承载齿轮的径向载荷，四点球轴承承载主动齿轮的轴向力。

（2）从动齿轮侧由从动齿轮、齿芯、圆柱滚子轴承、密封圈等组成。圆柱滚子轴承 NU1880 承载从动齿轮受到的径向力，圆柱滚子轴承 NUP1880 承载径向力的同时承载从动齿轮受到的轴向力。

（3）驱动齿轮箱设有油量观察装置，如图 5-8 所示，观察装置上有明确的最低油位和最高油位标识线，要求观察窗能够防止石击和保持清洁。

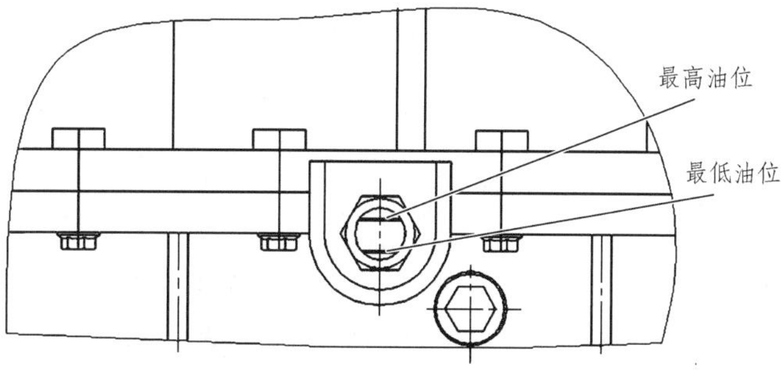

图 5-8 齿轮箱油位表

（4）齿轮箱设有加油口、排油口，如图 5-9 所示。在落车状态下，借助排油孔能将箱体内的润滑油全部排放尽。

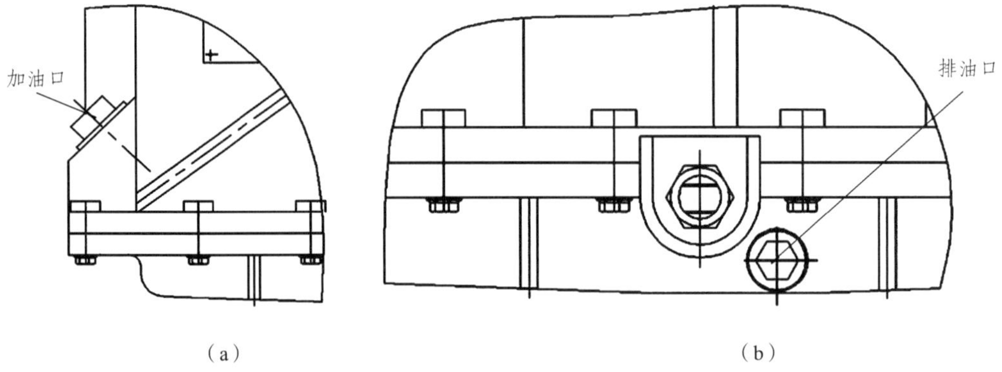

图 5-9　加油口、排油口位置

（5）齿轮箱密封采用迷宫式密封，以保证齿轮箱内的润滑油不泄漏，外界的污染物和水不进入齿轮箱内（仅限于飞溅的水）。齿轮箱内轴承和牵引齿轮均采用油润滑，在规定的环境和使用条件下，保证轴承和牵引齿轮润滑充分。

5.2.4.4　空心轴传动装置

驱动装置的大部分重量通过转向架的一系弹簧施加到轨道上，而非直接施加到轮对上，因此空心轴传动装置承担了轮对和驱动装置之间的所有运动，确保了动力车在轨道上尽可能地平稳运行，如图 5-10 所示。

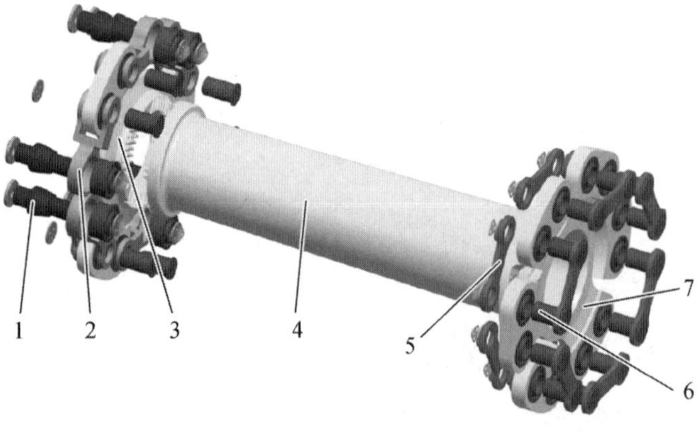

1—传动销（一）；2—连杆（一）；3—非齿侧连杆盘；4—空心轴装配；5—连杆（二）；
6—传动销（二）；7—齿侧连杆盘。

图 5-10　空心轴传动装置

5.2.4.5　驱动装置吊运

驱动装置在吊离台位前，在齿侧连杆盘或空心轴三爪盘外沿与制动盘之间插入三个楔形木块，并以车轴为圆心均布放置，如图 5-11 所示。楔形木块尺寸如图 5-12 所示。

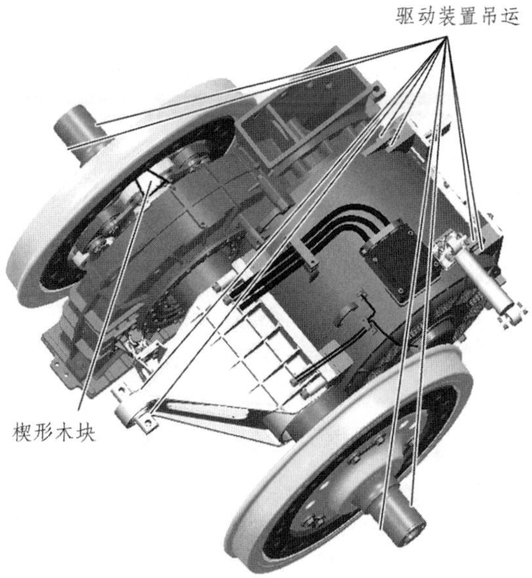

图 5-11　吊运驱动装置

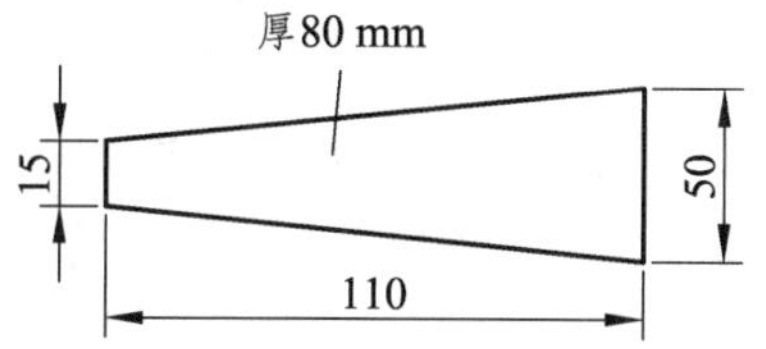

图 5-12　楔形木块尺寸

5.2.4.6　投入运用

对于存储一段时间后的驱动装置，若要投入运营，需先在齿轮箱装配的两个通气器孔中分别加入 50 mL 润滑油，后在齿轮箱注油孔加入 9 L 润滑油，润滑油型号为 Castrol Optigear RMO。

5.2.4.7　维护保养

（1）具有下列情况之一时，在动力车第一次行驶 1 个月或 15 000 km（最长 4 年）后，更换新齿轮油。

① 新组装的齿轮箱。

② 安装新齿轮后。

③ 驱动装置拆卸并重新组装后。

（2）更换齿轮油时应注意：

① 打开磁性放油堵与密封圈，并清洗磁铁。没有固体颗粒的精细磨损属于正常现象，如果发现任意不正常的大块颗粒，则需要对齿轮箱做进一步检查。

② 必须有足够的时间将尽可能多的油排放出去（至少 45 min）。

③ 加油至接近油位表的上端标志位置，大约需要 9 L 油。

④ 用新的密封圈密封放油堵和加油口螺堵。

（3）每个月或每运行 15 000 km 检查一次齿轮箱油位，每运行 10 000 km 检查一次螺钉连接。

（4）每运行 20 万千米（最长不超过 4 年）更换一次齿轮油。

5.2.5 一系悬挂装置

5.2.5.1 一系悬挂概述

一系悬挂装置采用了高速动力转向架的悬挂结构，由钢圆簧 + 轴箱拉杆 + 垂向减振器组成。轴箱采用单侧轴箱拉杆定位；轴箱拉杆两端采用球形橡胶关节，由于橡胶关节径向刚度大，回转刚度小，因而使轴箱纵向具有较大的定位刚度，并可使轴箱相对构架能自由地沉浮及绕本身轴线回转。该种结构的特点是：结构简单，且可实现一系纵向、横向弹性参数相对独立。并且一系纵向刚度大，横向刚度小，有利于提高临界速度，保持驱动系统稳定，提高黏着利用率及改善曲线通过性能。

5.2.5.2 一系悬挂组成

一系悬挂装置主要包括轴箱、轴箱拉杆、一系弹簧、一系垂向减振器、绝缘垫等。一系悬挂装置采用单侧轴箱拉杆定位，轴箱通过轴箱弹簧和轴箱拉杆与转向架构架弹性相连，把动力车簧上部分质量传递给轮对，同时将轮对的牵引力、制动力、横向力等传递到构架上。轴箱采用独立悬挂，轴箱相对构架的上下和横向移动，靠轴箱弹簧和橡胶件的弹性变形来获得。轴箱弹簧采用螺旋弹簧，弹簧工作高度为 193 mm，弹簧底部增加绝缘垫，厚度为 5 mm，使构架与轴箱之间具有良好的绝缘。一系悬挂装置外形结构如图 5-13 所示。

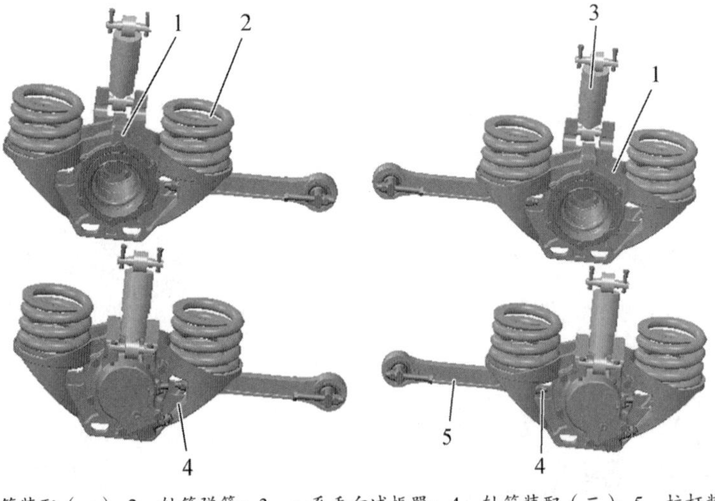

1—轴箱装配（一）；2—轴箱弹簧；3—一系垂向减振器；4—轴箱装配（二）；5—拉杆装配。

图 5-13 一系悬挂装置

一系悬挂装置中共有两种轴箱，两种轴箱的结构基本相同。不同的是：轴箱装配（一）装接地装置和一系垂向减振器，轴箱装配（二）装有防滑行装置和一系垂向减振器。

轴箱装配由轴箱体、前后端盖、轴承、压盖及防尘圈等组成，如图 5-14 和图 5-15 所示。

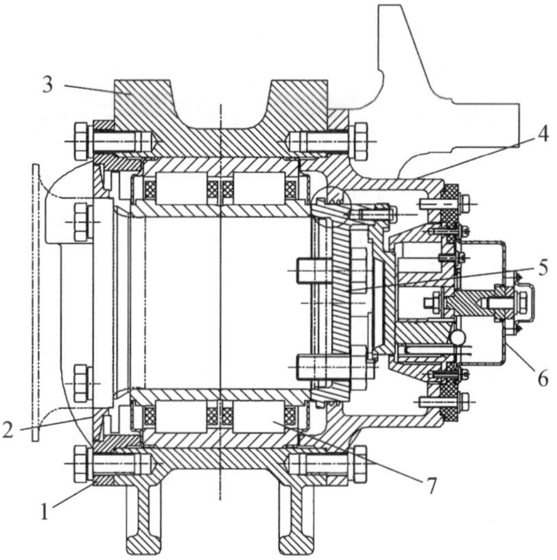

1—后盖；2—防尘圈；3—轴箱体；4—端盖；5—压盖；6—接地装置；7—轴承。

图 5-14　轴箱装配（一）

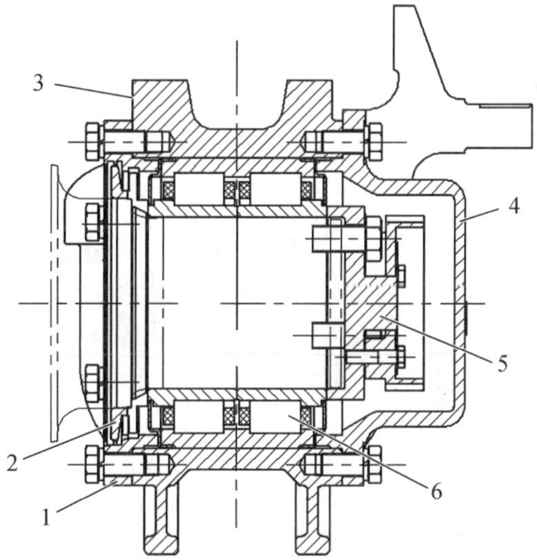

1—后盖；2—防尘圈；3—轴箱体；4—端盖；5—压盖；6—轴承。

图 5-15　轴箱装配（二）

每个轴箱通过 2 个弹簧与构架连接。转向架在每根轴上设 2 个一系垂向减振器。该减振器安装在车轴中心线上，两端分别连接轴箱与构架侧梁。每根轴通过起吊装置实现轮对与转向架的整体起吊。为防止轴箱轴承电蚀，在每轴的一端都安装轴箱接地装置。轴箱应满足接地装置、速度传感器和轴温监测的安装要求。轴承采用进口的自密封轴承，轴承内径为 160 mm，外径为 270 mm。轴承采用 FAG801804.01.ZLL 或 SKF BC2-0098 FB，轴承计算寿命满足 300 万千米。需要注意的是，动力车所有轴承在运行 100 万千米或 36 个月后，应解体清洗、检查并重新加脂，加脂量为 360～400 g，更换油脂时应使用轴承厂家推荐的或性能等同的油脂牌号。

一系弹簧的技术参数：静挠度为 39.5 mm，横向刚度为 1.725 kN/mm，垂向刚度为 1.031 kN/mm。

注意：架车之前需要使用整体起吊吊杆替换垂向减振器。

5.2.6 二系悬挂装置

二系悬挂装置由二系高圆簧、减振垫、二系垂向减振器、二系横向减振器、抗蛇行减振器、横向止挡、垂向止挡等组成，如图 5-16 所示。

减振垫具有提高水平方向灵活性、减振及电器绝缘的用途。减振垫由钢板和夹在中间的橡胶元件组成。

每个转向架通过 4 个高圆弹簧（左右各 2 个）与车体连接，弹簧安置在构架侧梁上。每个转向架有 2 个横向和 2 个垂向减振器及 2 个抗蛇行减振器与车体连接。

二系高圆簧的技术参数：静挠度为 131.5 mm，横向刚度为 0.126 kN/mm，垂向刚度为 0.391 kN/mm。

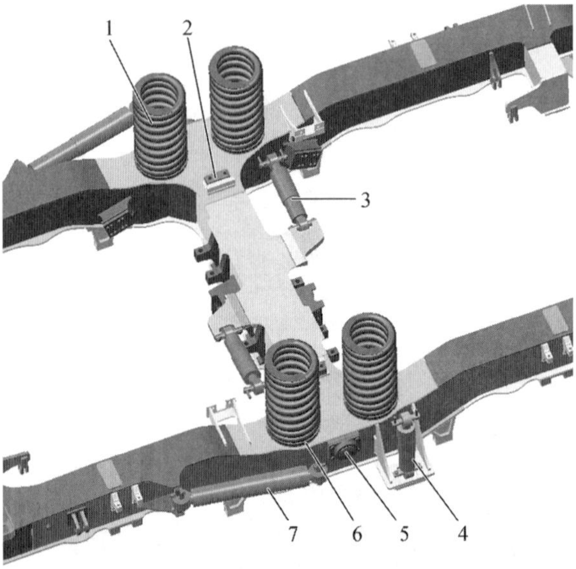

1—二系高圆簧；2—垂向止挡；3—二系横向减振器；4—二系垂向减振器；5—横向止挡；6—减振垫；7—抗蛇行减振器。

图 5-16 二系悬挂装置

5.2.7 基础制动装置

5.2.7.1 基础制动装置概述

基础制动装置采用的是轮盘制动方式，每个车轮安装一套独立的单元制动器，每个车轴装有一套单元制动器（带弹簧停车储能制动），如图 5-17 所示。当动力车制动时，制动单元得到压缩空气，通过制动缸鞲鞴推动卡钳，通过闸片，将压力作用到安装在车轮辐板的摩擦盘上，使闸片与摩擦盘间产生摩擦，消耗功率，将动能转变为热能散发掉，从而使动力车达到减速或停车的目的。每个车轮配有一个踏面清扫单元，配合制动单元的动作，清扫车轮圆周表面的杂物及油污，增加动力车和钢轨的摩擦系数。

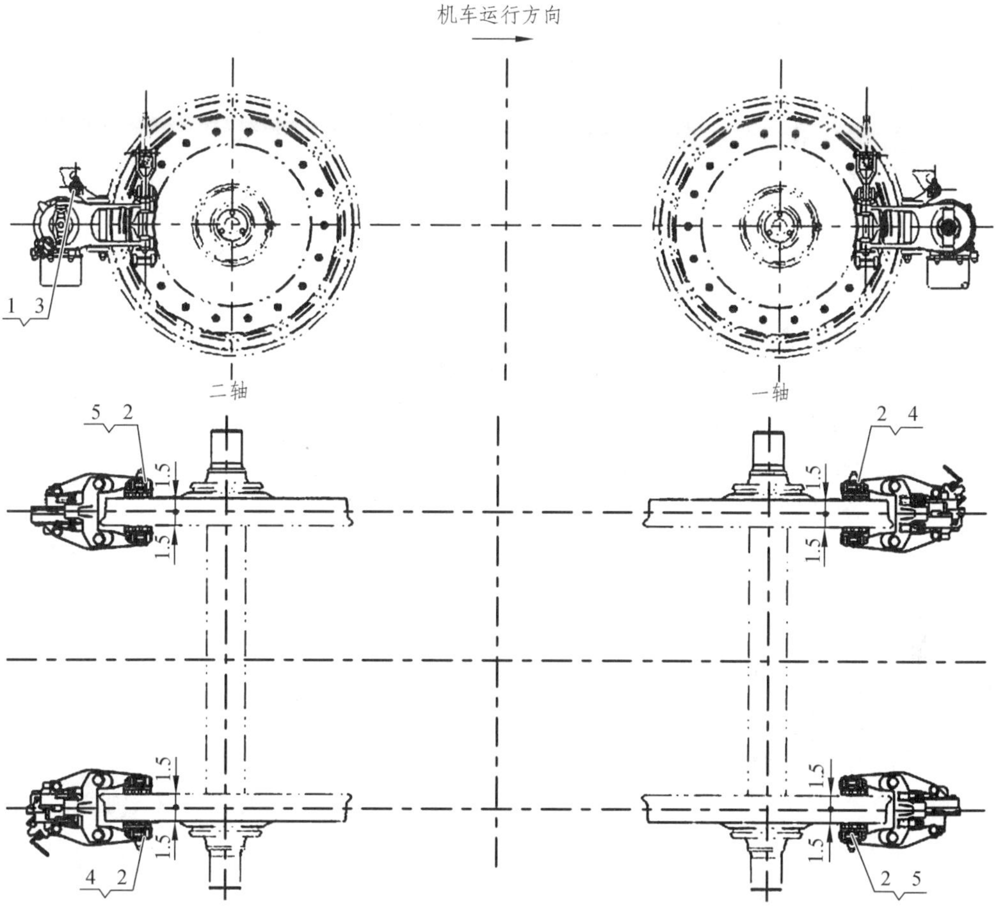

1—M16×70 螺栓；2—制动闸片；3—M16 防松螺母；4—制动单元（带弹停）；5—制动单元。

图 5-17　基础制动装置

5.2.7.2　盘式制动单元结构简介

盘式制动单元外形如图 5-18 所示，有两种结构：带停放制动与不带停放制动。每轴装配带停放制动和不带停放制动单元各一个。

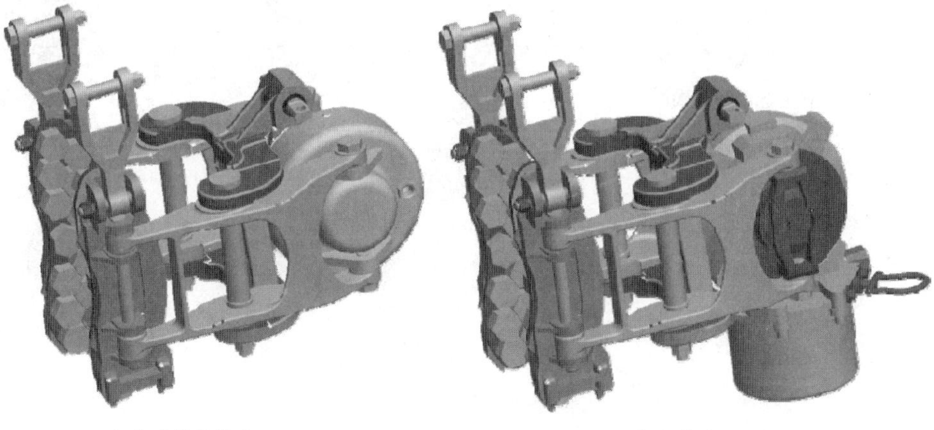

（a）无停放制动　　（b）带停放制动

图 5-18　盘式制动单元外形

5.2.7.3　盘式制动单元结构基本参数

运营速度（km/h）：160

动力车轴数：4

轴重 Q（kN）：195

车轮直径（mm）：1 250（全新）

车轮宽度（mm）：140

紧急制动缸压力 P_z（kPa）：450 ± 10

动力车每轴制动缸个数：2

动力车常用单元制动缸个数：8

动力车停放单元制动缸个数：4

制动盘摩擦半径（mm）：460

每轴制动盘个数：4

制动盘内/外直径（mm）：ϕ1 060 / ϕ790

制动盘安装厚度（mm）：52

闸片厚度（mm）：34

制动距离：≤1 400 m（160 km/h）

轮盘温度限值：≤400℃

制动盘材质：铸钢

传动效率（紧急制动时）：> 0.95（扣除缓解弹簧力）；> 0.85（含缓解弹簧力）

制动闸片：满足 UIC 标准面积 400 cm^2

闸片的材料：粉末冶金

闸片的平均摩擦系数：0.30 ~ 0.35

闸片磨耗限值（mm）：14

5.2.7.4　盘式制动单元结构维护保养

（1）制动盘的连接螺栓不得松动。

（2）检查摩擦面的所有部位是否超过规定的极限尺寸（磨耗限度为每侧 5mm），如果超过规定的磨耗极限值，必须更换制动盘。

（3）制动盘允许存在沿径向、周向热裂纹；从摩擦面内外边缘开始的长度不超过 60 mm；其余热裂纹长度不超过 65 mm，摩擦面不允许有明显的台阶与沟槽、拉伤，但允许有 1 mm 深的擦伤和小于 2 mm 的凹面。

（4）检查单元制动缸及夹钳的螺栓、螺母及衬套等零件不得松动、丢失和损坏。

（5）检查单元制动缸制动缓解作用良好。

（6）单元制动缸能够正常制动，闸片能压紧轮盘制动盘。

（7）单元制动缸缓解良好，活塞杆复位时，不得有卡滞现象；同时，闸片对轮盘摩擦环不得有压力。

（8）单元制动缸不得泄漏，动力车单机试验符合要求。

（9）单元制动缸间隙调整器作用良好。

注意：施行停放制动后，拉动手动缓解拉手，应能完全缓解；检查时不允许敲打制动盘任何部位；检查时必须保证动力车不溜车。

5.2.8　电机悬挂装置

电机悬挂装置采用弹性架悬方式，由电机支承座（一）、电机支承座（二）、橡胶关节、吊杆装配、电机减振器、支架、安全托等组成，如图 5-19 所示。

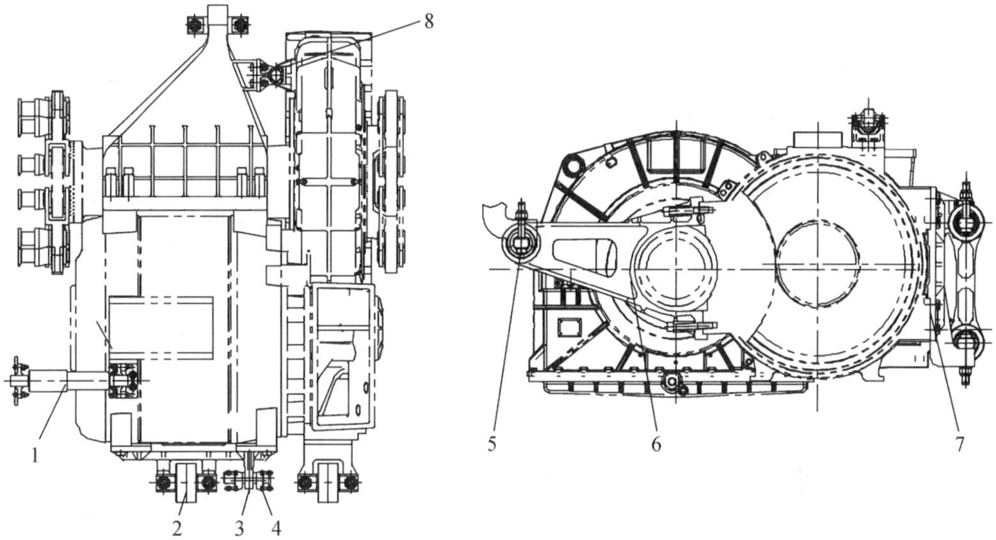

1—电机减振器；2—吊杆装配；3—安全托；4—电机限位止挡；5—橡胶关节；6—电机支承座（一）；7—电机支承座（二）；8—支架。

图 5-19　电机悬挂装置

电机一端通过电机支承座（一）上的橡胶关节安装到构架上，另一端通过电机支承座（二）和齿轮箱体上的吊杆装配安装到构架上。电机支承座（一）和齿轮箱之间通过支架和调整螺套连接。同时，电机悬挂装置设有安全托，避免因橡胶关节上的螺栓脱落而导致整套驱动掉落到轨道上。

5.2.9　牵引装置

5.2.9.1　牵引装置概述

牵引装置是连接动力车车体与转向架的重要组成部分，其主要作用是传递动力车的牵引力或制动力。动力车运行时要求其不应该存在对运动的约束，且能适应动力车车体与转向架之间的各种相对运动，其中包括转向架相对于车体的横动、在水平面内的回转，转向架相对车体的浮沉振动、点头振动及侧滚振动。控制牵引点高度，与一、二系悬挂系统相配合，使牵引时动力车的轴重转移最小，提高动力车的黏着重量利用率。

5.2.9.2　牵引装置结构组成

牵引装置采用低位倾斜单牵引杆，如图 5-20 所示。牵引装置布置在机车中心侧，与转向架相连侧牵引梁布置在转向架后端。牵引杆通过螺栓分别与两端的牵引座筒相连，便于拆卸，牵引座筒通过一个弹性圈套在牵引销上，能适应转向架和车体间的相对运动，有效传递牵引力和制动力，并承受一定的冲击力。

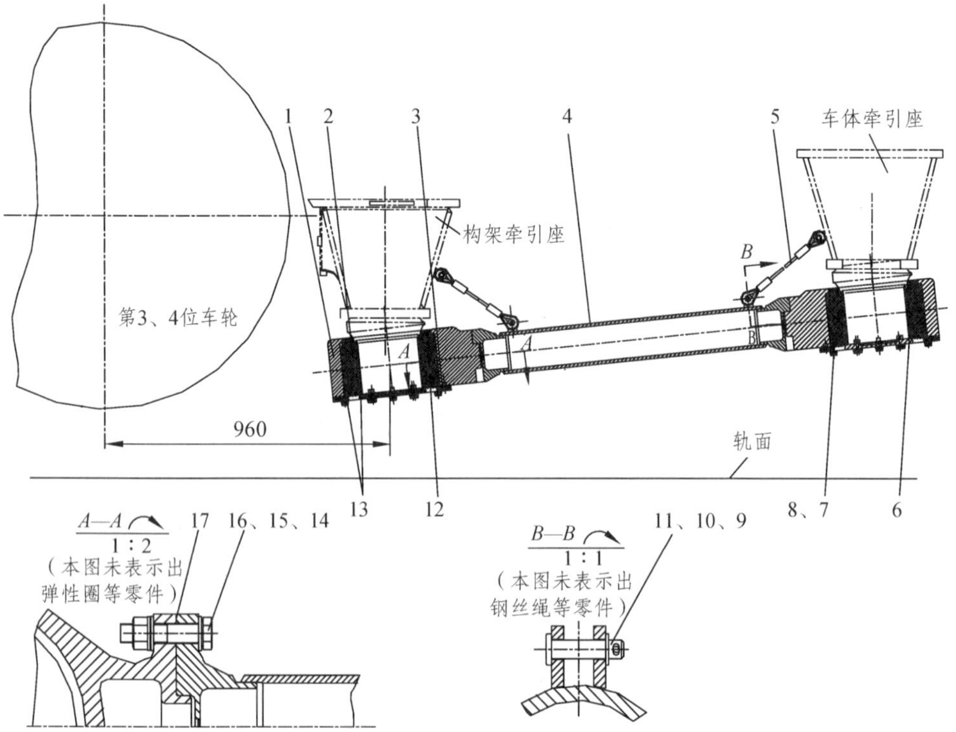

1—牵引座筒；2—弹性圈；3—压盖；4—牵引杆；5—钢丝绳装配；6—压盖（一）；7—螺栓 M12×35；8—防松垫圈 12；9—平垫圈 12；10—半光圆销 12×48×43；11—销 4×30；12—密封胶 LONGTERM 2PLUS；13—润滑剂 GLEITMETALL 70-85；14—螺栓 M24×110；15—平垫圈 24；16—防松螺母 M24；17—装配膏 ALTEMP-Q-PASTE NB50。

图 5-20 牵引装置结构

5.2.9.3 维护保养要求

（1）经常检查牵引杆连接螺栓的紧固性。

（2）检查安全钢丝绳。

（3）检查牵引座筒及牵引杆是否有裂纹。

5.2.10 轮缘润滑装置

5.2.10.1 轮缘润滑装置概述

为了减少车轮的磨损，在转向架上安装轮轨润滑系统，使用 JH 型石墨油脂，喷头安装在一、四、五、八位轮对上，在动力车通过曲线时对动力车导向轮进行喷脂，油脂喷射到轮缘根部并随动力车动轮转动将油脂传递到钢轨内侧。

5.2.10.2 轮缘润滑装置结构

HB-FL 型轮缘润滑装置由气动控制单元和气动执行机构组成，如图 5-21 所示。气动控制单元采用集成设计，将电控器和气动部件集成一体，只需提供电源风源即可工作。气动执行机构采用常压储脂、气动泵脂和高速喷脂设计。

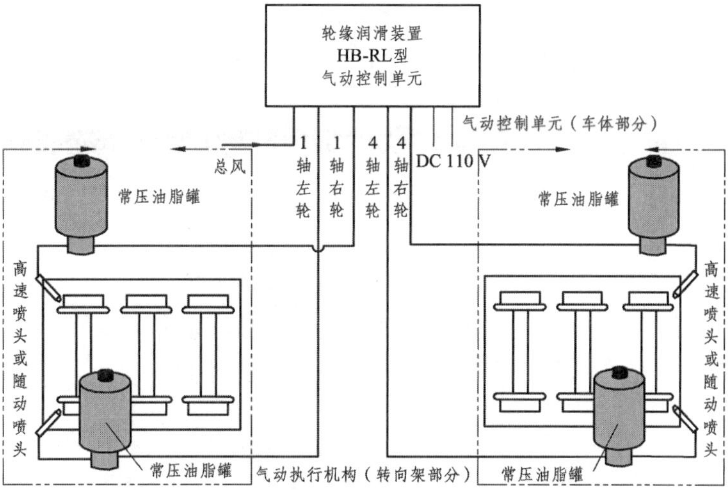

图 5-21　HB-FL 型轮缘润滑装置工作原理

气动控制单元主要由电控器、气动单元及外部箱体组成，将电控部分、气控部分有机合成为一个整体。电控器采用内置传感器，能够自动识别工况，根据动力车提供的供电和风源即可输出控制信号，控制电空阀的导通和关断。气动单元由空气过滤减压器和电磁换向阀（电空阀）两种气动控制元件经气动阀板连接而成，起到过滤气体、稳定气压、控制气路通断的作用。气动执行机构由常压油脂罐（含气动泵）、高速喷头和油脂胶管组成。

每个气动控制单元输出 4 路风，独立控制 2 个轴位两侧的 4 个喷头喷脂。当动力车运行时，气动控制单元根据动力车轮缘磨损工况控制喷脂时机。

5.2.11　其他附属装置

其他附属装置主要包括撒砂装置、扫石器、车梯、进风道、配管装配等。

5.2.11.1　撒砂装置

撒砂装置工作原理如图 5-22 所示，采用电加热烘干系统，防止砂箱内的砂子受潮板结。

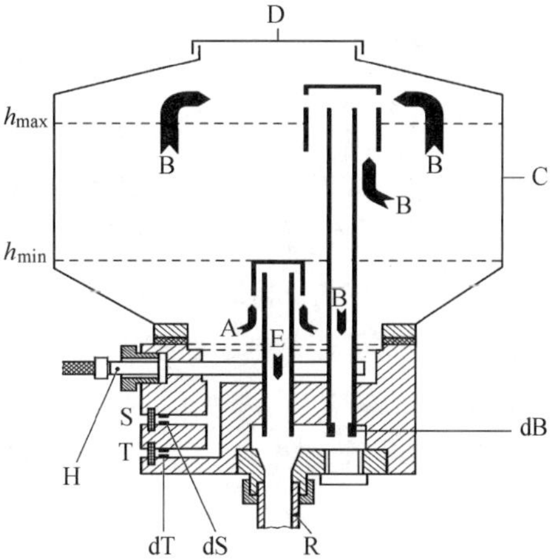

A—吹砂气流；B—排砂气流；C—砂箱；D—砂箱盖；E—砂流；H—筒形加热器；dS—阻气门（提供用于撒砂的空气）；dT—阻气门（提供用于干燥的空气）；h_{max}—最大装砂量；h_{min}—最小装砂量；S—提供用于撒砂的空气端口；T—提供用于干燥的空气端口；R—撒砂出口。

图 5-22　撒砂装置工作原理

（1）撒砂：压缩空气由端口（S）进入，阻气门 dS 调节从底部通过烧结板进入砂箱的空气流量，排出的气流流经砂箱中的砂子，使它们松散，然后通过排出室抽出后，通过排出筒和排出阻气门回到机壳。砂子的传输由气流决定，即由阻气门（dS）和标准型排出管的内径控制。

（2）加热：压缩空气由端口进入撒砂装置来进行干燥，通过对筒形加热器通电，流经阻气门 dT 的空气在烧结板中的筒形加热器得到加热，被加热过的排出气流可使砂箱中的砂子松散和干燥。

（3）砂的质量：该撒砂装置使用的砂的成分中二氧化硅的含量不少于 60%，没有金属化合物或具有水硬性的成分，硬度至少要达到 5 Mohs，没有黏土状或烧结剂成分及任何异物；晶形致密，边缘尖锐，无规则，最大的允许晶体的尺寸为 4 mm。具有分流品质的砂子可能会影响传输。

（4）维护保养：

① 扫石器支架无裂纹，安装螺栓紧固可靠，扫石器橡胶板距离轨面高度应符合规定。

② 撒砂单元、撒砂管及管卡安装螺栓紧固可靠，撒砂管嘴距离轨面及车轮踏面的距离应符合规定；检查撒砂管嘴是否堵塞。

③ 撒砂支架无裂纹，安装螺栓紧固可靠。

④ 撒砂单元与转向架之间的软管长度应尽量长，确保转向架相对车体回转时软管有足够的伸长余量。

5.2.11.2 各止挡间隙

为确保动力车运行安全，转向架上设有安全止挡。

一系横向止挡间隙：10 mm；

一系垂向止挡间隙：25 mm；

二系垂向止挡间隙：（30 ± 5）mm；

二系横向止挡间隙：（35 ± 5）mm；

二系摇头止挡间隙：144 mm（按转向架与车体回转角为 3.5°）。

5.3 拖车（控制车）转向架

5.3.1 拖车（控制车）转向架概述

动力集中动车组拖车（控制车）转向架可分为普通车转向架和控制车转向架，普通车转向架在 25T 型客车用 SW-220K 型转向架的基础上，对基础制动装置、排障装置等进行设计适应性变更，构架、轮轴、悬挂等主体结构保持不变，SW-220K 型号保持不变。控制车转向架是以 SW-220K 型转向架为平台升级了基础制动装置，设扫石器装置、信号轴端。该转向架按最高运营速度 160 km/h、最高试验速度 176 km/h 设计，整体采用无摇枕转向架、H 形焊接构架、转臂式轴箱定位、四点支撑空簧装置，配置温度、振动等安全监测系统等，具有结构简洁、技术可靠、检修维护方便等特点。

5.3.2 构架组成

构架组成如图 5-23 所示，主要结构如下：

（1）构架为钢板焊接结构，平面呈“H”形，主要由侧梁组成、横梁组成、纵向辅助梁、空气弹簧支撑梁和定位臂等组成。侧梁的中部为凹形，横梁的内腔与空气弹簧支撑梁的内腔组成空气弹簧的附加空气室。

（2）侧梁采用由 4 块钢板组成箱形断面的焊接结构，上、下盖板厚分别为 12 mm、16 mm，腹板厚 12 mm，侧梁中部为 U 形。采用 Q345E（或 ST52-3）焊接结构用轧制钢板。与弹性节点连接的定位臂为铸钢件（ZG25MnNi），其与侧梁连接部为圆滑过渡，力求应力缓和。

（3）横梁采用无缝钢管（材质为 Q345E）。其内腔作为空气弹簧的附加空气室。在横梁上焊有制动吊座、牵引座及空气弹簧的防过冲座等。

（4）辅助梁组成。为提高构架刚度，在两横梁之间由纵向辅助梁连接，其上安装有横向减振器座和横向缓冲器座等。辅助梁采用箱形断面的焊接结构。

（5）空气弹簧支撑梁位于侧梁外侧的两横梁之间，由 3 块板组焊而成的槽形结构，它与侧梁外侧腹板组成的密闭腔，与横梁内腔相通，共同组成空气弹簧的附加空气室。

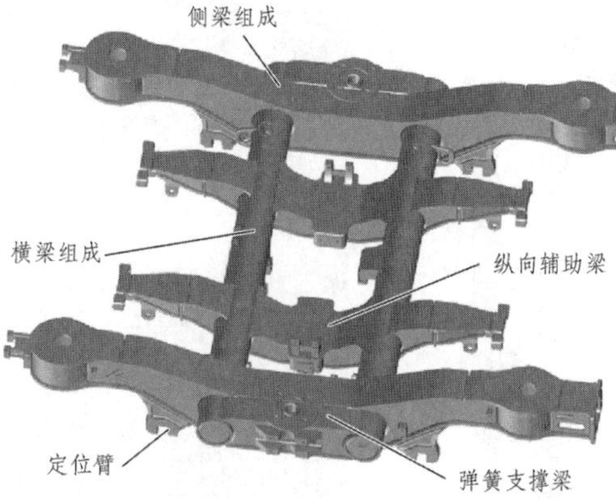

图 5-23　SW-220K 构架组成

5.3.3　轮对轴箱定位装置

5.3.3.1　轮对轴箱

（1）轮对轴箱装置采用 KKD 车轮、RD3A1 车轴、轴装制动盘、SKF BC1B322880AB/BC1B322881AB 或 42726TT/152726TT（进口 NSK）轴承，如图 5-24 所示。

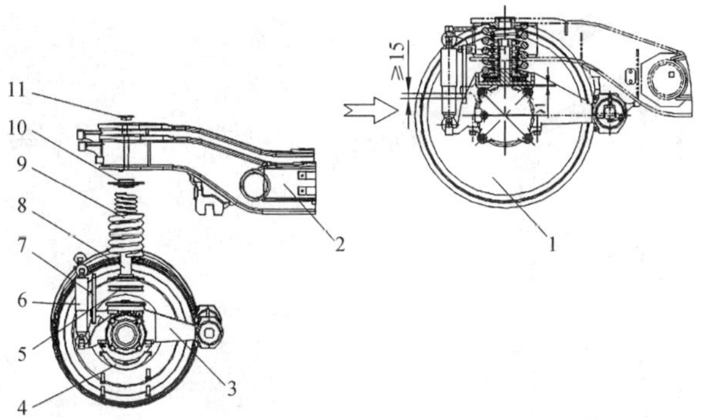

1—轮对轴箱组成；2—构架组成；3—定位转臂组成；4—压盖；5—缓冲胶垫；6—垂向油压减振器；7—轮对提吊；8—下弹簧夹板；9—轴箱弹簧组；10—上弹簧夹板；11—防锈帽。

图 5-24　轮对轴箱定位装置

（2）轮对轴箱的轴端有四种：普通轴端、防滑速度传感器轴端、接地轴端和动力车速度传感器信号轴端，转向架的 1、2、4、6、7、8 轴端装有接地电阻。各车轴端布置见表 5-1。

转向架的 3、5 位轴端装有炭刷式接地装置，2、4、6、8 位轴端装有速度传感器的测速齿轮，控制车 1、7 位轴端增加信号传感器安装接口。

表 5-1　各车轴轴端布置

轴端形式	防滑器轴端	接地装置轴端	普通轴端	控制车速度表
位数	2、4、6、8	3、5	1、7	2、8

轴端接地装置为车辆轴承提供简单、有效、经济的保护和防护，防止工作电流或系统故障电流以及雷电电流通过轴承造成的轴承损伤，如图 5-25 所示。其主要性能如下：

① 额定电流为 300 A。

② 瞬态电流不小于 10 kA RMS，持续时间为 100 ms。

③ 峰值电流不小于 25 kA。

④ 正常工作条件下电刷的更换寿命不小于 80 万千米。

⑤ 装置对轴承的温升增加不超过 3℃。

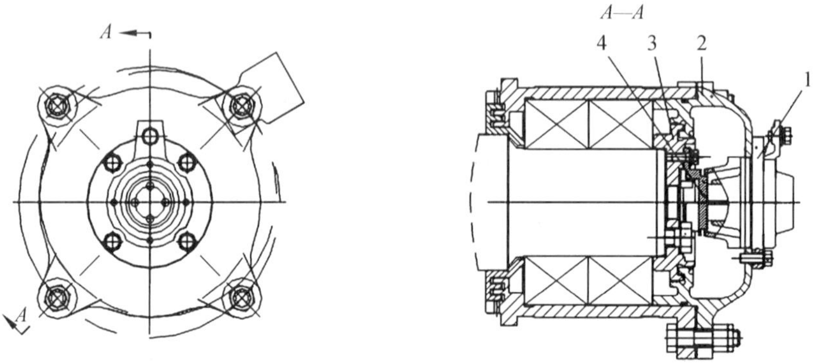

1—接地装置；2—轴箱盖；3—轴承压板；4—摩擦片。

图 5-25　轴端接地装置

轮对轴箱与定位转臂采用跨接的形式，定位转臂通过 4 颗 M20 的螺栓与压盖连接，定位转臂跨落入轴箱外部的槽内。若需要更换轮对，只需松开 4 颗 M20 螺栓和接地线等，便可以使轮对轴箱与转向架分离。

5.3.3.2　轴箱定位装置

轴箱定位装置如图 5-26 所示，为单转臂无磨耗弹性定位，定位转臂是该装置中的骨架，是轮对轴箱与构架的联系纽带。为减小定位节点刚度对一系垂向刚度的附加影响，定位转臂应尽可能长（为 550 mm），采用铸造件（ZG25MnNi）。本定位装置有如下特点：

（1）可利用弹性节点自由地选择纵向和横向的刚度。

（2）垂向采用轴箱顶置钢弹簧，弹簧刚度选择范围大，并且与纵向、横向刚度几乎无关，可以单独设计。

（3）没有滑动和摩擦部分，橡胶件几乎不外露，延缓老化，可以长期运用，免维修。

（4）与其他定位方式相比，零部件少，不必进行轴距控制，因此组装、分解中均不需要特殊工装。

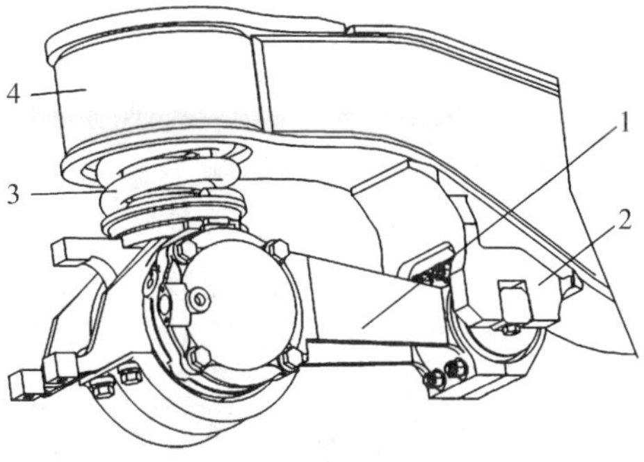

1—定位转臂；2—定位臂；3—轴箱弹簧；4—轴箱弹簧座。

图 5-26　轴箱定位

1. 轴箱定位刚度

轴箱定位刚度是保证转向架运行稳定性的关键参数，根据运用实践和计算分析，采用的定位刚度参数见表 5-2。

表 5-2　轴箱定位刚度　　单位：MN/m

垂向刚度	纵向刚度	横向刚度
~0.90	11.5	4.5

2. 弹性节点

弹性节点是由橡胶与金属硫化成一体的梯形结构，只有将其安装于定位转臂中后才能体现弹性节点的特性。

3. 钢弹簧组成

钢弹簧组成包括内外圈钢簧、缓冲垫和上下夹板。钢弹簧采用 60Si2CrVAT 材质。缓冲胶垫的主要作用为消除和衰减部分来自轮轨的高频振动；上弹簧夹板为铸钢件（ZG25MnNi），上部加工有安装防尘罩用的凹槽；下弹簧夹板为整体锻钢件，上部有 Tr32 螺纹孔。利用该螺纹通过工艺螺栓和上、下弹簧夹板将钢簧预压在一起，便于轴箱定位装置的组装、拆卸。

4. 一系垂向减振器

在定位转臂和构架弹簧座之间设置了油压减振器，以防止高频振动的传递和减小转向架点头振动。其参数见表 5-3。

表 5-3　轴箱减振器参数

型号	DISPEN 或 KONI
阻尼力系数/（kN·m/s）	20
位移/mm	160
最大最小长度/mm	520/360
安装长度/mm	433
节点结构及刚度/（MN/m）	10（两端球铰）
防尘罩直径/mm	ϕ84

5.3.4 中央悬挂装置

中央悬挂装置如图 5-27 所示，是转向架的重要部分，转向架的垂向、横向运行平稳性主要是由其垂向、横向刚度及空气弹簧提供的垂向阻尼和横向减振器提供的横向阻尼所决定。

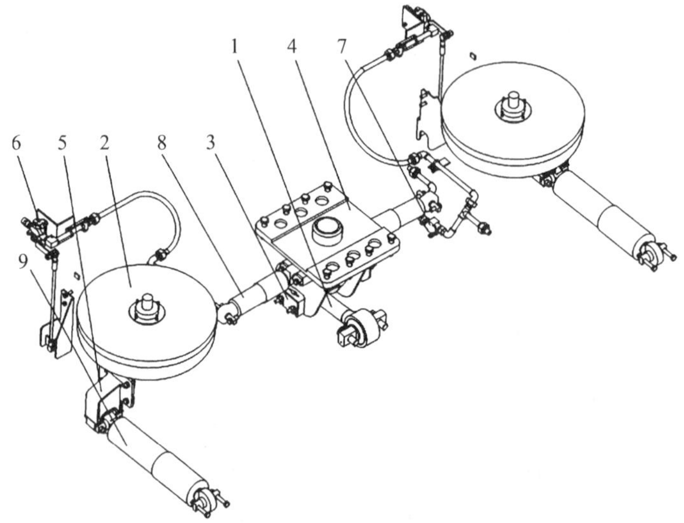

1—牵引拉杆组成；2—空气弹簧组成；3—横向挡；4—中心销组成；5—减振器座；
6—高度控制阀；7—差压阀；8—横向油压减振器；9—抗蛇行油压减振器。

图 5-27 中央悬挂装置

5.3.4.1 空气弹簧

空气弹簧由气囊和附加的橡胶弹簧组合而成，如图 5-28 所示，适用于水平位移大的无摇枕转向架。空气弹簧的特性参数见表 5-4。

气囊的上下支口为自密封结构。上盖板设有定位柱，与车体相连，下部通气口与构架相连，为圆柱面，并用 O 形圈密封结。为使空气弹簧无气状态时转向架能够运行，在下支座上面设有特殊的滑板，以提高转向架的曲线通过性能。当空气弹簧破损无气时，附加的橡胶弹簧提供二系垂向刚度，确保车辆运行安全。本空气弹簧在附加弹簧内设置了固定阻尼孔，以提供二系垂向阻尼。

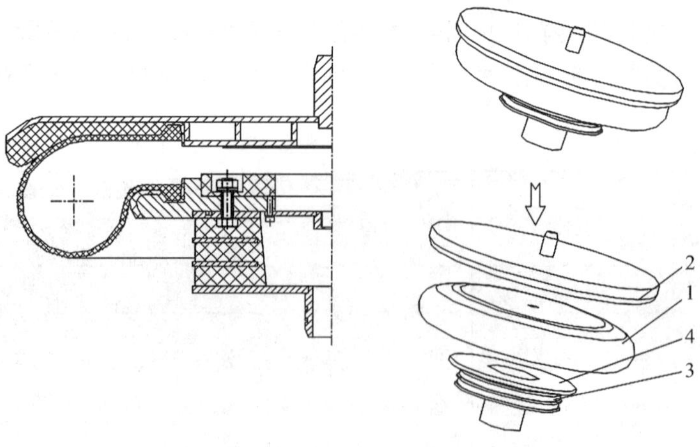

1—橡胶囊；2—上盖组成；3—橡胶堆；4—下座组成。

图 5-28 空气弹簧

表 5-4　空气弹簧特性参数

序号	项目		参数值
1	有效直径（F_z=100 kN）/mm		580
2	空载（内压 400 kPa）F_z/kN 满载（内压 500 kPa）F_z/kN		106 130
3	最大垂向位移/mm 最大水平偏移/mm		±40 ±120
4	附加容积室 V_a/L		80
5	节流孔当量阻尼/（kN·s/m）		60
6	垂向刚度/（N/mm）	空载时 c_z	320
7	横向刚度/（N/mm）	空载时 c_y 满载时 c_y	180 260

二系横向油压减振器参数见表 5-5。

表 5-5　二系横向减振器参数

型号	DISPEN 或 KONI
阻尼力系数/（kN·m/s）	40
行程/mm	140
最大/最小长度/mm	490/350
安装长度/mm	420
节点结构及刚度/（MN/m）	10（球铰）
防尘罩直径/mm	ϕ84

5.3.4.2　牵引装置

牵引装置采用单拉杆结构，如图 5-29 所示。安装在车体的中心销组成与带缓冲的拉杆连接传递牵引力和制动力。为降低转向架传递给车体的振动，每台转向架的前后牵引刚度设置为 5MN/m。

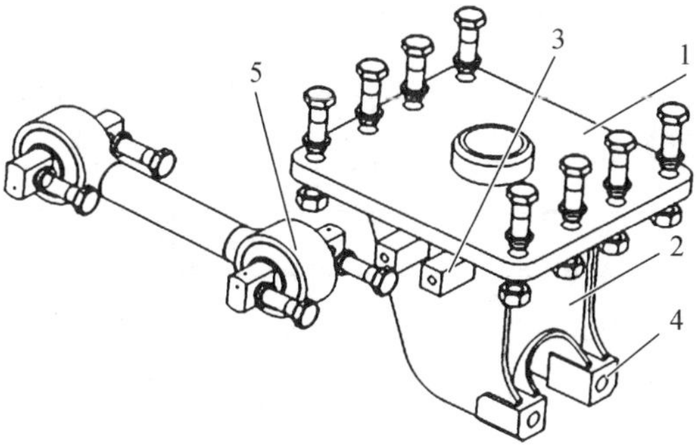

1—安装座；2—中心销连接体；3—减振器安装块；4—拉杆安装块；5—牵引拉杆。

图 5-29　牵引装置

该牵引装置具有如下特点：

（1）转向架相对于车体的回转依靠牵引杆端部节点中橡胶的弹性变形。

（2）转向架横向（垂向）移动时的回复力，除依靠空气弹簧横向（垂向）刚度外，还依靠两拉杆两端橡胶节点的刚度，但这部分的作用很小。

（3）牵引装置内无相对滑动部分，为无磨耗结构。

（4）转向架和车体的分离应先拆卸牵引杆两端螺栓。

5.3.4.3 横向缓冲器

横向缓冲器作为限制车体运行中（特别是曲线上）过大的横移而设置的。为了避免运行中车体频繁碰撞缓冲器或者接触后出现硬性冲击，本系统中将缓冲器与止挡的间隙设置为（40±2）mm，同时将缓冲器设计成具有非线性特性，它与空气弹簧的横向刚度共同完成限制车体的横移，且位移较大时，可提供非线性增长的复原力。

5.3.4.4 防过冲座

由于采用无摇枕转向架，应防止车体意外过大的上升。本转向架在横梁上设有防过冲座，与牵引拉杆头部之间设置了 70 mm 的间隙，具有阻止车体过高上升的功能。

5.3.4.5 抗蛇行减振器

为了获得稳定的回转阻力，以防止转向架的蛇行运动，采用了抗蛇行油压减振器，代替以往转向架使用旁承摩擦副提供阻力的方式。从运行稳定性方面考虑，该减振器的活塞速度较小，不需要更大范围的活塞速度。其主要参数见表 5-6。

表 5-6 抗蛇形油压减振器参数

型号	DISPEN 或 KONI
阻尼力系数/（kN·m/s）	600
行程/mm	340
最大/最小长度/mm	920/580
安装长度/mm	750
节点结构及刚度/（MN/m）	25（球铰）
防尘罩直径/mm	ϕ125

5.3.4.6 高度控制阀和差压阀

高度控制阀是根据载荷的变化自动调整空气弹簧内压使车体保持一定高度的装置。本系统采用的高度控制阀有机械式的纯空气阀（SAB）或日本的 LV-3 型，这两种高度控制阀均分左右。高度控制阀安装在车体上。

差压阀是在左右空气弹簧出现超过规定的压力差时，使压力高的一端空气流向较低的一端，以防止车体异常倾斜的装置。本阀设定的压力差为 150 kPa。

5.3.5 基础制动装置

盘形制动装置如图 5-30 所示。

图 5-30　盘形制动装置

基础制动装置采用紧凑型制动夹钳单元，其带有间隙调整器，可自动调整闸片间隙。直形车每辆车设置一台带手制动的制动夹钳单元，如图 5-31 所示；鼓形车将原手制动夹钳升级为停放制动夹钳，设置手制动缓解拉绳，对应构架设置停放制动管路及手制动拉绳安装管路，如图 5-32 所示。

图 5-31　带手制动功能制动夹钳

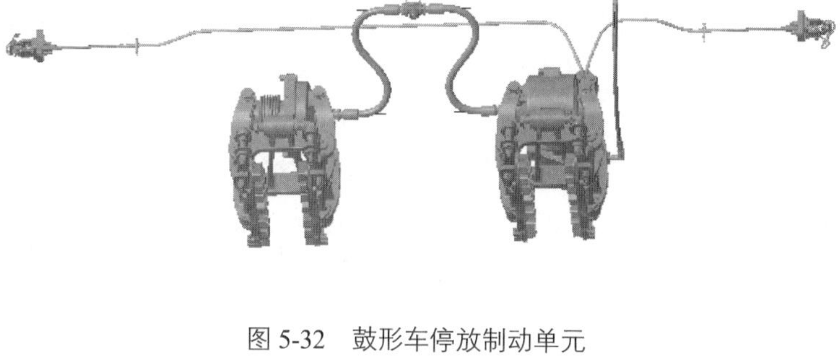

图 5-32　鼓形车停放制动单元

5.3.5.1　单元制动缸

制动缸为 8″活塞式单元制动缸，其内部带有间隙调整器，可自动调整闸片间隙。其主要特性参数见表 5-7。

表 5-7　制动缸主要特性参数

制动缸直径/mm	203
制动缸最大压力/kPa	480（F8 阀）或 420（104 阀）
初始制动压力/kPa	20~30
安装尺寸/mm	240±2
活塞杆最大行程/mm	28±2
丝杆有效伸出量/mm	4~6
丝杆每次伸出量/mm	14±2
丝杆最大伸出量/mm	120

5.3.5.2　制动盘和闸片

1. 制动盘

SW-220K 型转向架采用轴装制动盘，由整体式铸钢结构的制动盘环和盘毂组成。制动盘与盘毂通过螺栓、垫块和弹性套等连接。制动盘毂与车轴为过盈配合，过盈量为 0.14~0.22 mm，压装力为 200~400 kN。制动盘主要结构参数见表 5-8。

表 5-8　制动盘参数

制动盘直径/mm	640
制动盘摩擦半径/mm	247
制动盘允许磨耗量（单面）/mm	7

2. 闸　片

转向架采用粉末冶金闸片，型号有 D160YT30 型、DC-70 型等。

5.3.5.3　维护保养

（1）轮轴各部不得有裂纹，轮毂、制动盘座不得有松动现象，踏面不得有明显擦伤、剥离，并符合规定限度。

（2）制动盘磨耗及摩擦面状态不得超过限度要求，制动盘及座、各螺栓、销套不得松动，配件齐全。

（3）转向架构架、牵引销、轴箱、定位转臂、轴箱弹簧、牵引拉杆等零件不得有裂纹。

（4）空气弹簧在充气状态下高度符合要求，不得有橡胶囊严重磨损、表面异状等缺陷。高度控制阀调节杆应处正常状态，配件齐全；差压阀无裂纹、泄漏，配件齐全，作用正常。

（5）各油压减振器配件齐全，不得有漏油、安装螺栓松动等问题。

（6）牵引拉杆螺栓紧固状态良好。

（7）牵引销、轴箱及定位臂与定位转臂之间的连接螺栓不得松动，各开口销无丢失、折损。

（8）盘形制动单元的杠杆和悬吊装置无裂纹，各杠杆转动灵活，不抗劲，各圆销、开口销无丢失、折损。

（9）检查制动缸，无泄漏，其状态应正常。

（10）检查闸片厚度不得小于 10.5 mm，超限时成对更换。

（11）各软管的连接状态良好，管卡齐全，无松动、泄漏。

（12）各种配线（轴温报警、防滑器速度传感器、接地线、接地保护电阻、加速度传感器）齐全，安装牢固，位置准确。

6 车内布置

6.1 车门

列车车门系统包括塞拉门、外端门、内端门、无障碍卫生间拉门及小间门。

6.1.1 电控气动塞拉门

直体车拖车（控制车）除餐吧车二位端采用钢制折页门外，其余侧门均采用电控气动塞拉门，主体结构在青藏线客车塞拉门基础上借鉴复兴号动车组塞拉门进行优化，具备以下特点：

（1）主锁加辅助锁的锁闭形式；

（2）整体密封框加密封胶条的密封结构，密封胶条采用双道密封；

（3）主端子排、锁闭机构、气路、线路等集成为侧立集成组件，模块化装车；

（4）门控器集成在承载驱动机构上；

（5）设置高站台间隙补偿器。

塞拉门系统结构如图 6-1 所示，主要包括承载驱动机构、整体密封框、门扇、侧立集成组件、高站台间隙补偿器、内外部操作装置、下滑道及防护罩。

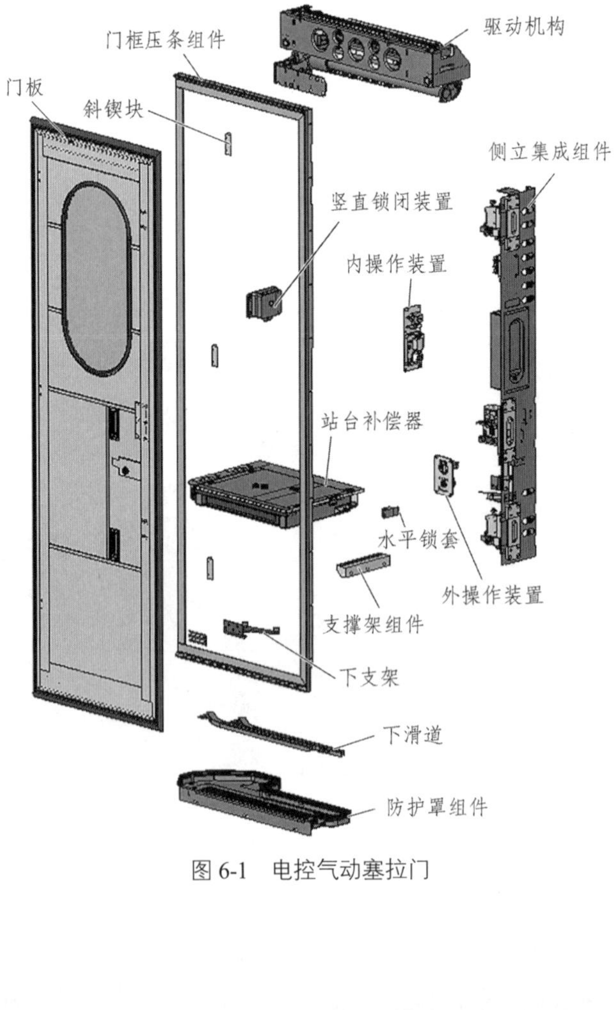

图 6-1　电控气动塞拉门

6.1.1.1 门系统驱动

电控气动塞拉门采用无杆气缸驱动，通过无杆气缸带动携门架，同时携门架在上滑道及门板下部支架在下滑道的引导下实现塞拉运动，如图 6-2 所示。

气路控制采用 1 个 2 位 3 通电磁阀阀组控制无杆气缸、主锁气缸及辅助锁气缸，门系统气路原理如图 6-3 所示。

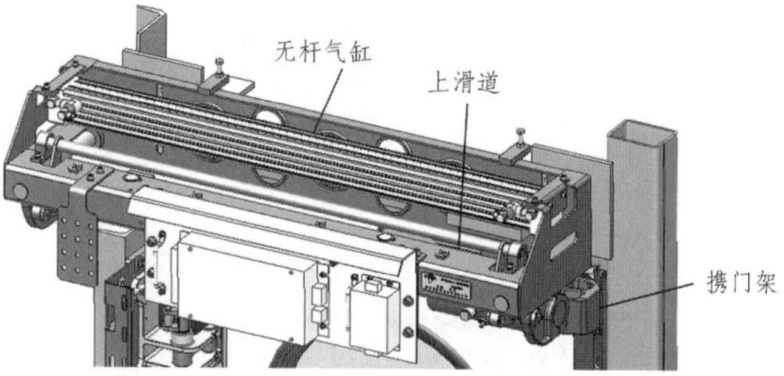

图 6-2 门驱动装置

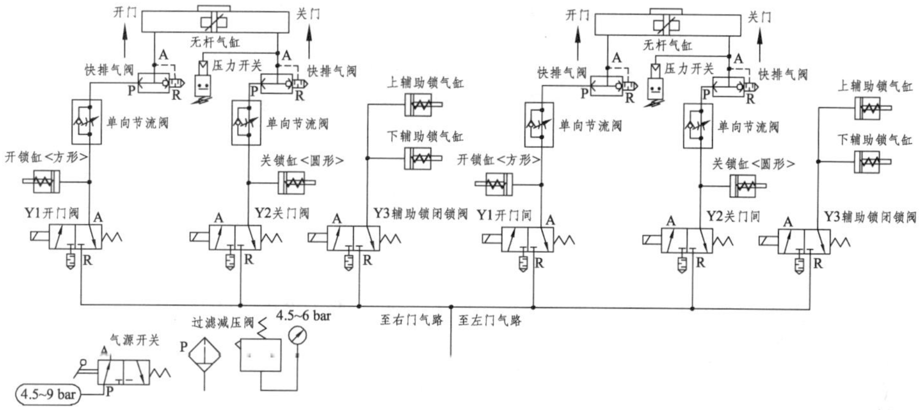

图 6-3 门系统气路原理

6.1.1.2 门系统锁闭

电控气动塞拉门采用与干线塞拉门系统一致的锁闭方式，即门扇关闭后，门扇顶紧前门框的一侧用八字密封胶条压紧，对门扇前部进行约束，如图 6-4（a）所示。门扇上部依靠无杆气缸提供锁闭力，门扇后部依靠主锁和辅助锁提供约束，如图 6-4（b）所示。门扇下部依靠下滑道的约束，使门扇可靠地保持在锁闭位置，如图 6-4（c）所示。

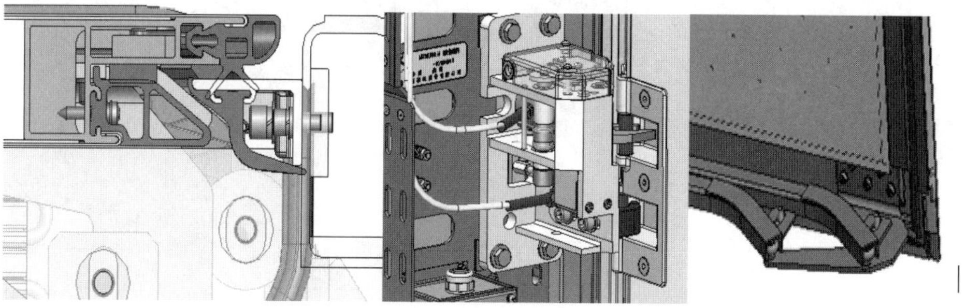

（a）（b）（c）

图 6-4 门系统锁闭

6.1.1.3 门系统密封

门扇周边和门框间采用密封胶条密封，保证其密封性能。图 6-5（a）所示为门扇后挡密封胶条，图 6-5（b）所示为门扇上挡密封胶条。

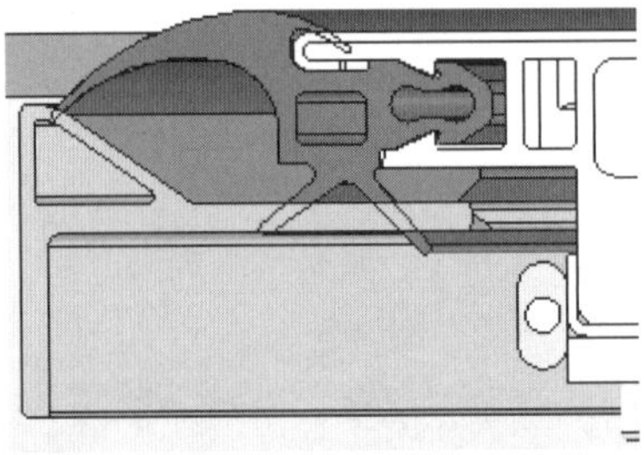

（a）

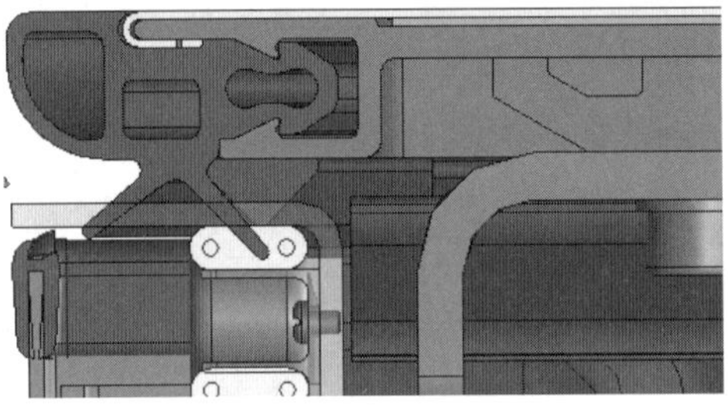

（b）

图 6-5 门系统密封

6.1.1.4 高站台间隙补偿器

采用伸缩踏板式站台补偿器，其使用模式分为高、低站台模式。

（1）高站台模式：如图 6-6（a）所示，踏板处于水平锁闭状态。自动模式下随开关门动作，伸缩踏板自动进行伸缩动作，补偿距离约为 160 mm。

（2）低站台模式：如图 6-6（b）所示，踏板手动翻起，并锁闭至隔离状态。任何模式下不随开关门动作进行任何动作。

（a）（b）

图 6-6 站台补偿器

6.1.1.5 日常维护保养及润滑

1. 日常维护保养

（1）门扇正反面都应保持清洁。

（2）门扇周边的密封胶条应保持清洁。

（3）下导轨防护罩内不能塞有杂物。

（4）空气过滤减压组合的下部透明塑料罩内如有水，可掀压下部的排水阀，让水排出。

2. 润　滑

（1）客车运用的首次润滑。

（2）运用后按检修和维护保养周期进行润滑。

（3）润滑油脂：按 KN-SJT-01《门系统润滑脂使用规范》相关规定润滑。

（4）润滑部位：

① 驱动部件的圆形导柱；

② 门架滑槽与无杆气缸推杆轴承处；

③ 上、下滑道；

④ 隔离锁的长插销；

⑤ 门锁及辅助锁部件的各弹簧及转动部位。

塞拉门日常检查项点见表 6-1。

表 6-1　塞拉门日常检查项点

序号	检查部位及项目	检查内容	检查方法
1	过滤减压阀组件	① 工作压力（6±0.2）bar（1 bar=0.1MPa）; ② 检查下部透明塑料罩内是否有水	压力表； 目测
2	门扇	门扇表面有无损伤	目测
3	门运行情况	门扇运行是否平稳	目测
4	内操作装置功能	能否电控气动开、关门	三角钥匙操作
5	外操作装置功能	能否手动开、关门，能否电控气动开、关门	三角钥匙操作
6	紧急解锁装置功能	能否手动开、关门，蜂鸣器能否及时报警	三角钥匙操作
7	关门防挤压功能	门扇关闭至离门框密封条 15～30 mm 范围前是否有防挤压功能	用手阻挡关门
8	开（关）门速度	开（关）门时间是否在 2.5～5 s	计时检测
9	气路密封	气路有无漏气现象	耳听或用皂液测试
10	隔离锁功能	门锁闭后，隔离锁长插销能否顺利插入直角斜楔	三角钥匙操作
11	门扇密封条	门扇四周密封胶条是否有撕裂、破损现象	目测
12	防护罩装置	① 检查防护罩装置与下导轨接触腔内是否有杂物； ② 通电检查与门扇密封的表面是否有明显温升	目测； 触摸与门扇密封的表面

6.1.2　电控电动塞拉门

鼓形拖车（控制车）塞拉门采用电控电动塞拉门，与直形车电控气动塞拉门相比，主要差异有：采用电控电动驱动方式，取消站台补偿器，仅使用于 1 250 mm 高站台，下部摆塞机构优化，增加隔离锁锁销搭接量，内操作与紧急解锁集为一体且可自复位等。

电控电动塞拉门主要由承载驱动机构、设备架、密封门框、门扇、内部操作装置、外部操作装置、门槛以及内外操作钢丝绳组件组成，如图 6-7 所示。

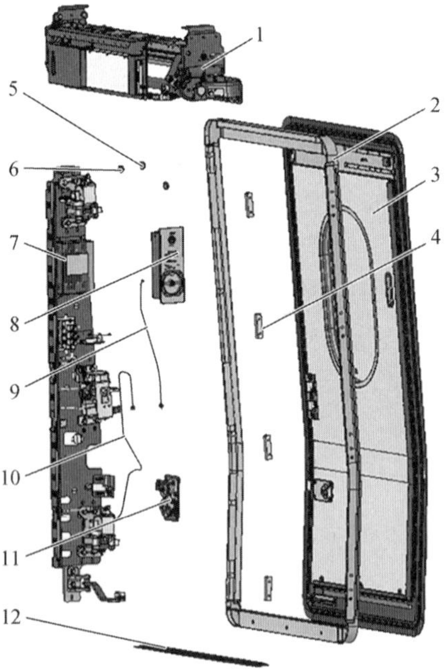

1—承载驱动机构；2—密封门框；3—门扇；4—斜锲块；5—偏心轮；6—双色指示灯；
7—侧立集成组件；8—内部操作装置；9—内操作钢丝绳套管组件；
10—外操作钢丝绳套管组件；11—外部操作装置；12—门槛。

图 6-7 电控电动塞拉门

6.1.2.1 门系统承载驱动

承载驱动机构主要由驱动部件、携门架、长导柱、短导柱及直线轴承、门控系统等组成，如图 6-8 所示。

承载驱动机构安装在车体开口正上方，门扇安装在携门架上，承载驱动装置由无刷直流电机驱动丝杆螺母副进行驱动，携门架沿直线导轨进行 X 向运动，直线导轨沿短导柱进行 Y 向运动，实现塞拉过程，使门板既有沿车长方向的直线运动，又有沿车宽方向的摆塞运动。

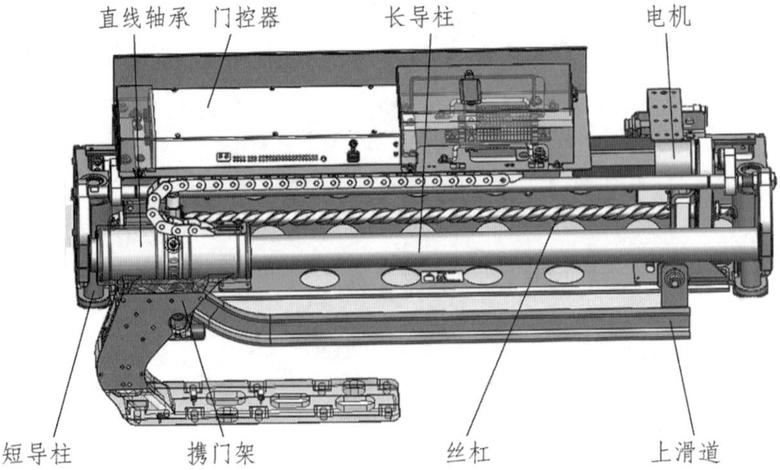

图 6-8 承载驱动组件

6.1.2.2　门系统锁闭

锁闭装置由一把主锁与两把辅助锁组成，形成多重锁闭（加压）装置，安全冗余，以保证塞拉门在车辆高速运行时的安全。

（1）主锁：图 6-9 所示为主锁锁闭示意图，它由锁钩、锁叉、闭锁风缸、解锁风缸、锁体、锁到位开关等组成。主锁包含二级锁闭，锁闭后可实现过死点保护。

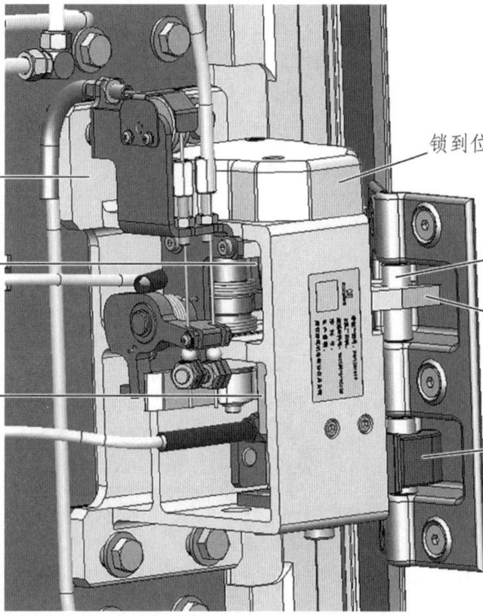

图 6-9　主锁锁闭示意图

图 6-10（a）所示为主锁复位状态，此时锁叉与锁钩释放门扇插销；图 6-10（b）所示为主锁一级锁闭状态，由门扇插销带动锁叉旋转越过第一个死点后到达一级锁闭点；图 6-10（c）所示为二级锁闭状态，由门扇插销继续带动锁叉旋转越过第二个死点后到达二级锁闭点。

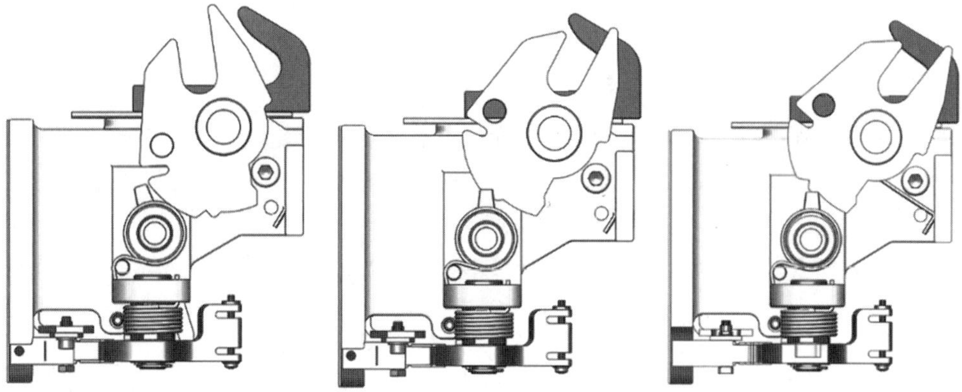

图 6-10　主锁二级锁闭示意图

（2）辅助锁：图 6-11（a）所示为辅助锁释放状态，当门扇处于关闭到位的位置后，上、下辅助锁气动压紧，使门扇紧贴密封门框，如图 6-11（b）所示。

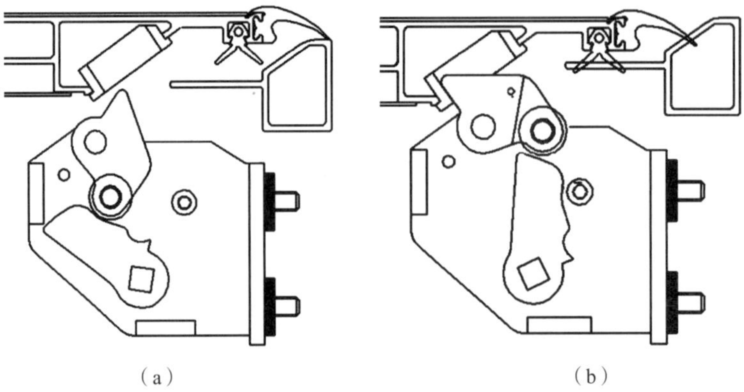

图 6-11　辅助锁锁闭示意图

6.1.2.3　门系统密封

门扇的密封主要包括八字胶条密封和周边胶条密封，周边胶条在前挡处安装了敏感电阻，用于实现车门防挤压功能。门扇前挡处上还安装了护指胶条，如图 6-12 所示。

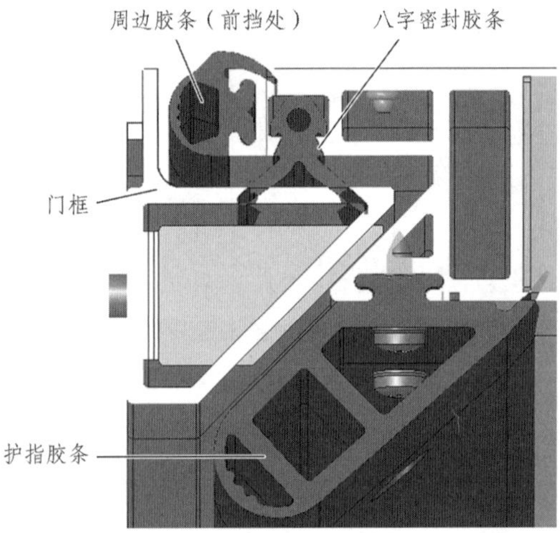

图 6-12　塞拉门门扇密封

6.1.2.4　电控电动塞拉门的维护保养

（1）检查内外门板平整情况，无变形、损伤；玻璃安装牢固。门框胶条齐全，无松脱、裂损，门板防尘（防挤压）胶条无撕裂、破损，辅助塞紧机构安装牢固，无破损。门板安装螺丝齐全、牢固，无松动，作用良好。

（2）塞拉门立罩板、顶板应外观平整，安装牢固，各状态指示灯安装牢固，标识齐全。

（3）手动开启塞拉门，观察塞拉门运行是否平稳。

（4）开启顶板，检查承载驱动机构安装应牢固，接插件安装状态良好。门控器外观状态良好，各紧固螺栓防松标记清晰、无错位，各接线无断线。线盒安装牢固，线束无抗磨、破损。驱动电机安装状态良好。

（5）检查导轮安装是否紧固，手动拉动车门，导轮与门扇无顶抗，转动正常。各部安装牢固。二级锁舌转动自如、准确到位。

（6）检查主锁安装应牢固，检查锁叉表面无裂纹及抗磨痕迹。隔离锁锁舌伸缩自如、准确插入锁扣且触动隔离锁开关。

（7）检查过滤减压阀调整值须为 600 ~ 650 kPa。气源开关及各节流阀、快排阀、开关门阀等作用良好。

6.1.3　外端门

普通座车两端及控制车、餐座合造车（餐吧式）一位端外端门设置手动双开拉门，餐座合造车（餐吧式）二位端外端门设置电动单开拉门，手动拉门门扇采用周圈拼装铝型材包半幅玻璃结构，电动拉门门扇采用周圈拼装铝型材包整幅玻璃结构，下部门板采用铝蜂窝复合结构，具有强度高、密封性能好，隔音、隔热，结构简洁，运动阻力小，安装方便，可靠性高等优点。

手动拉门主要由门扇、承载导向装置、锁闭装置等组成，如图 6-13 所示；电拉门主要由门扇、驱动装置、承载导向装置、锁闭装置、门控单元等组成，如图 6-14 所示。

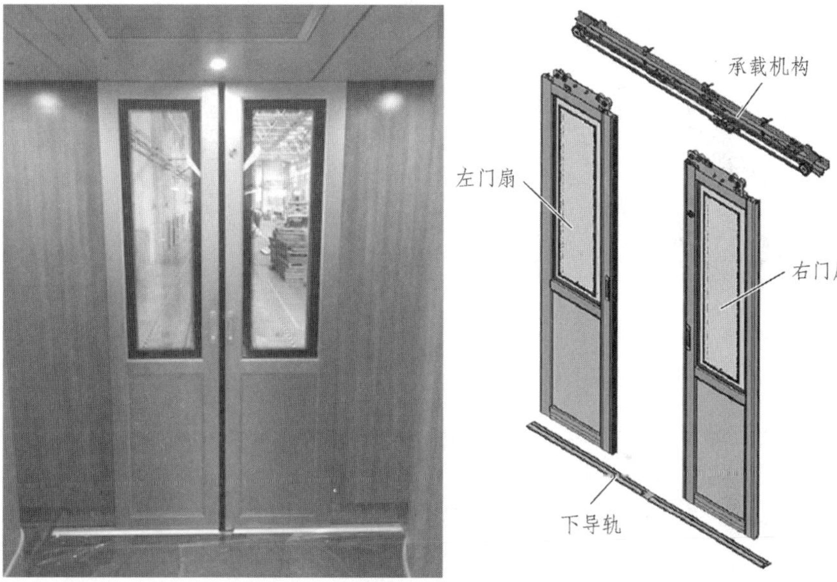

图 6-13　手动外端门

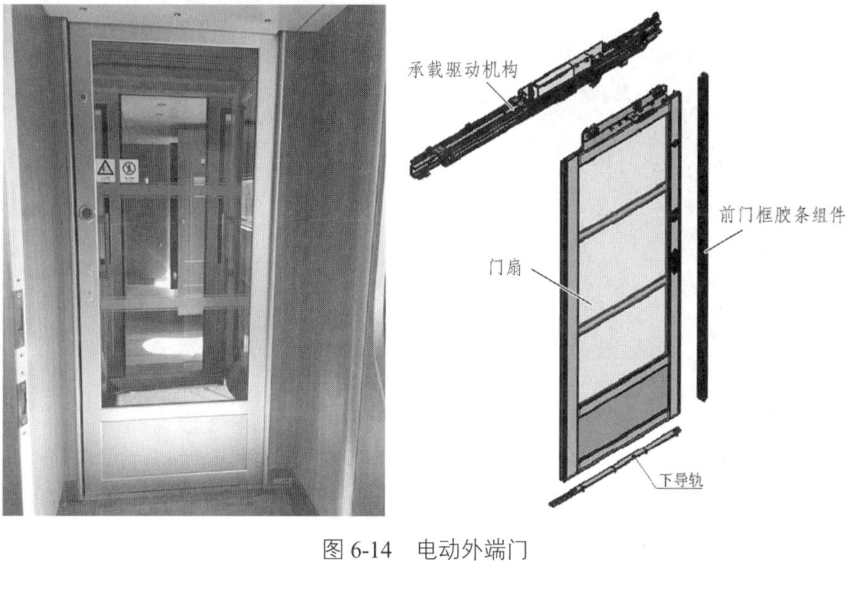

图 6-14　电动外端门

6.1.4 内端门

内端门设置电动单开拉门，门扇采用周圈拼装铝型材包整幅玻璃结构，下部设置通风格栅，具有强度高、运动阻力小、安装方便、可靠性高等优点。

电动内端拉门主要由门扇、驱动装置、承载导向装置、锁闭装置、门控单元等组成，如图 6-15 所示。

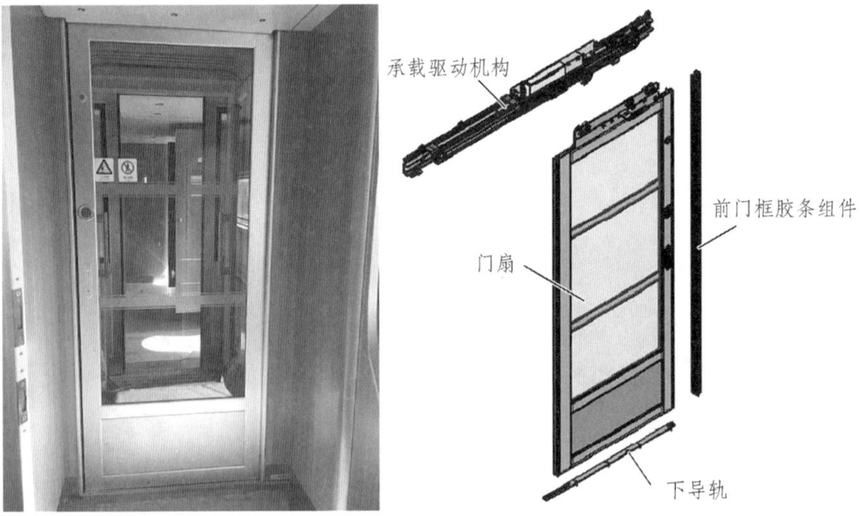

图 6-15 电动内端门

6.1.5 无障碍卫生间拉门

餐座合造车（餐吧式）一位端无障碍卫生间设置无障碍卫生间拉门，如图 6-16 所示。无障碍卫生间拉门主要由门扇、承载驱动机构、锁闭装置等组成。门扇采用铝蜂窝复合结构，外部为装饰贴面板。锁闭装置在卫生间内侧门扇上设置开关门拉手和旋钮锁，方便手动开关门操作及内部锁闭。

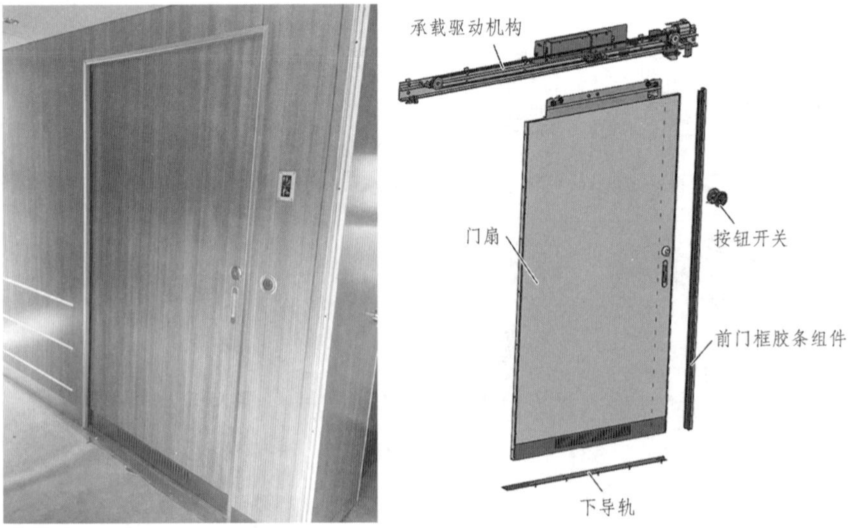

图 6-16 无障碍卫生间拉门

6.1.6 小间门

列车乘务员室、机械师室、播音室及卫生间设置防夹手小间门，结构形式参照动车组小间门，采用模块化安装方式，如图 6-17 所示。

图 6-17 小间门

6.2 车窗

车窗分为固定窗、内翻式活动窗及逃生窗。隔断热桥车窗与既有 25T 型车窗的安装接口一致，车窗采用拉紧块安装，窗框为整体框架式结构，分为内、外框两部分，采用粘接胶连接实现隔断热桥，安装拉紧块设置在车窗外框上，避免粘接胶承受组装拉力。车窗结构如图 6-18 所示。

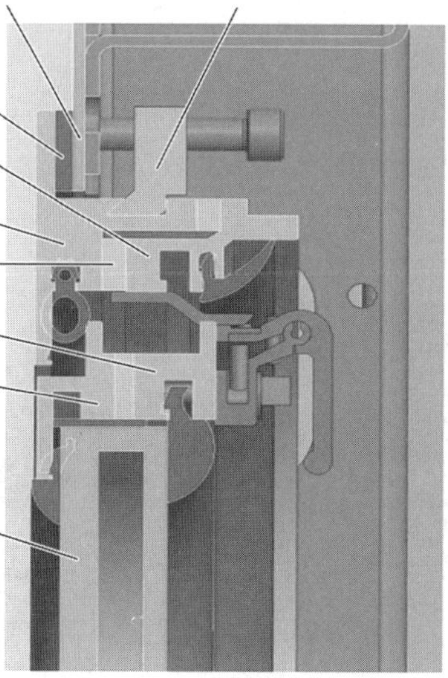

图 6-18 隔断热桥车窗

6.3 餐吧区

6.3.1 概述

餐吧车编组于动车组短编列车，二位端设置餐吧区，满足适应常温、低温饮料食品的展示及售卖需求，兼顾少量盒餐的微波加热以及日常清洗需求。餐吧区的主要设备包括洗池、微波炉、卧式冷冻冷藏柜、双门冷藏展示柜、吧台、储藏柜等，如图 6-19 所示。

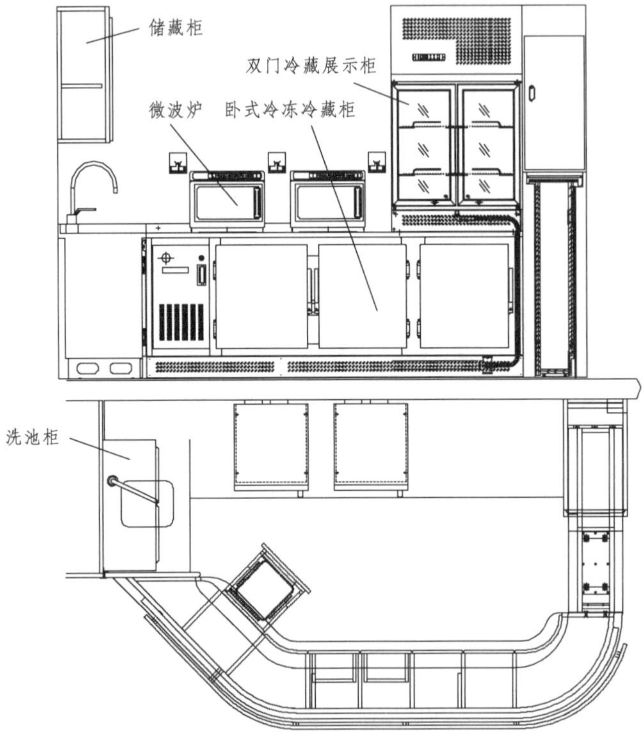

图 6-19 餐吧区布置图

6.3.2 设备说明

6.3.2.1 卧式冷冻冷藏柜

卧式冷冻冷藏柜箱体结构采用优质不锈钢板材，坚固耐用，内部冷却方式采用风冷设计，冷媒介质为环保型 R404a 制冷剂，具有制冷能力强、降温速度快、箱内温度分布均匀等特点，如图 6-20 所示。

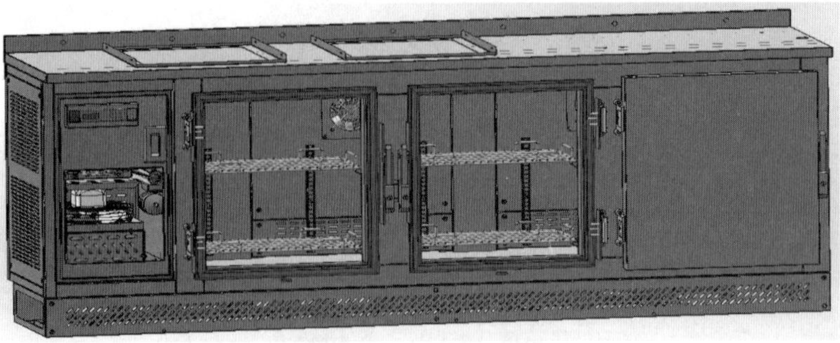

图 6-20 卧式冷冻冷藏柜

6.3.2.2 冷藏展示柜

冷藏展示柜采用优质不锈钢箱体结构，风冷设计，采用环保型 R134a 制冷剂，具有制冷力强、降温速度快、箱内温度分布均匀等特点，如图 6-21 所示。

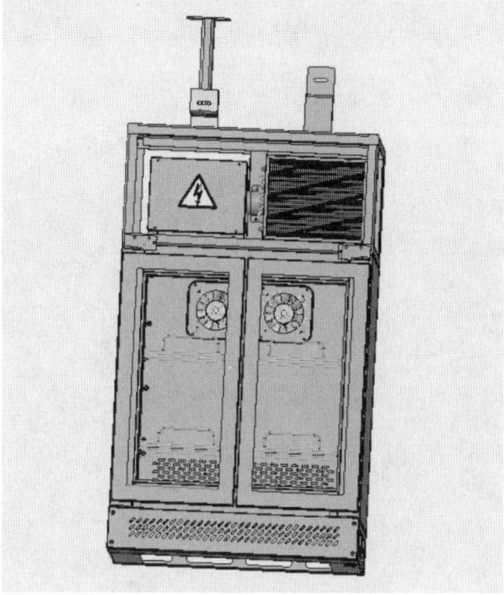

图 6-21 双门冷藏展示柜

6.3.3 冷藏展示柜维护保养

（1）检修设备外表面有无损坏、划痕。

（2）检查门把手、门锁、铰链等五金部件是否安装牢固，保证部件齐全、功能正常；各接线紧固，各保险容量正确。

（3）冷冻冷藏电冰箱需检查温度控制器、蒸发风机、冷凝风机、压缩机、风扇内部散热片、冷凝管路，通风过滤网需清洁干净。

（4）压缩机机体表面清理灰尘、污渍，漆层剥落部位除锈后油漆处理。压缩机壳体无腐蚀现象。

（5）电控盒接地线安全可靠，各相间、各相对地间阻值≥10 MΩ。

（6）电机与外壳绝缘值≥5 MΩ。

（7）冷凝电机绕组线圈与外壳的绝缘电阻值，冷态≥5 MΩ。

6.3.4 供餐能力

经过计算，餐吧区供餐能力可以满足 126 份/1.5 h。各设备能力见表 6-2。

表 6-2 各设备能力参数

序号	设备/能力	参数
1	卧式冷冻冷藏柜	容积约 285 L，功率约 0.8 kW
2	冷藏展示柜	双门台上式，容积约 70 L，功率约 0.5 kW
3	微波炉	2 台商用微波炉，功率约 2.78 kW/台
4	冷冻冷藏储存能力	120 份
5	加热能力	126 份/h

6.4 座椅

6.4.1 一等座椅

控制车客室设置 2+2 宽幅软座座椅（一等座椅），相对于客室中心对称布置。座椅参照中国标准动车组一等座椅进行设计，座椅靠背可调节（8° ~ 18°），不可旋转。除端部座椅外，椅背上设文件袋、脚踏等，座椅扶手内设有供乘客使用的小桌，座椅下部设置插座，如图 6-22 所示。

图 6-22　一等座椅

6.4.2 二等座椅

普通座车、餐座合造车（餐吧式）客室设置 2+3 软座座椅（二等座椅），相对于客室中心对称布置。座椅参照中国标准动车组二等座椅进行设计，座椅靠背可调（0° ~ 24.5°），不可旋转。除客室端部座椅外，椅背上设折叠式茶桌、杂志袋等，座椅后部设有供乘客使用的小桌，座椅下部设置插座，如图 6-23 所示。

图 6-23　二等座椅

6.4.3 无障碍座椅

餐座合造车（餐吧式）客室一位端设两个无障碍座椅，座椅靠背倾斜 6°，不可调节，设安全带，过道侧扶手可翻转 0° ~ 95°，如图 6-24 所示。

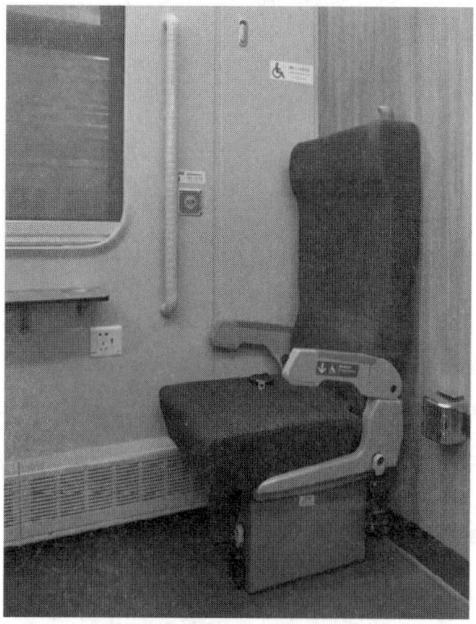

图 6-24 无障碍座椅

7 司机室

7.1 司机室设备布置

每节机车在前端设置有单司机室，整个司机室布置及设计进行人机工程优化，并进行降噪处理。司机室内宽敞明亮，司机能够方便地接近司机室内的每一个部位，如图 7-1 所示。司机室两侧各设有 1 个可打开的侧窗，后墙中部设有通向机械间的门。整个司机室分为操纵台设备布置、后墙设备布置、顶盖设备布置、侧墙设备布置、前墙设备布置共 5 个部分。

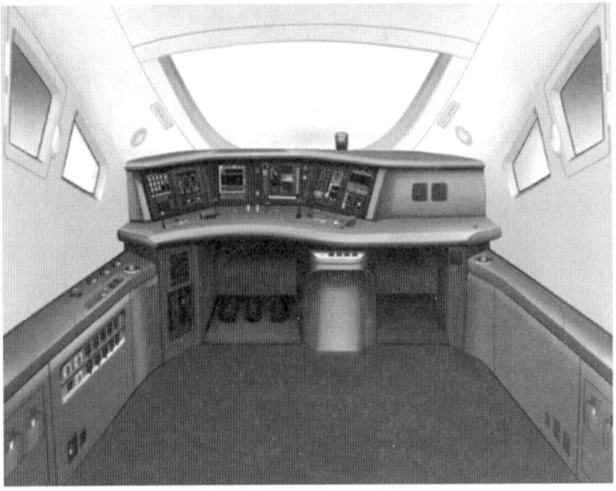

图 7-1 司机室效果图

仪表盘区域设备布置从左至右分别为 6A 显示屏、司机显示屏 1、监控显示屏、CTCS-2 显示屏、紧急制动按钮、门关闭指示灯、蜂鸣器指示模块、司机显示屏 2、CIR 电台的 MMI 显示终端和送受话器等，如图 7-2 所示。

图 7-2 仪表盘区域布置

操纵台面板设备布置从左至右分别为后备制动阀、过分相蜂鸣器、高音风笛、左门控制、制动控制器、半自动过分相按钮、扳键开关（主断路器、受电弓、空压机）等按钮，如图 7-3 所示。

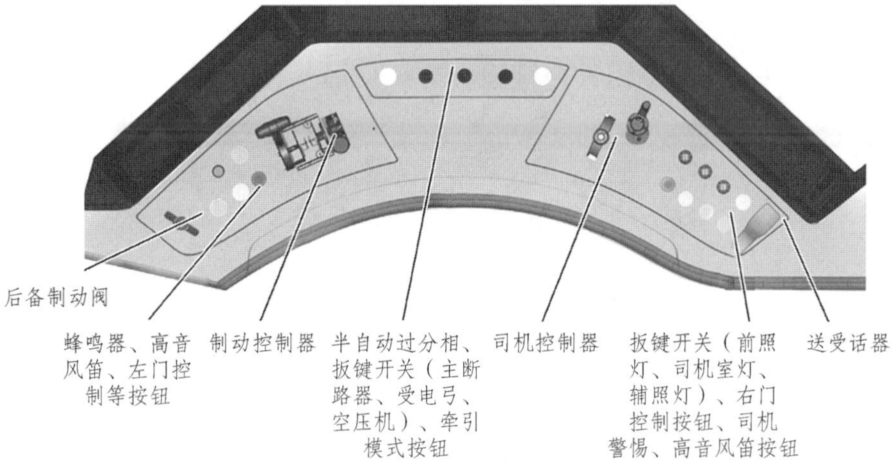

图 7-3　操纵台面板设备布置

中柜顶部布置了刮雨器控制开关、空调控制开关等，如图 7-4 所示。

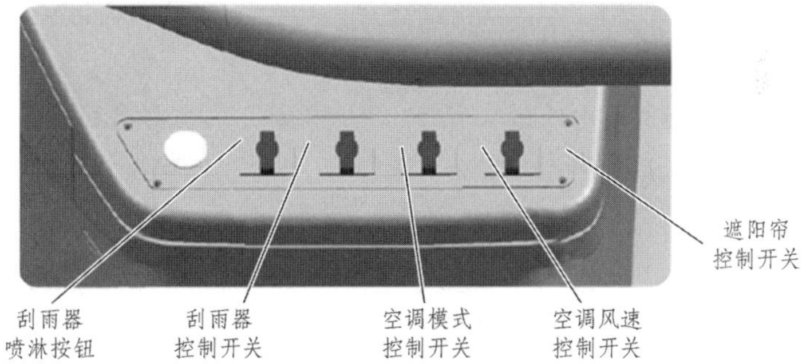

图 7-4　中柜顶部设备布置

左边柜（见图 7-5）功能区布置有网压表、控制电压表、制动缸压力表、总风/列车管压力表、后备均衡压力表、茶杯托、紧急放风阀、开关面板 1（见图 7-6）、开关面板 2（见图 7-7）等。左柜立面上布置有烟灰盒、打印机及外部扬声器、重联电话。

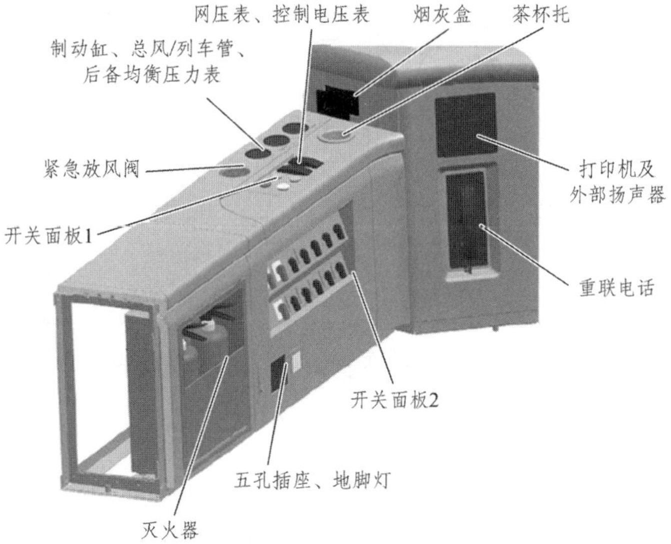

图 7-5　左边柜设备布置

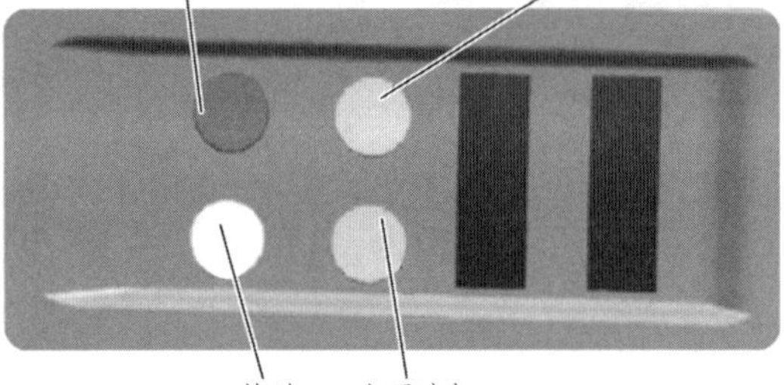

图 7-6　面板 1 设备布置

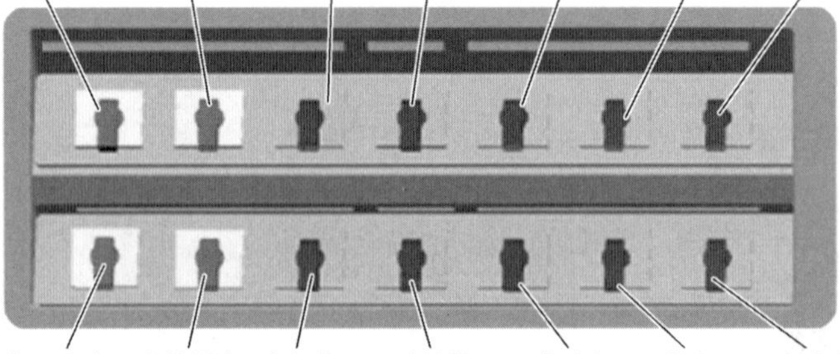

图 7-7　面板 2 设备布置

7.2　后墙设备布置

后墙设备布置如图 7-8 所示。

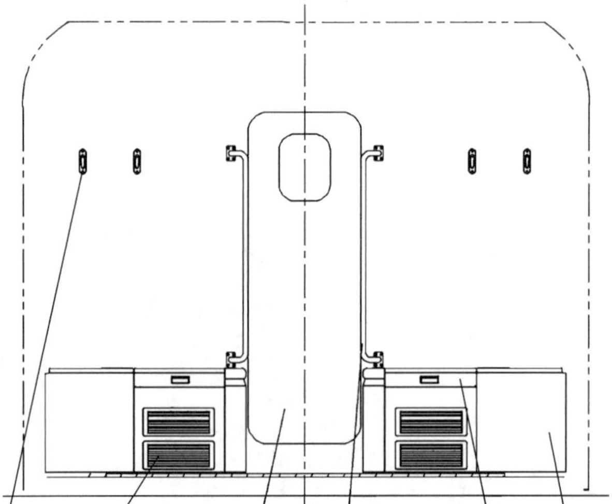

图 7-8　后墙设备布置

7.3　顶盖设备布置

顶盖设备布置如图 7-9 所示。

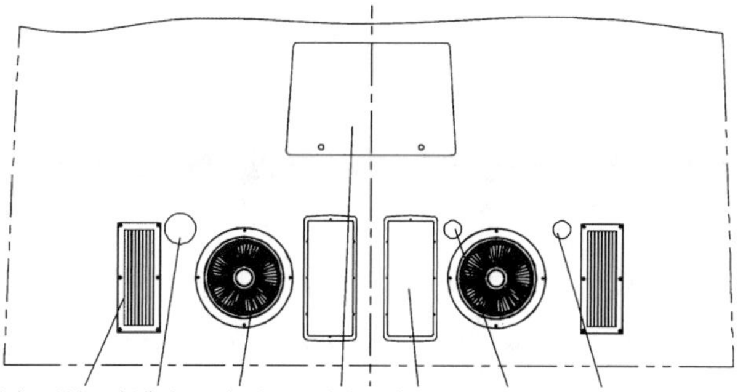

图 7-9　顶盖设备布置

7.4　侧墙设备布置

侧墙设备布置如图 7-10 所示。

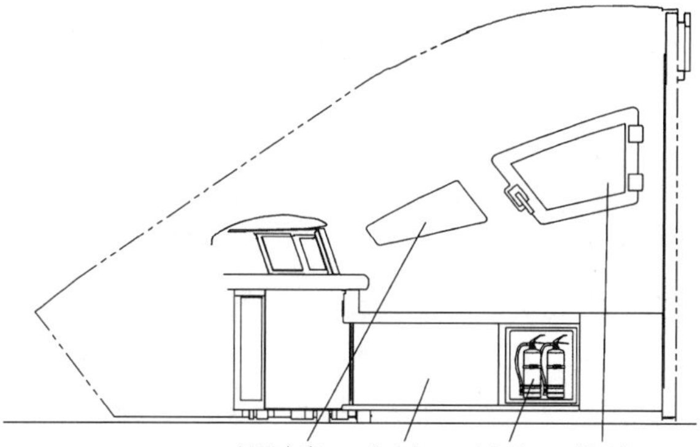

图 7-10　侧墙设备布置

7.5　司机室前墙设备布置

司机室前墙设备布置如图 7-11 所示。

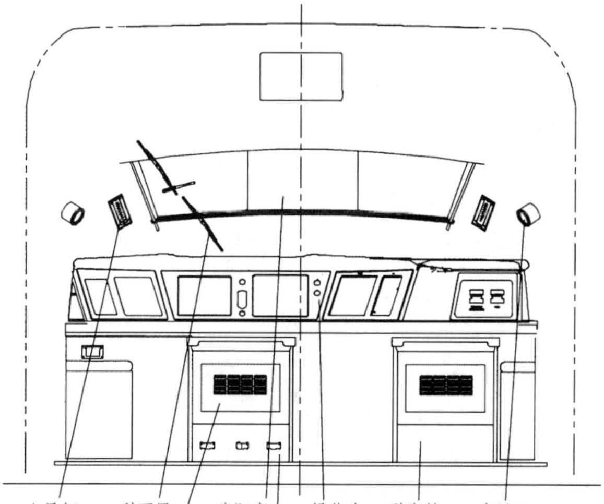

图 7-11　司机室前墙设备布置

8 牵引传动系统

动力集中动车组动力车的电气线路主要由主电路、辅助电路、控制电路、列车供电电路、动力车逻辑控制和保护电路、制动系统控制电路和动力车行车安全综合信息监控电路组成。

8.1 牵引性能

8.1.1 控制要求

（1）动力车牵引模式分为转矩模式和速度模式，转矩模式采用力矩百分比特性控制，速度模式采用基于 PID 算法的定速巡航特性控制。

（2）司机控制器手柄为牵引工况 16 级对应 100%力矩输出、制动工况 10 级对应 100%力矩输出，级间能平滑调节。司控器手柄大零位对应惰行工况，牵引、制动小零位分别对应目标牵引力矩的 0%、目标制动力矩的 1%。转矩模式下，每级牵引力变化设定为 F=15 kN。速度模式下，牵引 0 级对应设定速度 0 km/h，牵引 16 级对应设定速度 165 km/h，设定速度 0 km/h 到 160 km/h 之间为线性调节。

（3）动力车转矩模式下，每级特性控制曲线包括恒牵引力起动阶段、牵引力线性变化阶段和恒功运行阶段，不同级位参考最大外包络线进行百分比设定并按照百分比进行不同速度下的牵引、制动力计算。速度模式下，微机控制系统根据司控器级位对应的设定速度和动力车当前运行的实际速度进行 PID 控制，维持动力车按照设定速度进行定速巡航。

（4）在电机输出扭矩一定的情况下，动力车轮轴牵引力 F 与动力车轮径成反比；牵引电机的最大扭矩特性是按照半磨耗轮动力车的牵引特性最大包络线进行设计的。在轮径大于半磨耗轮时，若按照半磨耗轮径进行轮轴牵引力输出，电机扭矩将超过电机设计运行的最大扭矩特性，所以当轮径大于半磨耗轮径（1 200 mm）时，牵引特性的最大包络线要根据电机最大扭矩特性计算。

8.1.2 轮轴牵引功率 1 400 kW 特性控制

动力车牵引特性控制根据牵引模式的不同分为转矩模式和速度模式。

8.1.2.1 转矩模式

（1）轮径等于半磨耗，动力车起动牵引力（0 ~ 5 km/h 速度范围内）为 240 kN，持续速度为 95 km/h，牵引力特性控制函数关系为

$$F=\begin{cases}240\cdot N & (v<5)\\(241.543\,9-0.308\,8v)\cdot N & (5\leqslant v<95)\\20\,160\cdot N/v & (95\leqslant v\leqslant 165)\end{cases} \tag{8-1}$$

式中　F——动力车轮轴牵引力，kN；

v——动力车速度，km/h；

N——动力车司控器手柄级位，牵引区分 16 级。

注：取上述计算结果最小值，若计算结果为负值则取零。

牵引特性控制曲线如图 8-1 所示。

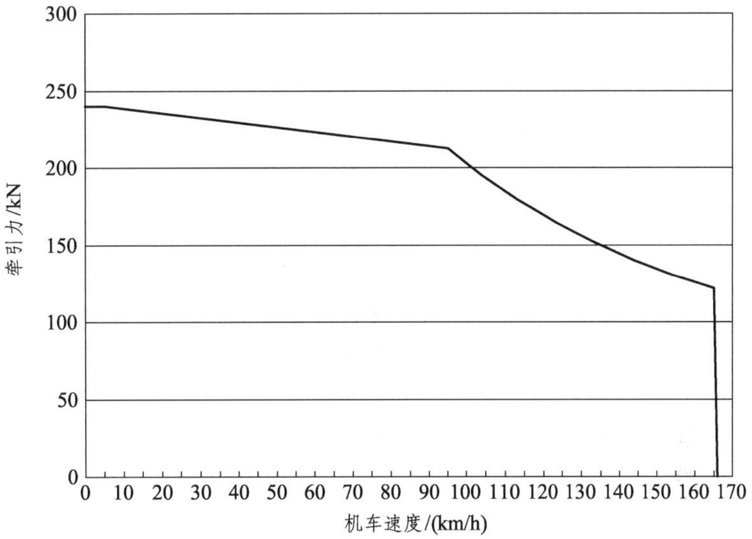

图 8-1　牵引特性控制曲线（轮轴牵引功率 1 400 kW，半磨耗轮）

（2）不同轮径时牵引特性最大包络线计算。

当 WD（车轮径）≤1 200 mm 时，按照式（8-1）进行牵引特性控制计算，牵引特性曲线如图 8-2 所示；当 WD > 1 200 mm 时，牵引特性最大包络线按照式（8-2）进行修正；其余按照式（8-1）执行。

$$F=\begin{cases}230.4 & (0<v\leqslant 5.2)\\231.882\,1-0.296\,4v & (5.2\leqslant v<99)\\20\,160/v & (99<v)\end{cases}\qquad(8\text{-}2)$$

根据式（8-2）可得，若在新轮状态下，即 WD=1 250 mm 时，动力车牵引特性控制曲线最大包络线为

$$F=\begin{cases}240/\alpha N & (0<v\leqslant 5\alpha)\\(241.543\,9-0.308\,8v/\alpha)/\alpha N & (5\alpha<v\leqslant 95\alpha)\\20\,160/vN & (95\alpha<v)\end{cases}\qquad(8\text{-}3)$$

$$\alpha=\mathrm{WD}/1\,200$$

式中　F——动力车轮轴牵引力，kN；

v——动力车速度，km/h。

由式（8-3），牵引特性最大包络线根据轮径进行修正计算得出，新轮时动力车持续点为（99 km/h，202.538 5 kN）。轴功率为 1 400 kW 时，新轮（1 250 mm）和半磨耗状态时牵引特性控制最大包络线如图 8-2 所示。

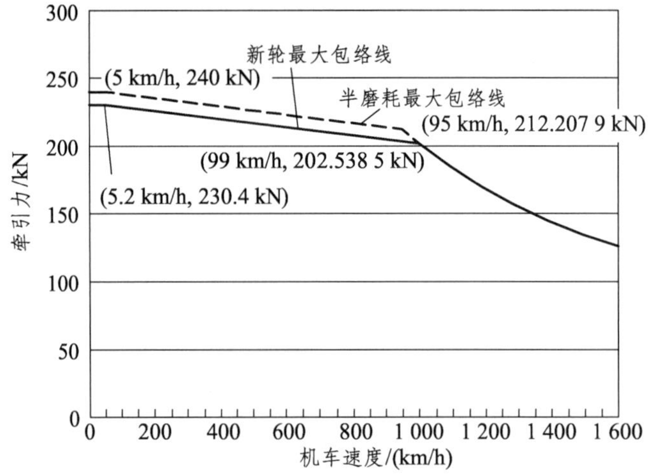

图 8-2 轴功率为 1 400 kW 时新轮和半磨耗轮牵引特性最大包络线

8.1.3 轮轴牵引功率 1 600 kW 特性控制

动力车牵引特性控制根据牵引模式的不同分为转矩模式和速度模式。

8.1.3.1 转矩模式

（1）轮径等于半磨耗，动力车起动牵引力（0～5 km/h 速度范围内）为 240 kN，持续速度为 111 km/h，牵引力特性控制函数关系为

$$F=\begin{cases}240\cdot N & (v<5)\\(241.543\,9-0.308\,8v)\cdot N & (5\leqslant v<111)\\23\,040\cdot N/v & (111\leqslant v\leqslant 165)\end{cases} \tag{8-4}$$

式中 F——动力车轮轴牵引力，kN；

v——动力车速度，km/h；

N——动力车司控器手柄级位，牵引区分 16 级。

注：取上述计算结果最小值，若计算结果为负值则取零。

牵引特性控制曲线如图 8-3 所示。

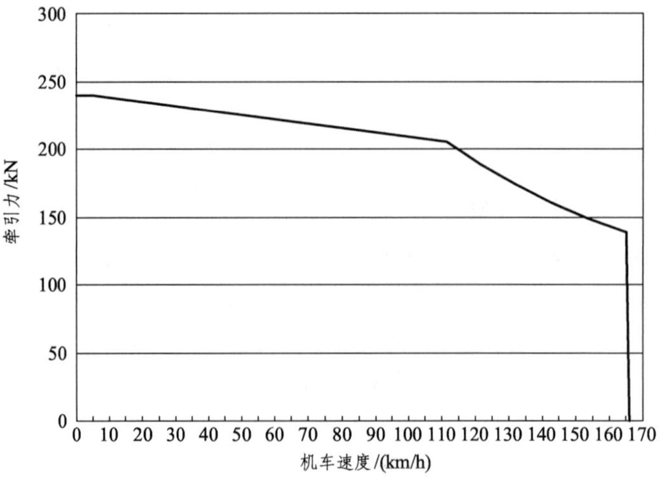

图 8-3 牵引特性控制曲线（轮轴牵引功率为 1 600 kW，半磨耗轮）

（2）不同轮径时牵引特性最大包络线计算。

当 WD≤1 200 mm 时，按照式（8-4）进行牵引特性控制计算，牵引特性曲线如图 8-4 所示；当 WD＞1 200 mm 时，牵引特性最大包络线按照式（8-5）进行修正；其余按照式（8-1）执行。

$$F=\begin{cases}240/\alpha N & (0<v\leqslant 5\alpha)\\(241.543\,9-0.308\,8v/\alpha)/\alpha N & (5\alpha<v\leqslant 111\alpha)\\23\,040/vN & (111\alpha<v)\end{cases}\tag{8-5}$$

$$\alpha=\mathrm{WD}/1\,200$$

根据式（8-5）可得，若在新轮状态下，即 WD=1 250 mm 时，动力车牵引特性控制曲线最大包络线为

$$F=\begin{cases}230.4 & (0<v\leqslant 5.2)\\231.882\,1-0.296\,4v & (5.2<v\leqslant 115.625)\\23\,040/v & (115.625<v)\end{cases}\tag{8-6}$$

式中 F——动力车轮轴牵引力，kN；

v——动力车速度，km/h。

由式（8-6），牵引特性最大包络线根据轮径进行修正计算得出，新轮时动力车持续点为（115.625 km/h，197.611 kN）。轴功率为 1 600 kW 时，新轮（1 250 mm）和半磨耗状态时牵引特性控制最大包络线如图 8-4 所示。

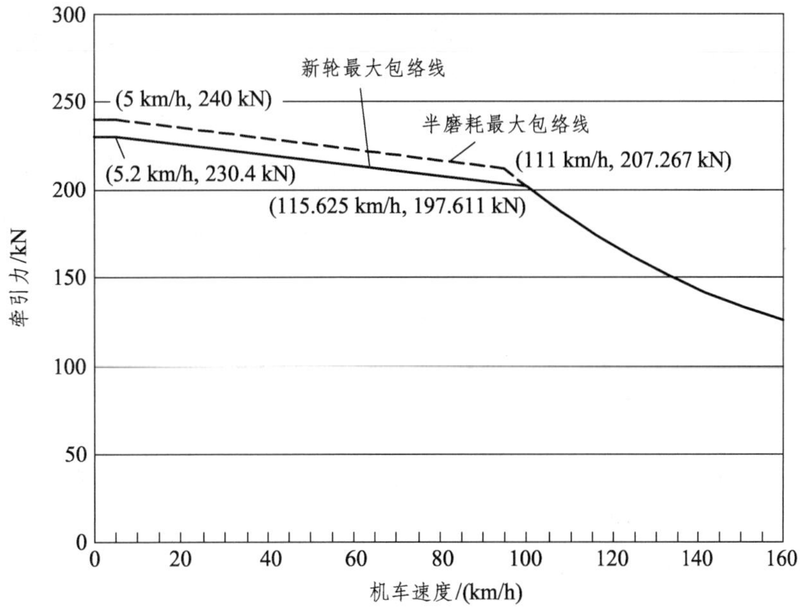

图 8-4 轴功率为 1 600 kW 时新轮和半磨耗轮牵引特性最大包络线

8.1.3.2 速度模式

牵引、电制力根据设定速度与实际速度的差值进行 PI 调节输出全车牵引、电制力给 TCU，PI 控制器为增量式 PID 函数：

ContrlOutput=ContrlHistory+（kp+ki）*CurrError-kp*PrevError；

首先，微机控制系统将快速变化的司控器手柄对应请求的设定速度进行了加减速率控制，根据请求速度与实际速度的差值来分别计算设定速度的爬升或下降速率系数。然后，将加减速率控制后的设定速度与实际速度作为 PID 调节的输入来计算输出牵引、电制力。通过 PID 算法动态调节输出力大小，使实际速度变化曲线不断拟合设定速度曲线，即实际速度跟随设定速度进行变化。当 PID 参数整定合理时，通过调节设定速度的加减速率间接实现对实际速度加减速率的控制。具体参数为：k_p=30，k_i=0.05。

当手柄请求设定速度与实际速度的差值小于 5 km/h 时，设定速度爬升速率为 0.14 m/s^2，下降速率为 0.14 km/s^2；

当手柄请求设定速度与实际速度的差值大于 5 km/h 且小于 25 km/h 时，设定速度爬升速率为 0.28 m/s^2，下降速率为 0.33 m/s^2；

当手柄请求设定速度与实际速度的差值大于 25 km/h 且小于 165 km/h 时，设定速度爬升速率为 0.44 m/s^2，下降速率为 0.44 m/s^2。

8.2 高压电器

8.2.1 网侧电路

网侧电路（见图 8-5）由受电弓 PG1 和 PG2、高压电压互感器 TV1 和 TV2、主断路器 QF1 和 QF2、高压接地开关 QS10、避雷器 F1 和 F2、高压电流互感器 TA1、低压电流互感器 TA2、网压转换继电器 KD1、原边过流继电器 KC1、电度表 PWH、主变压器原边绕组 AX 及接地装置 EB1～EB4 等组成。动力车采用双受电弓双主断双高压电压互感器设计，PG1 和 TV1 以及 QF1 构成一条高压回路，PG2 和 TV2 以及 QF2 构成一条高压回路，两条高压回路工作原理完全一致。下面针对 PG1 和 TV1 以及 QF1 构成的高压回路进行介绍。

接触网电流通过受电弓 PG1 进入动力车，经 25 kV 高压电缆进入高压柜，与 TV1 相连并和主断路器的主触点 QF1 相连，然后与主变压器 TM1 的原边绕组 A 端子相连，在经过主变压器原边绕组后，从 X 端子流出，经过低压电流传感器 TA2 及 4 个并联的接地装置 EB1～EB4 后，经轮对回流至钢轨，最终返回到变电所。

受电弓 PG1、PG2 和车顶避雷器 F1、F2 位于动力车顶盖上，主变压器 TM1 位于动力车底架下，4 个接地装置 EB1～EB4 安装于车轴轴头，其余的网侧高压电器均安装于车内高压柜中，从而可以避免由于雨雪、风沙、粉尘等的侵蚀、污染而引起的闪络击穿，降低维修成本，提高动力车的可靠性。

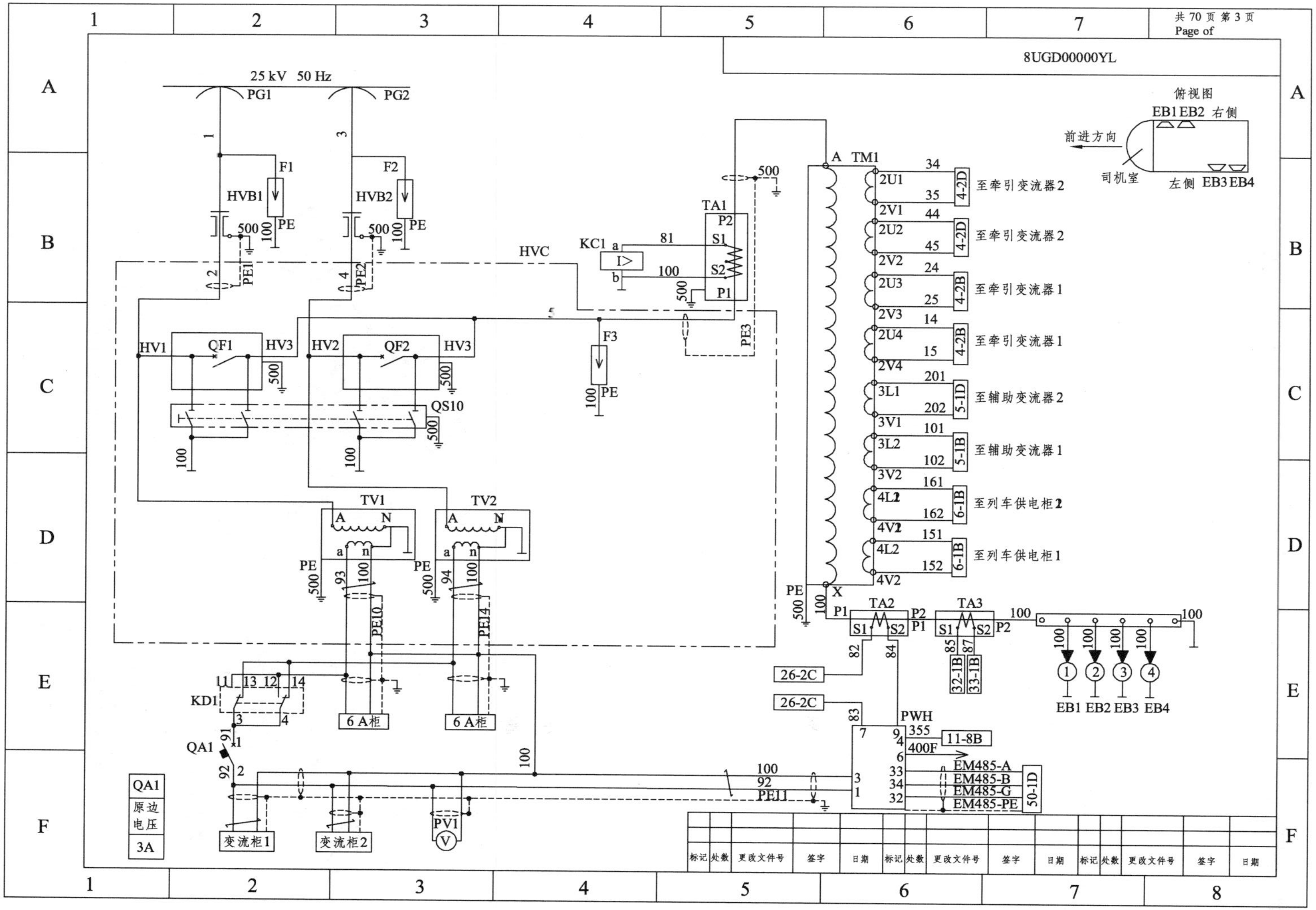
共 70 页 第 3 页
Page of
8UGD00000YL
25 kV 50 Hz
PG1
PG2
F1
F2
HVB1
HVB2
HVC
KC1
TA1
TM1
QF1
QF2
QS10
F3
TV1
TV2
KD1
QA1
TA2
TA3
PWH
至牵引变流器2
至牵引变流器2
至牵引变流器1
至牵引变流器1
至辅助变流器2
至辅助变流器1
至列车供电柜2
至列车供电柜1
俯视图
EB1 EB2 右侧
前进方向
司机室
左侧 EB3 EB4
EB1 EB2 EB3 EB4
6 A柜
6 A柜
变流柜1
变流柜2
PV1
QA1
原边电压
3A
26-2C
26-2C
11-8B
EM485-A
EM485-B
EM485-G
EM485-PE
50-1D
标记 处数 更改文件号 签字 日期 标记 处数 更改文件号 签字 日期 标记 处数 更改文件号 签字 日期

图 8-5 网侧电路

8.2.2 受电弓 PG1

8.2.2.1 受电弓的结构

每台动力车装有两架适用于 250 km/h 以下速度等级的单臂受电弓。

TSG20 受电弓（见图 8-6）主要包括以下主要部件。

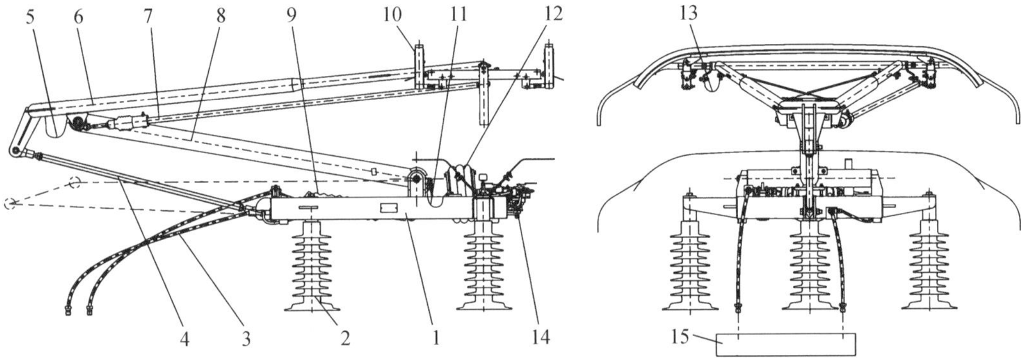

1—底架；2—绝缘子；3—绝缘软管；4—拉杆；5—肘接电流连接；6—上框架；7—平衡杆；8—下臂杆；9—阻尼器；10—弓头；11—底架电流连接；12—气囊升弓装置；13—弓头电流连接；14—气路及 ADD；15—阀板（装在车内）。

图 8-6 受电弓结构

1. 底架（图 8-6 中序号 1）

底架（见图 8-7）由方形钢管焊接而成，在连接处密封焊接。它包括下臂杆、拉杆、阻尼器、气囊升弓装置的安装支架，支撑上框架和弓头的橡胶止挡以及弓头支撑。

为了将底架装于绝缘子之上，在底架上开有直径为 40 mm 的通孔，便于螺栓连接。为了便于电气连接，提供了多个接线端，接线端上开有直径为 14 mm 的通孔。接线端由不锈钢制作而成。

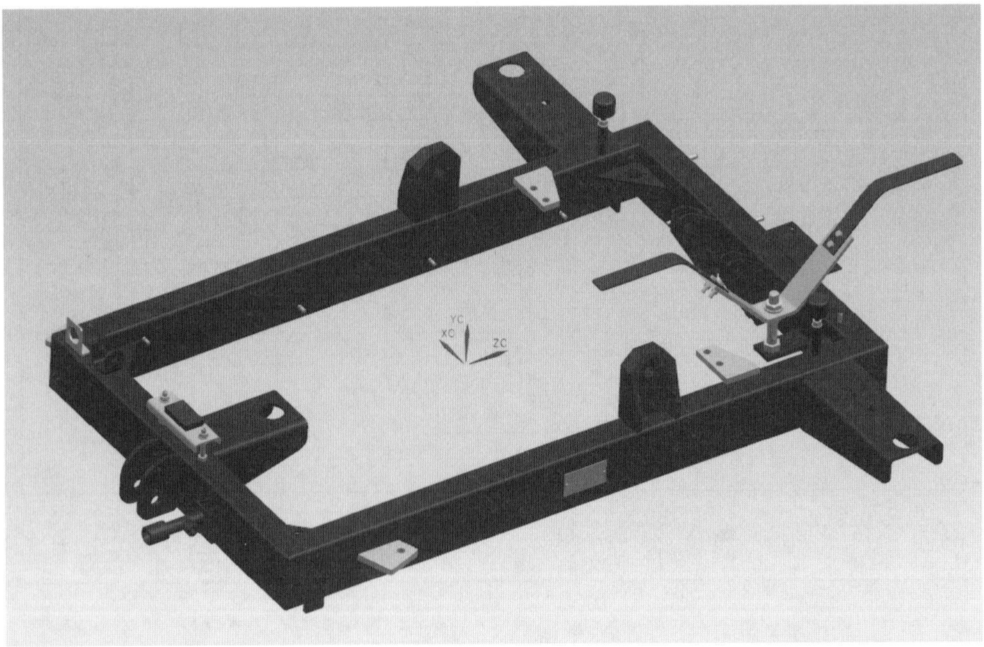

图 8-7 底架

2. 绝缘子组装

绝缘子如图 8-8 所示，其主要技术参数如下：

标称电压：25 kV；

高度：400 mm；

电气间隙：370 mm；

爬电距离：1 100 mm；

扭转负荷：1.5 kN·m；

雷电冲击耐受电压：>205 kV；

工频湿耐受电压：>85 kV（1 min）；

工频干耐受电压：>100 kV（1 min）；

局部放电量：≤10 pC（30 kV 时）。

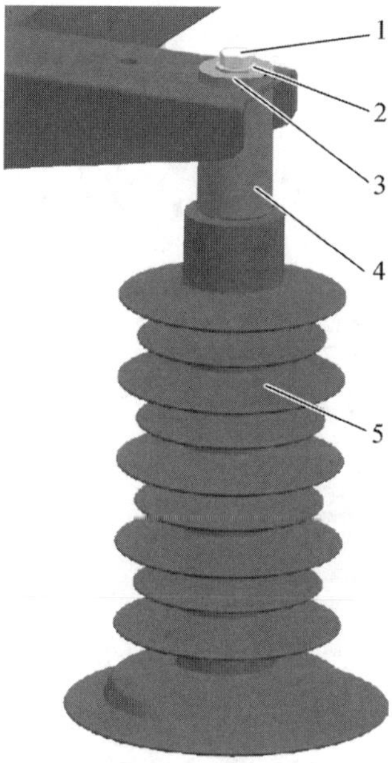

1—六角螺栓 M16×130；2—平垫圈 16；3—垫片；4—隔离装置；5—绝缘子。

图 8-8　绝缘子

3. 铰链机构

铰链系统包括下臂杆、上框架和拉杆，和底架一起构成一个四杆机构，在这种情况下，上框架的顶管的运动轨迹将成为一条近似垂直的直线。

（1）下臂杆（图 8-6 中序号 8）。

下臂杆（见图 8-9）由无缝钢管在连接处密封焊接而成。它包括底架轴承管和肘接轴承管的主轴承。轴承安装在底架、轴承管两端，密封且终生润滑。底架轴承管上设有连接气囊升弓装置和阻尼器的接口。

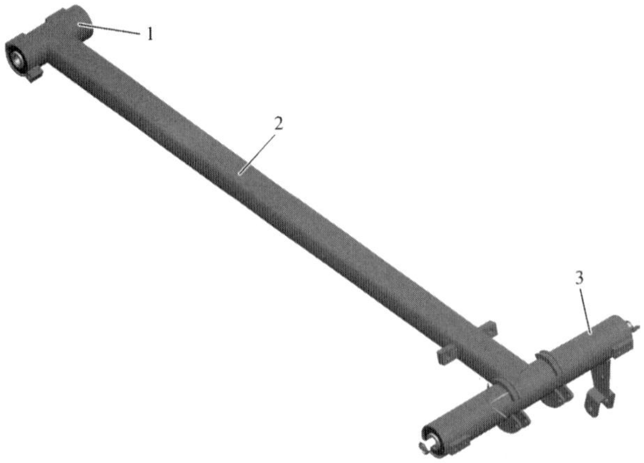

1—肘接轴承管；2—直管；3—底架轴承管。

图 8-9　下臂杆

（2）上框架（图 8-6 中序号 6）。

上框架（见图 8-10）由铝变径管、顶管、直管等相互组焊而成，通过两个夹板与拉杆的端环轴承连接起来。顶管内压装了自润滑工程塑料轴承，支撑弓头的转轴。上框架由两个交叉的细拉杆增加上框架的横向刚度。

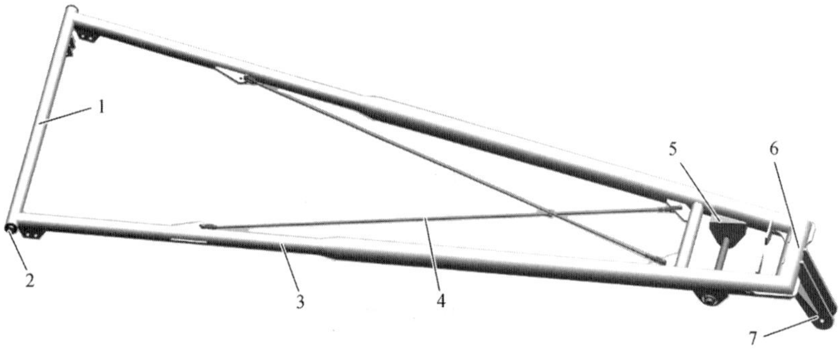

1—顶管；2—工程塑料轴承；3—铝变径管；4—细拉杆；5—支座；6—直管；7—夹板。

图 8-10　上框架

（3）拉杆（图 8-6 中序号 4）。

拉杆（见图 8-11）进行封闭，最终组成四杆机构。拉杆的长度可以进行调节，以调整几何结构（补偿误差）。由于拉杆的长度影响受电弓四杆机构的参数，建议在制造工厂或者修理工厂应由经过培训的人员进行调整。

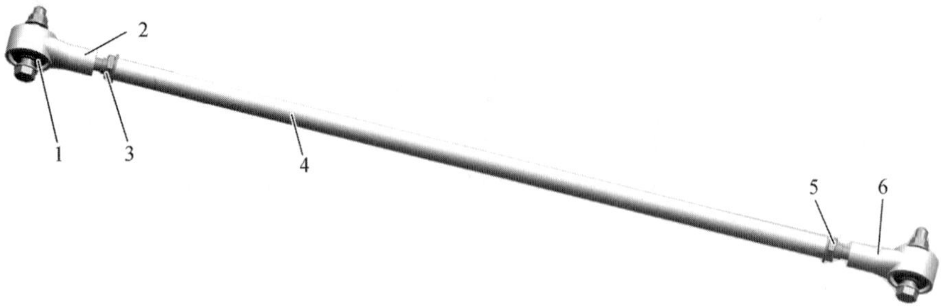

1—向心球轴承；2—右端环；3—并紧螺母 M20；4—拉杆；5—并紧螺母 M20（左旋）；6—左端环。

图 8-11　拉杆

4. 导流线（图 8-6 中序号 5、11、13）

受电弓从架空接触网集取的电流必须绕过铰接处的球轴承和工程塑料轴承，以避免轴承温升过高而损坏。因此，在弓头、肘接和底架三个铰接处应使用导流线进行短接。

导流线由高性能铜线、两端压接接头组成。导流线接头材料为铜，在与上框架连接时，应安装铜铝垫片过渡，以避免出现电腐蚀。

5. 平衡杆（图 8-6 中序号 7）

平衡杆（见图 8-12）由螺纹活接头、液压阻尼器、防尘套、直管组焊等组成。在升降弓时，平衡杆保持弓头的水平，避免出现倾覆。增加的小型液压阻尼器，使弓头的转动能很好地适应接触导线高度的连续变化，使受电弓两根滑板都始终与接触网良好接触。

1—螺纹活接头；2—液压阻尼器；3—防尘套；4—直管组焊。

图 8-12　平衡杆

6. 阻尼器（图 8-6 中序号 9）

为了避免在快速降弓时出现因降弓速度过快而引起受电弓和车顶其他部件损坏，故在下臂杆与底架之间安装了阻尼器（见图 8-13），在降弓至落弓位前提供缓冲作用。

图 8-13　阻尼器

7. 弓头（图 8-6 中序号 7）

弓头组装（见图 8-14）包括滑板、转轴、弓角连接、绝缘弓角、弓头悬挂。

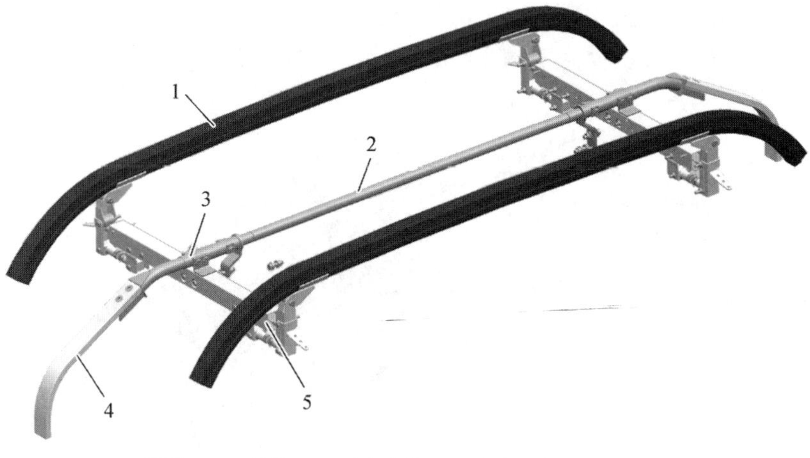

1—炭滑板；2—转轴；3—弓角连接；4—绝缘弓角；5—弓头悬挂。

图 8-14　弓头

两根滑板单独安装在弓头悬挂上，以得到最小的归算质量，提高受电弓高速运行的稳定性。滑板与弓角组成的轮廓符合 UIC 608 国际联运用电力机车和电动车组受电弓应遵循的条件。

（1）炭滑板。

每条接触滑板都是由接触滑条和铝托架粘接组成，滑条内部布置有铜管气道。

（2）弓头悬挂装置。

弓头悬挂（见图 8-15）包括导向单元、板簧 297、板簧 89、支板以及滑板连接座等部分。滑板连接座用于安装和支撑炭滑板，支板分别与板簧 297、导向单元铰接。当受电弓受到幅度较小的振动冲击时，依靠板簧 297 的弹性吸收弓网冲击振动，当受电弓受到幅度较大的振动冲击时，板簧 297 与板簧 89 同时吸收弓网冲击振动。导向单元的长度可通过自身的双头螺杆调节，以保证炭滑板接触面的水平度。

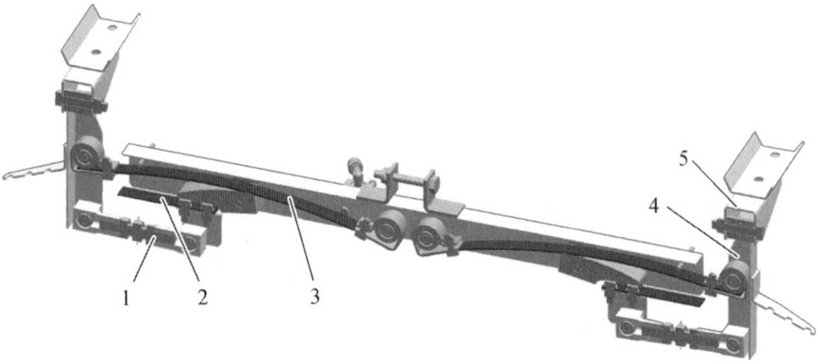

1—导向单元；2—板簧 89；3—板簧 297；4—支板；5—滑板连接座。

图 8-15　弓头悬挂剖视图

（3）弓角。

弓头两端向下倾斜的弓角可以阻止受电弓发生钻弓现象。在正常环境下，接触网在受电弓滑板范围之内运动。在过线岔时，弓角起作用。

8. 升弓气囊装置（图 8-6 中序号 12）

受电弓所需的升弓扭矩和接触压力由气囊通过钢丝绳和安装在下臂杆上的扇形板来产生，如图 8-16 所示。气体压力由高精度的调压阀进行控制并调整。

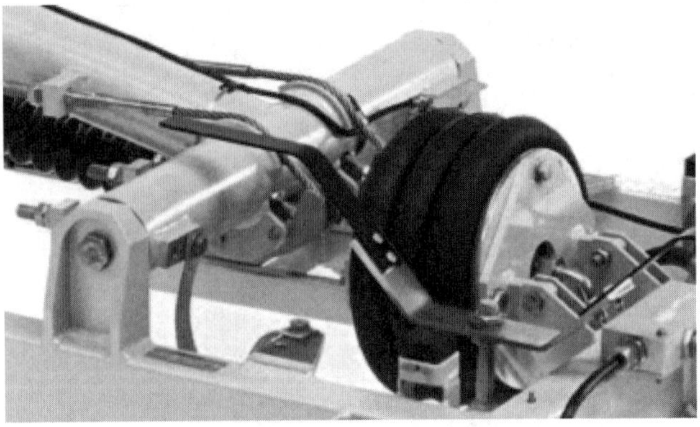

图 8-16　气囊升弓装置

9. 自动降弓装置（图 8-6 中序号 14）

为了保护接触网线，避免受电弓滑板到了最小磨耗极限后继续过度磨耗，受电弓配备了气路监测系统。为了这个目的使用了带气道的炭滑板。气管通过下臂杆和上框架的连接从滑板连接到阀组（快排阀），并安装在底架上。

自动降弓装置（ADD）（见图 8-17）与带气道的滑板组成的自动降弓系统监测滑板的运用状况，当滑板过度磨损或破坏时，使受电弓迅速脱离接触网，将对受电弓和接触网的破坏降低到最小状态。

当发生滑板破裂等故障时，受电弓气路的压缩空气经由自动降弓装置上的快排阀排向大气，受电弓靠自重降下，同时气阀板压力开关输出电信号。

ADD 气路分为两条支路，一条支路由自动降弓装置引出后，沿着底架、下臂杆、上框架和弓头直到滑板，另一条支路由快排阀引出后，沿着底架、受电弓绝缘气管、车顶管道直到车内气阀板的压力开关。

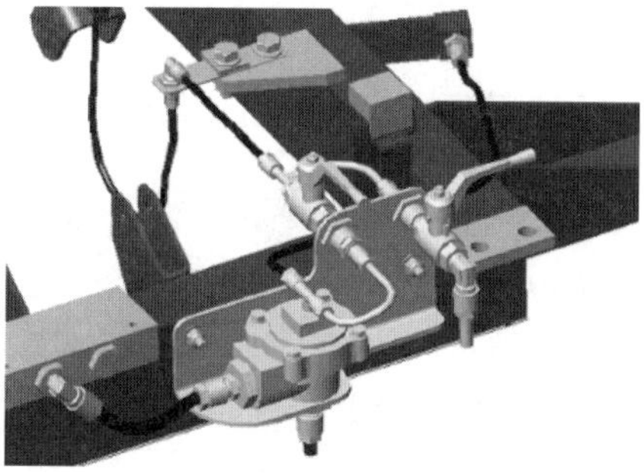

图 8-17　自动降弓装置

10. 阀　板

所有与受电弓有关的控制阀都组装在阀板上，阀板安装在机车机械间内。阀板包括电控阀、过滤阀、单向节流阀（升弓）、精密调压阀、安全阀、单向节流阀（降弓）、压力开关以及压力表，如图 8-18 所示。

1—电控阀；2—空气过滤阀；3—单向节流阀（升弓）；4—精密调压阀；5—压力表；6—安全阀；7—单向节流阀（降弓）；8—压力开关。

图 8-18　阀板

8.2.2.2 受电弓的工作原理

1. 电气系统

受电弓是车辆的受流部件，受电弓升起后与接触网接触，从接触网上集取电流，并将其传送到车辆电气系统。接触网的电流首先由炭滑板流入受电弓弓头，然后依次经过上框架、下臂杆后流入底架。在弓头到上框架、上框架到下臂杆、下臂杆到底架的连接处都由铜绞线短接，最后电流经过底架上的电流连接端子、车顶母线进入车辆电气系统，如图 8-19 所示。

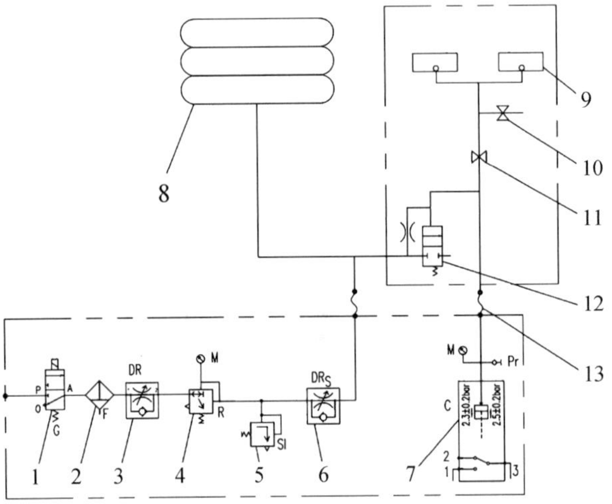

1—电控阀；2—空气过滤阀；3—单向节流阀（升弓）；4—精密调压阀；5—安全阀；6—单向节流阀（降弓）；7—压力开关；8—升弓气囊；9—滑板；10—ADD 试验阀；11—DD 截止阀；12—快排阀；13—绝缘软管。

图 8-19 原理图

2. 气路系统

受电弓的升弓和降弓由气囊装置进行控制，气囊装置由气路控制。

该控制气路保证：

（1）受电弓平稳地升起，直至最大工作高度，从受电弓弓头开始上升算起，在 6 ~ 10 s 内无异常冲击地抵达接触网线。

（2）由任意高度降弓，包括工作区内的快速降弓。

（3）降弓动作无引起损坏的冲击。

弓头上升（升弓）：升弓的速度通过进入受电弓气囊的压缩空气的流量进行控制。电控阀得电，压缩空气依次通过阀板、绝缘软管进入气囊。气囊充气后，膨胀伸长，通过钢丝绳拉拽下臂杆，使气囊的直线运动转化为下臂杆的转动。受电弓下臂杆转动后，带动整个铰链机构，使弓头先快后慢地上升。

弓头下降（降弓）：降弓的速度通过受电弓气囊释放压缩空气进行控制。电控阀失电，阀腔通大气，气囊内的压缩空气依次通过绝缘软管、阀板排出。在受电弓自重的作用下，气囊收缩并实现降弓。

3. 日常保养说明

（1）清除受电弓各部位的灰尘和脏物。

（2）受电弓支持绝缘子必须进行维护保养，清洁并擦净绝缘子，作业区空间应无电才能进行。

（3）受电弓各铰接部分应转动灵活。

（4）受电弓气囊和空气管道部分应无泄漏现象。

（5）检查所有紧固件应紧固到位，各软编织线、软绞线不应有断裂、破损现象。

（6）滑板不得有严重缺损，安装牢固，弓角组焊无裂损、变形。

（7）检查炭滑板的磨耗极限，过限后应及时更换，以免损伤滑板和造成弓头刮伤。

（8）应经常检测滑板与接触导线间的压力，修理、调整和更换滑板后应重新测定接触压力符合要求。

（9）受电弓升降特性、时间等均应符合受电弓的技术条件和试验大纲的要求。

（10）保持活动框架、转轴、铰链部分清洁。

（11）运行中如发现受电弓有强大火花和不正常的上举和上下降情况时必须进行调整。

8.2.2.3 日常维护保养说明

1. 目测检查、清洁绝缘子

清洁并擦净绝缘子，绝缘子表面光洁，安装牢固。

检查支持绝缘子是否损坏，有电蚀、裂纹者更新。表面缺损须进行绝缘处理，累计缺损面积大于 3 cm^2 时，须通过 75 kV 工频耐电压试验；累计缺损面积大于 25 cm^2 或深度达到 1 mm 时须更新；伞裙撕裂长度≥20 mm 或芯棒露出，须更新。

金属零件不许有裂纹、锈蚀，螺纹完好，与绝缘体浇铸牢固，不许有裂缝、掉块现象。

使用工具：清洁布、塞尺、卡尺。

2. 紧固件状态检查

目测检查紧固件封漆标识，无松动、错位现象。检查锁紧螺母非金属嵌件是否有掉落、老化现象。必要时使用扭矩扳手对关键铰接部位螺栓紧固力矩进行校核，扭矩值参照表 8-1。

使用工具：扭矩扳手。

表 8-1 扭矩值

拧紧位置	螺纹公称尺寸	拧紧扭矩/（N·m）	扳手尺寸/mm	备注
弓头支撑弹簧	M16	150	24	材质 A2，安装前螺纹处涂 Chesterton785 润滑脂
下臂杆	M20	250	30	
上框架	M20	250	30	
拉杆	M16	120	24	
	M20	180	30	
气囊升弓装置	M6	8.5	10	
	M8	20	13	
	M10	40	17	
	M14	100	22	
平衡杆	M8	20	13	
	M10	40	17	

续表

拧紧位置	螺纹公称尺寸	拧紧扭矩/（N·m）	扳手尺寸/mm	备注
弓头	M4	3	7	材质 A2，安装前螺纹处涂 Chesterton785 润滑脂
	M5	5	8	
	M6	8.5	10	
	M8	20	13	
阻尼器	M10	40	17	
	M12	50	19	
气路及 ADD	M5	5	8	
	M8	20	13	
	M10	40	17	
导流线	M8	25	13	
	M10	40	17	

3. 检查底架及铰链机构

目测检查底架、框架、拉杆、平衡杆、弓头。各部件不许有弯曲、变形、裂纹；轴、销及套无不正常磨耗；杆件接头螺纹完好，不许有松动。

4. 检查滑板

受电弓工作时，弓头和滑板与接触网线保持接触，它们都是易损易耗件，必须经常检查滑板，以尽早发现损坏。

有下列情况时，须更新滑板：

（1）滑板炭条剩余高度不足 5 mm，滑板总厚度≤22 mm 时；

（2）有掉块、孔洞等直径超过 10 mm 时；

（3）存在超过滑板宽度 1/3 的纵向裂缝；

（4）由于产生电弧，造成滑板变形或缺陷，并自动降弓；

（5）由于发生弓网故障，造成滑板扭曲、断裂等；

（6）滑板裂缝导致气路漏气，自动降弓功能启动，受电弓无法升起；

（7）铝托架严重烧损，面积接近 1/2；

（8）铝托架有直径超过 2 mm 的电蚀孔。

通常同时更换两个炭滑板。当只更换一个滑板时，应保证新滑板与另一个旧滑板的高度差不超过 3 mm。

更换炭滑板后同一受电弓炭滑板的高度差不超过 3 mm。炭滑板掉块缺口呈 V 字形，小于 6 mm 时可修整为坡面。

5. 检查弓头组装

目测检查弓头、弓角，不许有裂纹、锈蚀、变形。弓角安装牢固。

6. 检查阻尼器

检查阻尼器是否摩擦过大，或动作时是否有咔哒声、吱吱声，或是否漏油。发现上述故障时更换。

7. 检查气囊

受电弓在降弓状态，气囊没有充气，在受电弓下臂杆直管处稍稍抬起使得升弓装置处于自然状态，检查气囊。当气囊存在龟裂深度达到或超过 1.2 mm 且龟裂长度达到或超过 25 mm 的单个龟裂，或可见气囊内部的编织层时，更换气囊。

龟裂长度可采用钢尺、游标卡尺等检查，龟裂深度可采用以下几种方法检查：

（1）自制量尺。自制宽度为 2 ~ 3 mm，厚度不超过 0.1 mm，端部精整的塞尺，在距端面 1.2 mm 处划标记线，如图 8-20 所示，将塞尺伸入裂纹，在自然状态下检查各点裂纹深度。

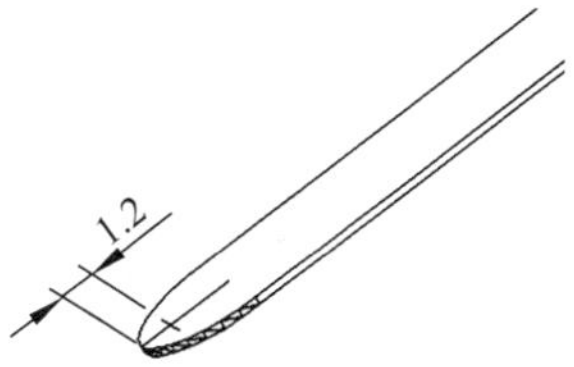

图 8-20　自制塞尺

（2）采用高清数码相机、显微镜或红外光谱测量仪等可以进行更精确的检查。对龟裂断层进行拍照或纤维观察，检查龟裂深度是否达到或超过 1.2 mm。

8. 检查钢丝绳

钢丝绳完好，清洁并润滑。

9. 检查 PU、PA 软管

各 PU、PA 软管状态良好，不许有裂损、老化。

10. 接触压力检测

静态接触压力是车辆静止时，在受电弓气囊的作用下，弓头向上施加在接触网线上的垂直力，并表示为在工作范围内持续测量上升和下降过程中的静态压力 F_1、F_2 的平均值，即 $F=(F_1+F_2)/2$。

受电弓在制造厂生产完成后，将在专门的受电弓试验台上，采用测力传感器进行接触压力的精确测量和调整。受电弓在车辆上安装完成后，静态接触压力可通过轻质弹簧秤检查，并通过安装在车内气阀板上的精密调压阀调节。

检查方法：用弹簧秤检查静态接触压力时，不断开受电弓阻尼器。受电弓供风，升弓，把弹簧秤连接到上框架顶管的中间，先使受电弓做多次上升—下降的往复运动。禁止突然压下升起的受电弓，禁止突然释放受电弓而自由升起。在升弓高度从 2 m、1.5 m 和 1 m 缓慢均匀向下移动过程中对接触压力进行测量。接触压力应该在 55 N 和 85 N 之间，下降速度最大是 0.1 m/s。然后，升弓高度从 1 m、1.5 m 和 2 m 缓慢均匀向上移动，接触压力也应该在 55 N 和 85 N 之间，上升速度最大不超过 0.1 m/s。

阻尼器在降弓过程的缓冲作用力以及其本身的内摩擦力会对受电弓静态接触压力的测试造成影响，增加受电弓的内摩擦力，即同高压力差。如果在实际检修维护中不允许拆除阻尼器，需要带阻尼器进行全工作范围的测试，则静态接触压力的接收标准必须考虑阻尼器的内摩擦力和降弓缓冲阻尼的影响。根据国家标准 GB/T 21561.1—2018《轨道交通 机车车辆受电弓特性和试验 第 1 部分：干线机车车辆受电弓》要求，试验中受电弓升降速度应为（0.05 ± 0.005）m/s。结合以往经验及模拟测试的相关结果，建议暂按以下标准验收：

（1）该型受电弓标称静态接触力为 70 N；

（2）升降弓静态接触压力曲线应在图 8-21 所示的黑框内。

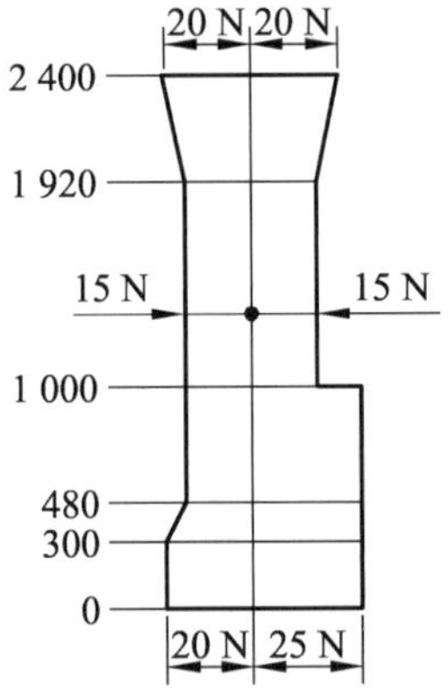

图 8-21　接触压力调整（带阻尼器）

调整方法：

（1）如标称静态接触压力过大，通过精密调压阀 R 调节气囊内的压力，松开精密调压阀 R 旋钮上的锁紧螺母：

降低接触压力→逆时针（以阀板上实际标识为准）

提高接触压力→顺时针（以阀板上实际标识为准）

不允许使用精密调压阀的数值来确定调节的接触压力（气压值只是参考值，实际调节的接触压力要以测得的接触压力为准）。

（2）如果调节精密调压阀不能满足要求，可通过调整升弓气囊装置调整板上的螺钉来进行细调，必要时也可调整拉杆组装的长度。调整完后拧紧各紧固螺钉和螺母。通常升弓装置和拉杆的调整主要是针对工作高度两端位置的偏差进行，具体为：当静态接触压力在低工作位置偏小时，将螺钉长度调短；当静态接触压力在高工作位置偏小时，将拉杆长度调短，如图 8-22 所示。

使用工具：弹簧秤、卷尺、一套扳手。

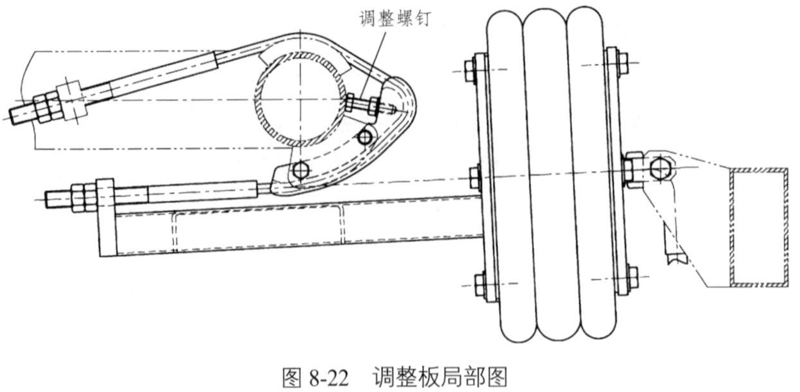

图 8-22　调整板局部图

11. 升降弓操作及时间检测

控制气路（包括气囊装置、气路装置、阀板等）均用来控制受电弓的升、降弓运动。

受电弓平稳升到最大工作高度时，对接触网不得产生有害冲击。从受电弓开始上升时刻算起，从折叠高度升至最大工作高度 2 400 mm 的上升时间为 6 ~ 10 s。在工作高度范围内的任何高度上的下降运动应迅速开始。降弓时对受电弓不得产生有害冲击，降弓时间不大于 6 s。

调整方法：受电弓供风，将受电弓的升弓高度用一 2 500 mm 长度绳索限定；松开调节升弓节流针阀 DRH 和降弓节流阀 DRS 旋钮的并紧螺母，并转动旋钮，使其得到需要的升降弓时间（注：如检修车间或线路条件不允许受电弓升至最大工作高度，建议以实际情况遵循以下两个原则：升弓过程不冲击网线产生损伤；降弓过程不对受电弓产生有害冲击）。

使用工具：秒表、钢卷尺、绳索、扳手。

12. 自动降弓功能检测

在受电弓工作范围内（建议在 480 ~ 600 mm 高度进行），打开 ADD 试验阀 YP，如图 8-23 所示，受电弓应快速降弓；关闭试验阀后，受电弓恢复正常升弓。

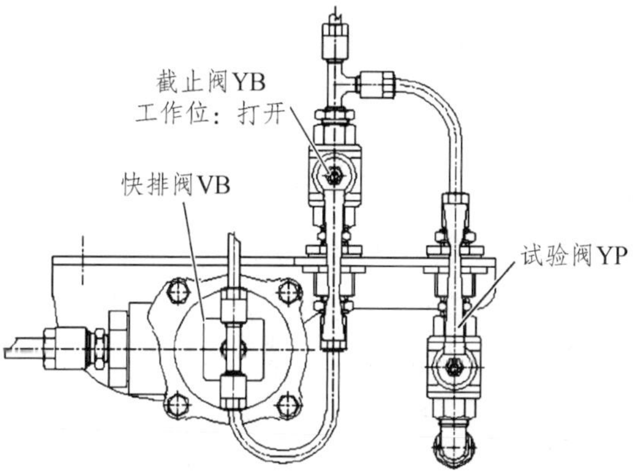

图 8-23 自动降弓装置

13. 检查导流线

目测检查各导流线（包括弓头电流连接组装、肘接电流连接组装、底架电流连接组装）的状态，无明显摩擦，活动自如，导流线不能拉紧或放置在其他防磨部件上，截面积缺损不超过原形的 5%。由于受电弓升降，导流线出于反复折弯的状态，再加上受车顶风动力的影响，导流线为易损易耗件，必要时，应及时进行更换。

重新安装后，各导流线和接线处应清洁并涂刷导电润滑脂。

使用工具：扳手。

14. 检查橡胶止挡

橡胶止挡不许有老化、龟裂和严重变形现象。

8.2.3 高压电压互感器 TV1 及网压转换继电器 KD1、KD2

原边电压互感器为干式高压电压互感器，其变比 25 000 V/100 V，并联于受电弓和主断路器之间，其次边输出的网压信号通过网压转换继电器 KD1 及保护用自动开关 QA1 后，送往本台动力车变流柜 UM1/UM2 的控制单元、网压表 PV1、电度表 PWH。

每台动力车设置了 1 块网压表 PV1，放置于动力车操纵台。在动力车控制系统自检正常后，通过微机显示屏可观察到原边电流和网压。网压信号的选择通过网压转换继电器 KD1 完成。当动力车选择 PG1 运行时，动力车的 KD1 动作；当动力车选择 PG2 运行时，动力车的 KD1 不动作。

8.2.4 主断路器 QF1

采用真空断路器，除接通和开断动力车的总高压电源外，当动力车发生原边过流、主变流器分主断类型故障、司机按下紧急按钮等情况时，主断路器迅速断开，切断网侧回路以保护动力车设备。

8.2.5 高压接地开关 QS10

高压接地开关与主断路器 QF1、QF2 集成在一起，具有高压电路接地保护功能，并处于动力车高压安全连锁系统中，它只能在降弓并且切断受电弓气源之后操作。

高压接地开关与动力车高压联锁钥匙箱联锁控制，可以实现动力车的高压安全互锁。高压接地开关上配有一个蓝色锁芯、一个黄色锁芯和一把黄色钥匙。只有将空气管路柜上的蓝钥匙开关打至隔离位使升弓气路阀被关闭时，蓝钥匙开关上的蓝色钥匙才能拔出，将其插入高压接地开关，高压接地开关才可以被打至接地位，此时主断路器两端通过高压接地开关与车体接地相连，高压接地开关上的黄色钥匙才能被拔出，只有将黄色钥匙插入动力车钥匙箱，钥匙箱上的其他绿色钥匙才能解除联锁，从而确保只有在网侧回路完全接地的情况下才可打开动力车的其他电器柜门，实现高压安全互锁。反之亦然，只有当所有柜门关闭上锁，绿色钥匙全部插入动力车钥匙箱中，黄色钥匙才可拔出插入高压接地开关上，高压接地开关才可打至正常运行位，此时插在高压接地开关上的蓝色钥匙才能拔出，插入升弓气路阀后，开启升弓气路，为升弓做好准备。

8.2.6 避雷器 F1、F2、F3

避雷器 F1、F2 属于车顶避雷器，并联于受电弓和主断路器之间，可以抑制动力车外部的雷击过电压和电网过电压，保护车顶和车内的高压电器。避雷器 F3 属于车内避雷器，并联于主断路器和高压原边电流传感器之间，它主要抑制主断路器开闭时产生的操作过电压，避免对动力车内部的控制电器产生过电压侵害。车顶避雷器 F1、F2 的持续额定工作电压低于车内避雷器 F3 的持续额定工作电压，从而确保动力车外部的雷击过电压和电网过电压在车顶上就被抑制，避免进入车内造成危害。

8.2.7 高压电流互感器 TA1

高压电流互感器 TA1 主要用作原边电流的检测，是保护用互感器，对其饱和度有较高要求，对其检测精度要求比测量用互感器低。TA1 的输出送入原边过电流继电器 KC1，当原边电流超过 KC1 整定值时，KC1 动作。

8.2.8 低压电流互感器 TA2

低压电流互感器 TA2 是为电度表的计量提供电流输入，为动力车微机控制系统提供原边电流信号以进行原边电流显示，属于测量用互感器，要求有较高的测量精度。

8.2.9 电度表 PWH

每节动力车装有一块电度表，通过采集 A 或 B 节的高压电压互感器 TV1 提供的电压信号和本节车低压电流互感器 TA2 提供的电流信号来实现动力车牵引、再生电能的计量。电度表设有屏显窗口和切换按钮，通过按钮切换，可以显示正、反向有功计量以及电压和电流值。

8.2.10 接地装置 EB1 ~ EB4

接地装置保证网侧回路向钢轨的回流及动力车可靠的接地性能，同时保护动力车轮对轴承不受电蚀。

8.3 主变压器

动力集中动车组动力车牵引变压器设有的 4 组牵引绕组和 2 组辅助绕组，分别与 2 组变流柜相连，实现对动力车的牵引系统、辅助系统供电。另外，牵引变压器还设有 2 组列车供电绕组，分别与 2 组列车供电柜相连，实现对列车供电系统的供电。牵引变压器还设有温度传感器、压力释放阀、油流继电器和布赫继电器等保护器件，完成对牵引变压器的温度、压力的监测。牵引变压器的主要技术参数见表 8-2。

表 8-2 牵引变压器的主要技术参数

参数名称	高压绕组	牵引绕组	辅助绕组	供电绕组
额定容量/（kV·A）	6 777	1 540×4	217×2	200×2
额定电压/V	25 000	1 950×4	307×2	307×2
额定电流/A	271	790×4	707×2	651×2

8.4 主变流器及牵引电机

机车安装有 2 个牵引变流器，每个牵引变流器中包含有 2 个牵引供电单元、1 个辅助供电单元和 1 个列车供电单元。牵引供电单元、辅助供电单元和列车供电单元均由变压器绕组独立供电。

主变流器包含 2 个牵引供电单元，分别由主变压器的牵引绕组（2U3-2V3）~（2U4-2V4）、（2U1-2V1）~（2U2-2V2）供电，每个牵引供电单元主要由预充电电路、四象限整流器、中间直流回路和 PWM 牵引逆变器等组成。

任何一个四象限整流器或逆变器失效，只损失对应轴的动力。牵引供电单元无二次谐振回路，即牵引供电单元中间电路无二次谐振滤波电容，主变压器内无二次谐振电抗器。

机车 4 组牵引供电单元的主电路和控制电路相对独立，分别为 4 个牵引电动机提供交流变频电源。当其中一组或几组发生故障时，可通过 TCMS 微机显示屏，利用触摸开关将故障的单元切除，剩余单元仍可继续工作，实现整车的冗余控制，如图 8-24 所示。

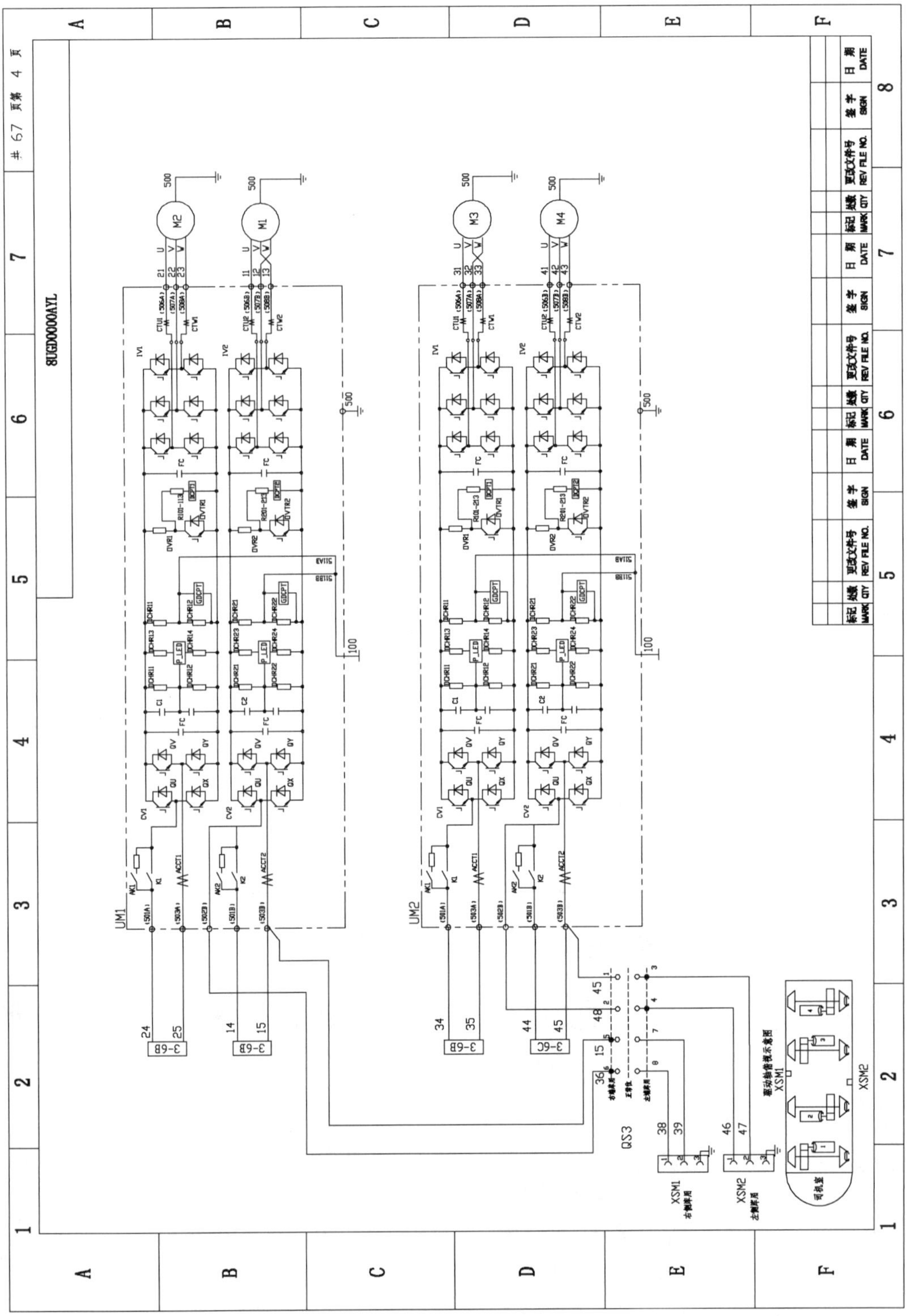

图 8-24 牵引变流器主电路原理

8.4.1 四象限整流器

四象限整流器是一个脉宽调制变流器，它将电源的交流电压，通过脉冲宽度控制，控制中间直流电压的幅值和流入变流器的交流电流相位，使交流电流的波形尽量接近正弦，使得交流侧的基波电压和基波电流的相位差接近于 0，这样既限制了谐波电流分量，又提高了机车功率因数。因此，与相控整流器比较，四象限整流器有很高的功率因数，谐波电流含量也小得多。

四象限整流器的参数如下：

额定输入电压：1 950 V AC/50 Hz；

额定输入电流：939 A；

中间电路标称电压：3 500 V DC。

8.4.2 中间直流环节

中间直流环节是四象限整流器和 PWM 逆变器之间的中间环节。中间直流电路主要由中间电压支撑电容、瞬时过电压限制电路和主接地保护电路组成。

每个主变流器含有两条独立的接地保护电路，采用高阻中点接地方式，分别对 2 组牵引变流器进行主回路接地监测和保护。接地检测信息送至 TCMS，实现故障信息的显示。

8.4.3 PWM 逆变器

PWM 逆变器由中间直流环节供电，输出三相变压变频（VVVF）电源供给牵引电机。根据控制指令，PWM 逆变器能够平稳、快速地从牵引工况转换到制动工况，反之亦然。制动工况下，再生能量反馈到接触网（再生制动）。这些过程由牵引变流器内部牵引控制单元（TCU）来实现，每节机车的四个 PWM 逆变器分别向四台牵引电机供电。PWM 逆变器采用最新的控制策略，从而使在整个速度范围内力矩的波动最小，并且在轨面状态不好的情况下获得最大限度的黏着利用。由于整节车采用轴控方式，当整节车的四个轴的轮径差、轴重转移及空转等可能引起负载分配不均匀时，均可以通过 PWM 逆变器的控制进行适当的补偿，以最大限度地发挥机车牵引力。

PWM 逆变器的主要技术参数：

额定输入电压：3 500 V（DC）

额定输出电压：2 300 V（AC）

额定输出电流：435 A

最大输出电流：515 A

输出频率：0 ~ 134.2 Hz

牵引电动机的主要技术参数：

额定输出功率：1 430 kW

额定电压：2 300 V

额定电流：435 A

极数：4

额定转速：1 663 r/min

最高转速：3 654 r/min

额定效率：95%

8.5 保护电路

8.5.1 主变压器牵引绕组过流保护

在每组牵引供电单元的输入回路中，设有 1 个输入电流互感器，起控制和监视牵引变流器充电电流及牵引绕组短路电流的作用。保护发生时，四象限脉冲整流器和逆变器的门极均被封锁，输入回路中的工作接触器断开，如果过流继续存在，跳主断。

8.5.2 主接地保护

主电路接地保护通过设置在牵引变流器中间直流环节的接地检测单元完成。在主回路正常时，电压检测单元检测到的电压应等于中间直流电压的 1/2。当主电路某一点接地时，则形成回路，电压检测单元 GDCPT 检测到的电压将超过保护设定值，使保护装置动作。主变流器应采用中点接地方式（电阻串联分压电路），当保护发生时，四象限脉冲整流器和逆变门极均被封锁，断主断。

8.5.3 牵引电动机过流保护

在每组牵引变流器的输出回路中，设有输出电流互感器 CTU、CTW，对牵引电机过载及牵引电机三相不平衡起控制和监视保护作用。当保护发生时，四象限脉冲整流器和逆变器的门极均被封锁，输入回路中的工作接触器断开，同时主变流器控制单元向微机系统 TCMS 发出过流信息，实施跳主断。

8.5.4 原边电压保护

当原边网压高于 31.5 kV 且持续 40 s 或者高于 35 kV 时，立即实施保护，四象限脉冲整流器和逆变器的门极均被封锁，输入回路中的工作接触器断开，同时向微机控制系统发出原边过电压信息。

当原边网压低于 16 kV 且持续 1 s 时，实施保护，四象限脉冲整流器和逆变器的门极均被封锁，输入回路中的工作接触器断开，同时向微机控制系统发出原边欠压信息。

8.5.5 瞬时过电压及欠压保护

在机车出现空转、滑行或者受电弓离线造成网压中断等情况时，牵引变流器的中间回路可能出现瞬时过电压，为了防止这种过电压对牵引变流器造成损坏，在中间直流回路设有瞬时过电压限制电路，通过牵引变流器中间直流回路电压传感器监测过电压。当过电压存在时，过压保护电路中的 IGBT 将导通，直流回路能量经限流电阻释放，消除过电压。

当中间回路电压大于一定值时，瞬时过电压保护环节动作，四象限脉冲整流器和逆变器的门极均被封锁，输入回路中的工作接触器断开。

此外，当中间回路电压小于一定值时，中间回路低电压保护环节动作，四象限脉冲整流器和逆变器的门极均被封锁，输入回路中的工作接触器断开（库内动车除外）。

9　空气制动及总风系统

9.1　概　述

CR200J3 型动集动车组空气制动及总风系统包括风源系统、制动控制系统、辅助控制系统，风路管系及基础制动装置，如图 9-1 所示。

时速 160 公里动力集中动车组动力车采用满足 TJ/JW 100《分布式网络智能模块动力车空气制动系统暂行技术规范》的制动控制系统，采用大功率轮盘制动装置，采用螺杆式空气压缩机作为风源供风设备。

本章主要介绍时速 160 公里动力集中动车组动力车制动系统的设备布置和管路布置、风源系统、制动控制系统、辅助控制系统。同时，也介绍制动机的操作、主要制动部件的结构等。

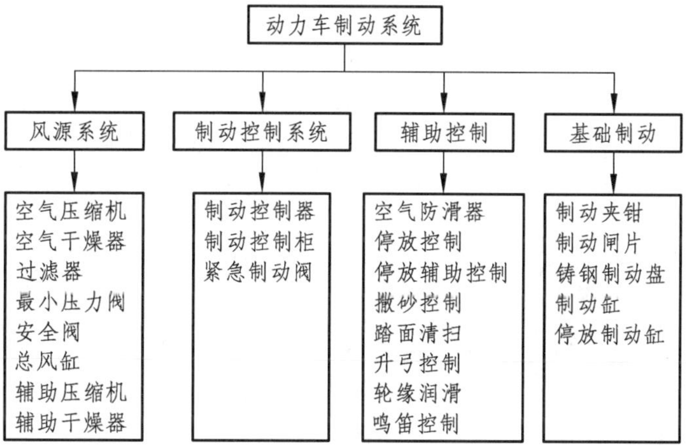

图 9-1　动力车制动系统

制动系统原理图及部件明细如图 9-2 和图 9-3 所示。

扫码查看原图

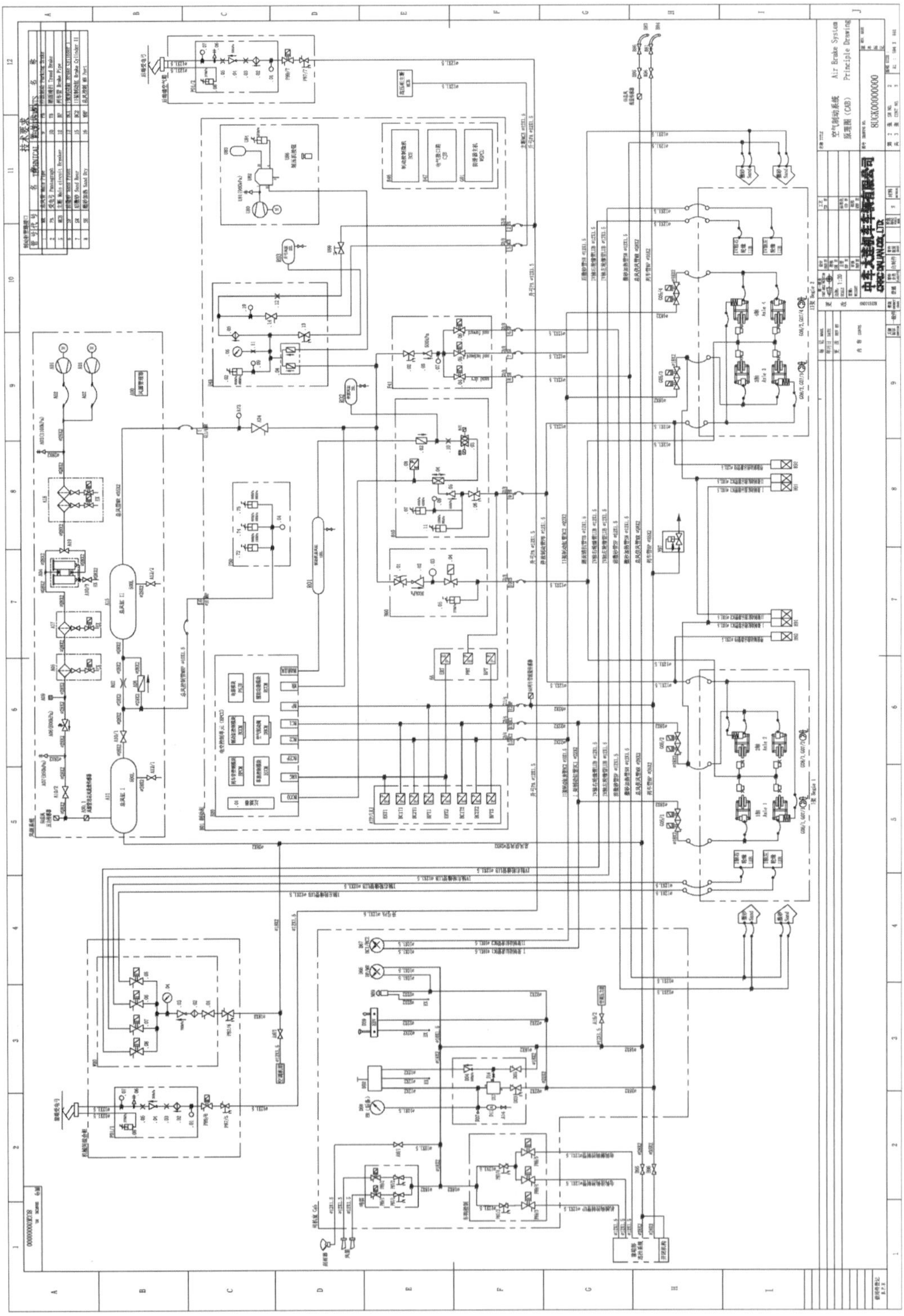

图 9-2 制动系统原理图

序号	原理号	名称	型号与规格	数量	备注	序号	原理号	名称	型号与规格	数量	备注
1	A00	风源管理器		1	安装在多功能柜内，仅样车安装	41	B01.U99	塞门（升弓钥匙）		1	
2	A01	空气压缩机组	不小于1600L/min/台	2		42	B02	节流阀	DL-8U7K-B02	1	
3	A02	软管		2		43	B81	机车列车管防关闭折角塞门(右)	32Q10X-9P	1	
4	A03	安全阀（11bar)	DL-8U7K-A03	1		44	B83	1″接口总风软管连接器总成	DL-8U7K-B83	1	
5	A04	干燥器	JKG1C-L	1		45	B84	编织制动软管总成	TYBJ04A-00-00	1	
6	A05	微油过滤器	DL-8U9K-A05	1		46	B86	机车总风防关闭折角塞门(右)	25Q10X-9P	1	
7	A06	最小压力阀(8bar)	DL-8U7K-A06	1		47	B91	制动缸指示器	DL-8U7K-B91	2	车外两侧，各1
8	A07	安全阀（9.5bar)	DL-8U7K-A07	1		48	B92	停放制动缸指示器	DL-8U7K-B92	2	车外两侧，各1
9	A08	止回阀	DL-8U7K-A08	1		49	B95	联锁截断塞门DN25	DL-8U7K-B95	2	
10	A09	湿度指示器	DL-8U9K-SDZSQ-01	1		50	B96	联锁截断塞门DN32	DL-8U7K-B96	2	
11	A10	截断塞门	DL-8U7K-A10	3	常开塞门；第一总风缸前/后，干燥器排污，各1	51	D02	备用制动控制器		1	
12	A11	第一总风缸		1		52	D03	备用制动转换塞门（电触点）		1	
13	A12	总风缸排水塞门	DL-8U7K-A12	2	常闭塞门；第一/第二总风缸，各1	53	D04	备用制动调压阀		1	
14	A14	截断塞门	DL-8U7K-A14	1	常闭塞门；备用制动均衡风缸排水	54	D05	备用制动总风塞门		1	
15	A15	第二总风缸		1		55	D07	压力测点		1	
16	A16	截断塞门	DL-8U7K-A16	3	常开塞门；空调机组/刮雨器/空调压力波，各1	56	D11	备用制动均衡风缸		1	
17	A17	固体颗粒物过滤器	CCGLQ-8UGK	1		57	D14	塞门		1	
18	A18	除水除油过滤器组	CSCYGLQZ-8UGK	1		58	D17	备用制动中继阀		1	
19	A19	三通塞门		1		59	D39	制动控制器		1	
20	B01	空气制动柜	KQZDG-8UGK	1	集成	60	D66	MR/BP压力表		1	
21	B01.A24	制动柜总风塞门		1		61	D67	BC1/BC2压力表		1	
22	B01.A73	测试接头		1		62	D68	备用制动均衡风缸压力表		1	
23	B01.B20	电空控制单元		1		63	G05	防滑电磁阀		4	
24	B01.B40	停放控制模块		1		64	G06	防滑传感器		2	
25	B01.B46	制动控制微机		1		65	G07	防滑齿轮		4	
26	B01.B47	继电器接口模块		1		66	G08	防滑传感器		2	
27	B01.B60	踏面清扫模块		1		67	N69	紧急制动阀		1	
28	B01.F41	撒砂控制模块		1		68	N97	紧急制动阀		1	
29	B01.G01	防滑控制主机		1		69	P01	升弓阀板		2	前/后受电弓，各1
30	B01.P50	压力开关模块		1		70	P87	板式塞门		7	喇叭2，车钩2，升弓2，轮缘1
31	B01.R01	制动机总风缸		1		71	P89	电空阀		7	喇叭2，车钩3，升弓2
32	B01.R02	停放风缸		1		72	W20	轮缘润滑控制装置		1	
33	B01.R03	升弓风缸		1		73					
34	B01.U43	辅助空气模块		1		74					
35	B01.U80	辅压机		1		75					
36	B01.U81	安全阀		1		76					
37	B01.U82	辅助干燥器		1		77					
38	B01.U83	再生风缸		1		78					
39	B01.U84	压力开关		1		79					
40	B01.U86	辅压机控制按钮		1		80					

图 9-3　部件明细

9.2 设备布置

制动系统设备布置如图 9-4 所示。

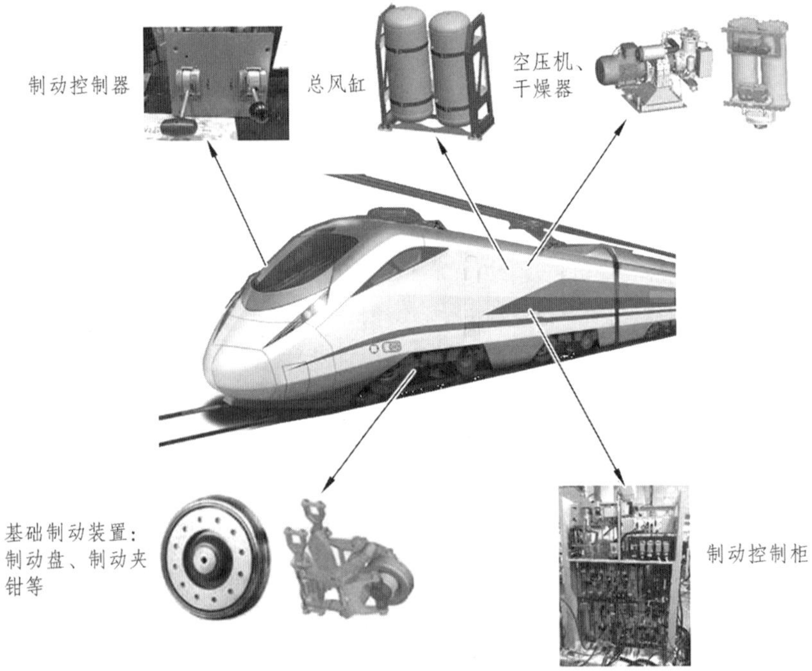

图 9-4 制动系统设备布置

9.2.1 司机室制动设备

司机室制动设备布置如图 9-5 所示。

图 9-5 司机室制动设备布置

9.2.2 空压机干燥器

空气压缩机及干燥器位于机械间内，如图 9-6 所示。

图 9-6　空气压缩机及干燥器

每台动力车采用两个 500 L 的总风缸直立安装在机械间内作为储风设备，如图 9-7 所示。

9.2.3　制动控制柜

制动控制柜内集成了电空控制单元、各辅助功能模块及辅助压缩机等，如图 9-8 所示。

图 9-7　总风缸

图 9-8　制动控制柜

9.2.4　管路

空气管路主要采用不锈钢管，如图 9-9 所示。

图 9-9　空气管路

9.3　风源系统

风源系统的作用是为列车的制动系统及辅助用风装置提供符合要求的干燥、洁净的压缩空气。

每台动力车采用两台螺杆式空气压缩机组作为系统的风源，每台机组排风量不小于 1 600 L/min。配套使用双塔干燥器、微油过滤器、除水除油过滤器组、除尘过滤器作为风源滤水、滤油的处理装置。双塔干燥器的空气处理量不小于 3 500 L/min。

每台动力车采用 2 个容积均为 500 L 的总风缸串联作为压缩空气的储存容器，总风缸采用车内立式安装。

风源系统如图 9-10 所示。

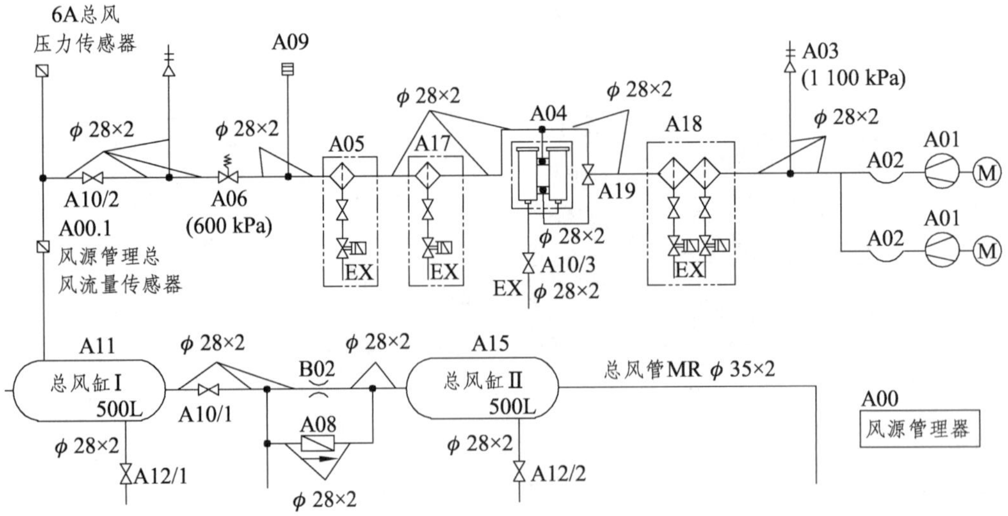

A01—空气压缩机组；A02—软管；A03—安全阀；A04—双塔干燥器；A05—微油过滤器；A06—最小压力阀；A07—安全阀；A08—止回阀；A09—湿度指示器；A10—截断塞门；A11，A15—总风缸；A12—排水塞门；A17—除尘过滤器；A18—除水除油过滤器组；B02—缩堵。

图 9-10　风源系统原理图

9.3.1 空气压缩机组

风源系统采用螺杆式空气压缩机组，如图 9-11 所示。

机组采用三相交流异步驱动电机；机组具有温度控制装置，可以实现超温保护功能；机组具有压力控制装置，可以实现无负荷启动。压缩机散热冷却器排风口向下，可满足机械间的独立通风要求。空气压缩机组的启、停状态可由总风压力开关进行自动控制，也可通过手动按钮强行控制。

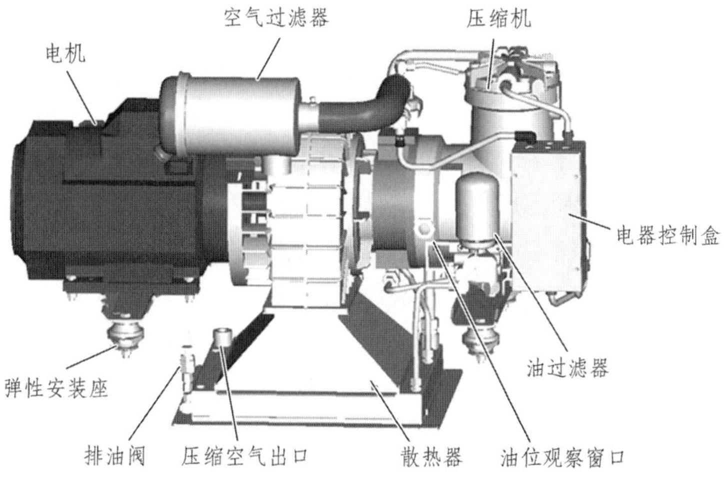

图 9-11　空气压缩机组

9.3.1.1 技术参数

空气压缩机机组具体参数见表 9-1。

表 9-1　空气压缩机机组具体参数

项目	参数
排风量/（L/min）	≥1 600
工作压力/bar	10
工作温度/°C	−40～+50
润滑油型号	Anderol 3057M
油量/L	6～7
工作电压/V	AC 380
频率/Hz	50
控制电压/V	DC 110
管路接口	G1"

续表

项目	参数
质量/kg	约 300
防护等级	不低于 IP55
机组噪声/dB（A）	≤102
散热方式	下排风

9.3.1.2 控制模式

空气压缩机具有间歇工作和延时工作两种模式。当压缩机需要频繁启动或发生轻微的机油乳化现象时，可以将压缩机设置在延时工作模式。延时工作模式可以有效地减少由于压缩机频繁启动造成的对电机及机头的损害，同时可以减缓压缩机机油乳化现象。

空气压缩机设有两个压力开关，以控制自动启、停动作。

（1）间歇工作制：当压力开关检测到总风压力小于 750 kPa 时，启动一台压缩机，总风压力达到 900 kPa 时，压缩机停止工作；当压力开关检测到总风压力小于 680 kPa 时，同时启动两台压缩机，当总风压力达到 900 kPa 时，压缩机同时停止工作。

（2）延时工作制：当空气压缩机打风到总风压力为 900 kPa 时，使空压机的卸荷阀失电，压缩机空载运行 20 min 后再停机。如果空载运行期间压缩机重新进入打风状态，则卸荷阀重新得电，压缩机的空载运行需重新计时。

（3）间歇、延时工作制的转换见表 9-2。

表 9-2 间歇、延时工作制转换

序号	转换模式	转换时压力	压缩机执行过程
1	间歇→延时	P<设定值	总风压力至 900 kPa 后，进入延时模式
2	间歇→延时	P≥设定值	压缩机先不工作，压力低于设定值时启动，待压力至 900 kPa 后，进入延时模式
3	延时→间歇	P<设定值	总风压力至 900 kPa 后停止工作，进入间歇模式
4	延时→间歇	P≥设定值	压缩机不工作，进入间歇模式

注：① 空载运转时间超过 20 min，该机组停止运行。空载计时内，压缩机进入加载工作，其空载计时清零。
② 空气压缩机的启停逻辑和压力值可根据实际需要进行调整。

9.3.1.3 工作原理

螺杆压缩机由阴阳两个螺杆形的转子旋转进行空气的压缩和输送，900 kPa 的压缩空气由一级压缩产生。其工作示意图如图 9-12 所示。

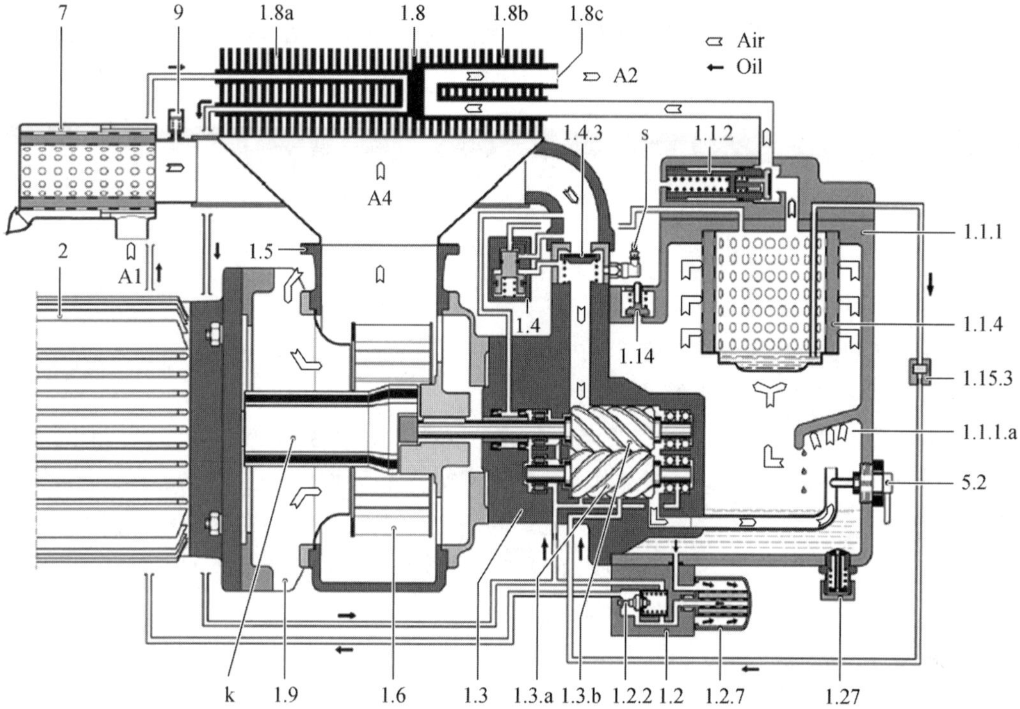

1.1.1—压缩机壳；1.1.1a—挡板；1.1.2—最小压力阀；1.1.4—油细分离器；1.2—油控制单元；1.2.2—温控器；1.2.7—油过滤器；1.3—压缩机；1.3.a—阳转子；1.3.b—阴转子；1.4—泄荷阀；1.4.3—进气阀；1.5—风扇蜗壳；1.6—离心风扇；1.8—冷却器；1.8.a—油冷却器；1.8.b—空气冷却器；1.8.c—压缩空气出口；1.9—外壳连接体；1.14—安全阀；1.15.3—回油过滤器；1.27—排油阀；2—三相电机；5.2—温度开关；7—空滤器；9—真空指示器；K—联轴节；s—压力开关；A1—压缩空气进口；A2—压缩空气出口；A4—冷却空气。

图 9-12　工作示意图

1. 空气压缩过程

空气通过空滤器（7）和进气阀（1.4.3）吸入压缩机体（1.3）。空气被压缩后，通过与转子连接的输送口被推进压缩机壳（1.1.1）。

如果压缩机启动时，压缩机壳里无空气压力，最小压力阀（1.1.2）将保持关闭状态，以便使压缩机壳内迅速建立起空气压力，帮助润滑油尽快循环。

当压缩机壳内空气压力达到约 6.5 bar 时，最小压力阀打开并将压缩空气送出。

送出的压缩空气达到系统的规定压力后，压缩机受总风压力开关控制自动停机，最小压力阀将自动关闭，将系统和压缩机壳内的通路隔断。

每次压缩机停机后，压缩机壳内的空气压力被自动释放。压缩机停机后，最小压力阀（1.1.2）和进气阀（1.4.3）关闭。在进气口，由于压缩机体空气逆流而压力升高，导致泄荷阀（1.4）打开。机壳（1.1.1）里压缩空气可通过减压阀流进空滤器后排向大气，从而快速将机壳里空气压力降低到约 1.8 bar。剩余的压力通过泄荷阀上的缩孔被缓慢排放至 0 bar。

停机时间大于 14 s 后，可以实现空压机的无负荷再启动。

2. 油循环过程

当压缩机运转时，在压缩机壳（1.1.1）里建立起的空气压力将壳内的润滑油通过油过滤器输送到轴承、传动装置和压缩机体内油喷射点。这些油用于润滑、密封并带走空气压缩产生的热量。

压缩机传送的空气/油混合物通过输送口并打在壳内挡板上（1.1.1a），这一过程属于油粗级过滤。之后，压缩空气又经过油细分离器（1.1.4）进行精级过滤。精级过滤分离的油被收集到油细分离器底部，在压缩机壳内空气压力作用下，通过回油过滤器（1.15.3）返回到压缩机体内。

3. 其他

当压缩机运转时，如果在压缩机壳内没有建立起空气压力，压缩机将不能被充分润滑和冷却。在这种情况下，转子可能被快速损坏。

当润滑油温度高于 83°C，油控制单元（1.2）中温控器（1.2.2）打开到油冷却器（1.8.a）的通道，对润滑油进行冷却。当润滑油温度低于 83°C，油冷却器的通道保持关闭，油被直接传送到压缩机体。通过这种方式可使润滑油达到最佳温度，并可以有效避免机油乳化。

压缩机壳里空气/油混合物的温度由输送口的温度开关（5.2）监测。如果温度高于设定值 110 ± 5°C，温度开关动作，压缩机停止工作。

若环境温度较低（－20°C以下），压缩机可以通过一个油加热器对润滑油进行预热约 20 min（根据环境温度预热时间有所调整）后再启动空气压缩机。

9.3.1.4 机油乳化处理

1. 机油轻微乳化及时处理

如果发现机油有轻微乳化现象，可进行如下操作来去除乳化现象：

（1）压缩机静置 1 ~ 2 h，微开压缩机排油口（位于机头底部和散热器底部），将位于下层的液态水排出，直至有油排出，关闭排油口。

（2）打开总风缸下方的排水塞门，使乳化的压缩机组连续运转 60 min 以上，停机后观察润滑油的状态，如果恢复正常可继续使用。

（3）如果乳化现象减轻但没有完全恢复，再连续运转 30 min，观察机油状态，可重复进行上述操作，直至乳化消失。

机油轻微乳化见图 9-13。

图 9-13　轻微乳化

2. 机油重度乳化处理

如果发现机油严重乳化，应及时联系主机厂及压缩机供货商进行分析处理。机油重度乳化见图 9-14。

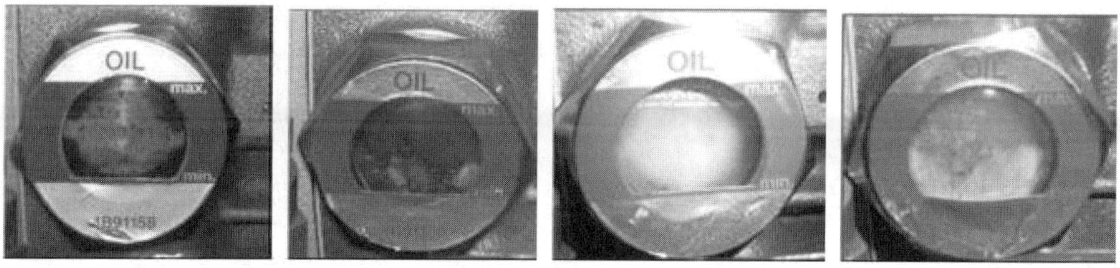

图 9-14　重度乳化

9.3.2　空气干燥器

风源系统采用双塔无热、再生吸附式干燥器，过滤压缩空气中的水及水蒸气等。空气干燥器如图 9-15 所示。

图 9-15　空气干燥器

9.3.2.1　技术参数

空气干燥器具体参数见表 9-3。

表 9-3　空气干燥器具体参数

项目	参数
型号	JKG1C-L
最大工作压力/kPa	1 100
工作温度/℃	−40 ~ 50
入口最高温度/℃	≤70
压力损失/kPa	<40
出口相对湿度	满足 ISO-8573 水 2 级
电磁阀功率/W	≤14

续表

项目	参数
加热功率/W	≤100
防护等级	IP65
空气处理量/（L/min）	3 500
工作周期/s	90±4
质量/kg	≤85

9.3.2.2　空气干燥器的结构

空气干燥器的结构如图 9-16 所示，主要包含以下部件：

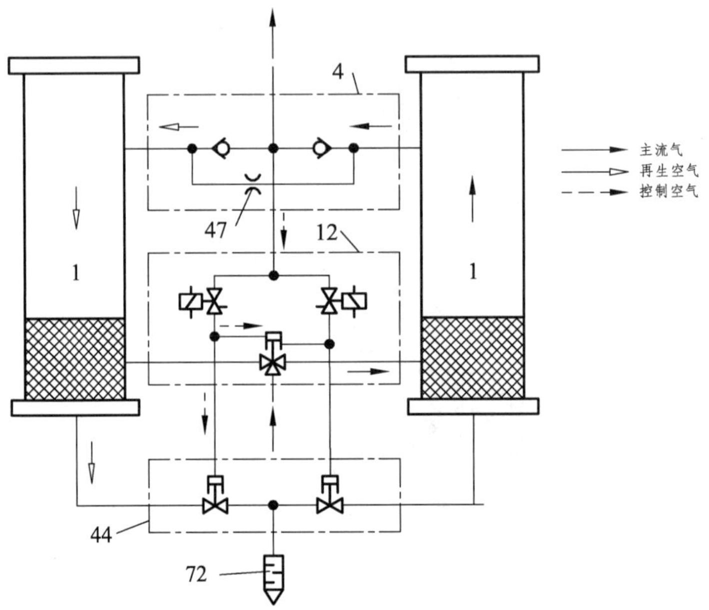

1—干燥塔；4—双逆止阀；12—脉冲电磁阀；44—排放阀；47—节流孔；72—消音器。

图 9-16　空气干燥器的结构

（1）两个干燥塔（1），每个塔内集成一个油分离器和一定量的干燥剂。

（2）带有计时功能的脉冲电磁阀（12）。

（3）带可更换再生节流孔（47）的双逆止阀（4）。

（4）排放阀（44），还配备了一个恒温器控制器。

（5）消音器（72）和冷凝排放盖。

（6）每个电磁阀的工作状态用一个指示灯指示器显示，当电磁阀作用时，指示灯亮，对应的塔处于再生状态，如图 9-17 所示。

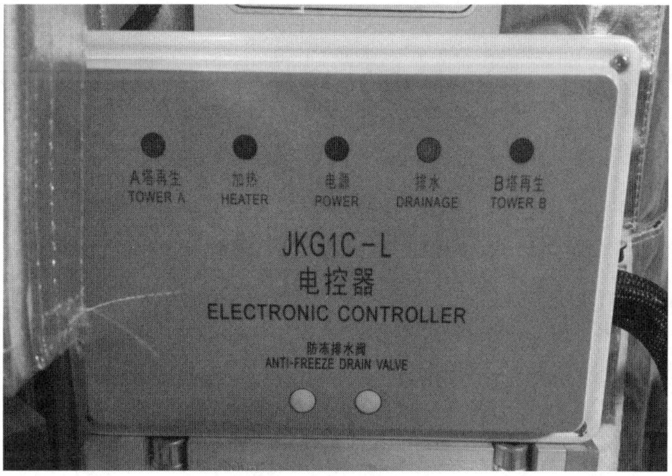

图 9-17 电磁阀工作状态

A 塔显示：A 塔进入再生状态。

B 塔显示：B 塔进入再生状态。

A 阀加热：A 塔排污阀进入加热状态。

B 阀加热：B 塔排污阀进入加热状态。

电源指示：干燥器得电指示。

9.3.2.3 工作原理

再生、无热吸附式双塔干燥器的再生和吸附工作在两个塔中同时进行，当压缩空气在一个塔内通过干燥剂进行干燥时，另一塔内的干燥剂被干燥的空气吹扫进行再生处理。

到达干燥器的饱和压缩空气里的油和冷凝物首先通过油分离器被提取出来。饱和的压缩空气接着通过干燥塔的干燥剂，压缩空气里水分子被吸收，干燥器出口压缩空气的相对湿度达到 35%以下。

部分干燥后的压缩空气通过再生节流孔（47）进入再生塔，吸收饱和干燥剂表面的水分，并将其排放到大气。

9.3.2.4 工作流程

图 9-18 所示的空气干燥器在工作状态，其中塔 B（右）在干燥阶段，塔 A（左）在再生阶段。

电空阀（左）得电工作，排气阀（左）打开，进气阀（Aj）关闭。由于空阀（右）失电，排气阀（右）关闭，进气阀（Bj）打开。

压缩空气经 P1 口和打开的进气阀（Bj），在油分离器里进行旋转，在离心力作用下将油和水滴甩向油分离器的内壁后收集到排气阀（右）。压缩空气随后通过干燥剂，压缩空气中的水及水蒸气被吸收，使干燥器出口压缩空气的相对湿度小于 35%。

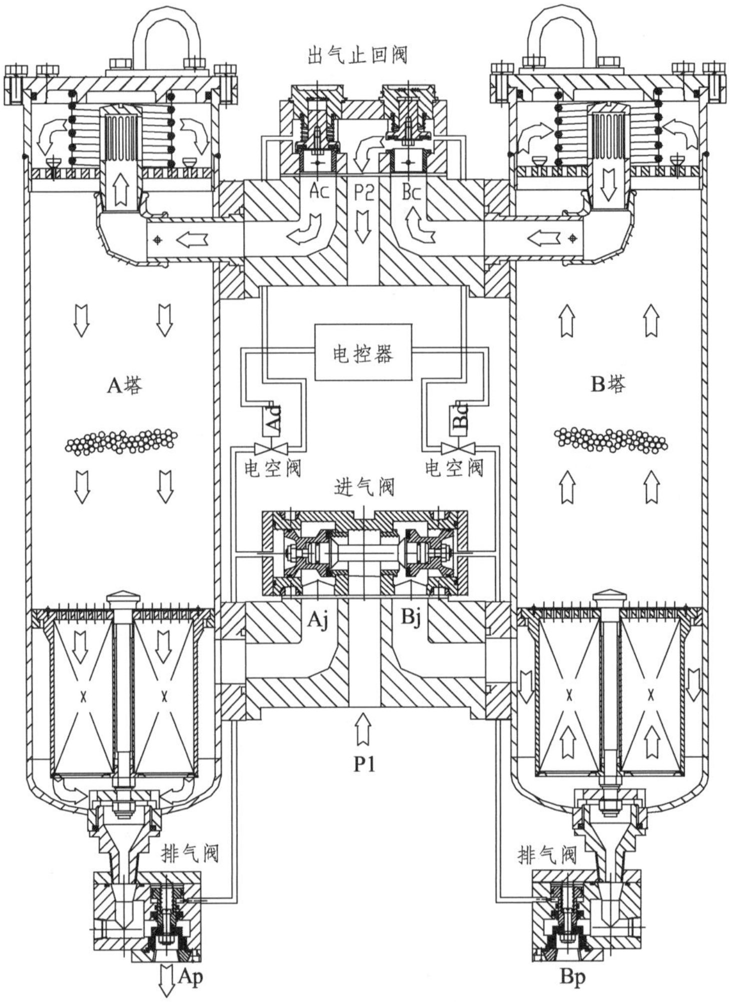

图 9-18　空气干燥器工作状态

压缩空气通过出气止回阀（BC）和 P2 口从干燥器排出之前，部分干燥的压缩空气通过再生节流孔，进入再生塔（A 塔），带走干燥剂表面的液态水后从排气阀（左）排放到大气，再生塔中的干燥剂得到干燥。

电空阀（左）在半个工作周期（90 s）前 18 s 失电，排气阀（左）关闭，进气阀（Aj）开放。控制管路中压缩空气通过电空阀排放到大气。通过节流孔，再生塔（A 塔）中空气压力将增加到与干燥塔（B 塔）相同的空气压力值。半个周期时（90 s），原干燥塔变为再生塔，原再生塔变为干燥塔。电空阀（右）得电，排气阀（右）开发，进气阀（左）开放。

当压缩机停止工作，干燥器也同时停止工作。干燥器的两个电空阀都失电，控制管路被排空，排气阀两侧均关闭，进气阀停留在干燥器停止工作时的位置。

9.3.2.5　日常维护保养说明

为了使 DHTWG3-5 机车用压缩空气干燥器能够持续正常运行，以下是日常保养要求：

（1）检查所有管接头和阀门处是否有泄漏情况；

（2）检查控制器维护保养提示信号；

（3）检查电连接器是否紧固。

9.3.3 辅助风源

9.3.3.1 无油辅助压缩机

采用无油式压缩机组作为辅助风源，将其和升弓控制模块、升弓风缸相连。辅助压缩机组的手动控制按钮在制动控制柜上，按下按钮后，辅助空压机开始工作。升弓控制模块上的压力开关对压缩机的启、停进行自动控制。

为保证压缩空气和管路的清洁，辅助压缩机配有小型的单塔干燥器和再生风缸。

无油辅助压缩机如图 9-19 所示。

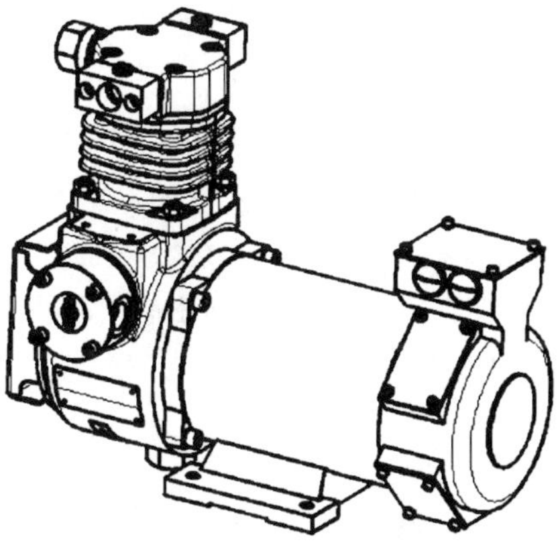

图 9-19 无油辅助压缩机

1. 技术参数

无油辅助压缩机具体参数见表 9-4。

表 9-4 无油辅助压缩机具体参数

项目	参数
型号	D-061
工作形式	单缸往复式空压机
压缩方式	一级压缩
转向	从电机端观察，顺时针
排量	大于60 L/min
排气压力	800 ~ 1 000 kPa
质量	约30 kg
额定电压	DC 110 V
防护等级	不低于IP44

2. 辅助压缩机组成

辅助压缩机组由直流电机、空压机和干式空气过滤器等组成，为单级压缩，自带法兰安装。直流电机通过联结器和空压机连接。干式空气滤清器可以为压缩机提供纯净的空气。

3. 工作原理

吸入的空气由干式空气过滤器清洁并在气缸内进行压缩，其工作原理如图 9-20 所示。

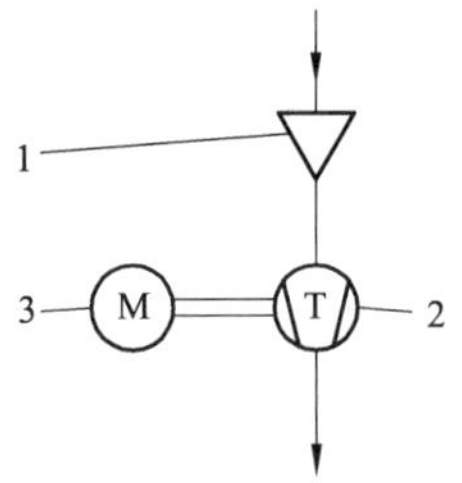

1—干式空气过滤器；2—空压机；3—直流电机。

图 9-20　工作原理

4. 控制模式

控制方式分为手动控制和自动控制两种方式。

（1）当动力车初次升弓，或进行升弓装置试验时采用手动控制方式，操作时需要操作者持续按下辅助空气压缩机启动按钮（位于制动控制柜内），并观察升弓压力表的指示值，在满足升弓压力要求后松开按钮。

（2）当动力车投入运用后采用自动控制方式，当辅助风缸压力低于 480 kPa 时，辅助压缩机自动投入工作；当辅助风缸压力达到 735 kPa 时，压缩机自动停止工作。

9.3.3.2　辅助干燥器

该装置用于去除辅助压缩机产生的水蒸气，保证辅助管路内压缩空气的洁净。

1. 辅助干燥器

辅助干燥器组成如图 9-21 所示。

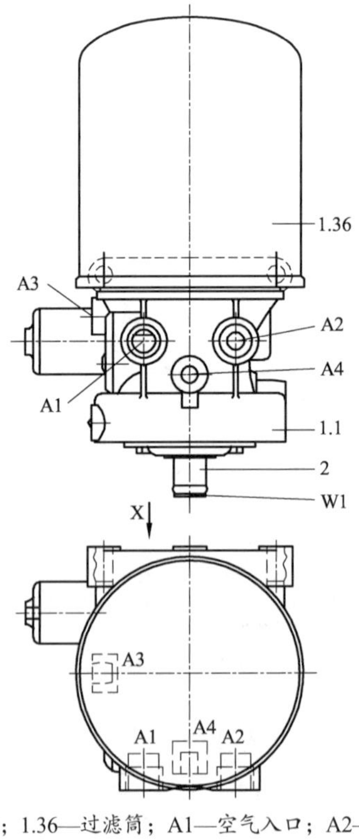

1.1—壳体；2—软管连接处；1.36—过滤筒；A1—空气入口；A2—空气出口；A3—控制口；A4—空气出口至干燥风缸；W1—排污口。

图 9-21　辅助干燥器组成

2. 工作原理

工作原理如图 9-22 所示。

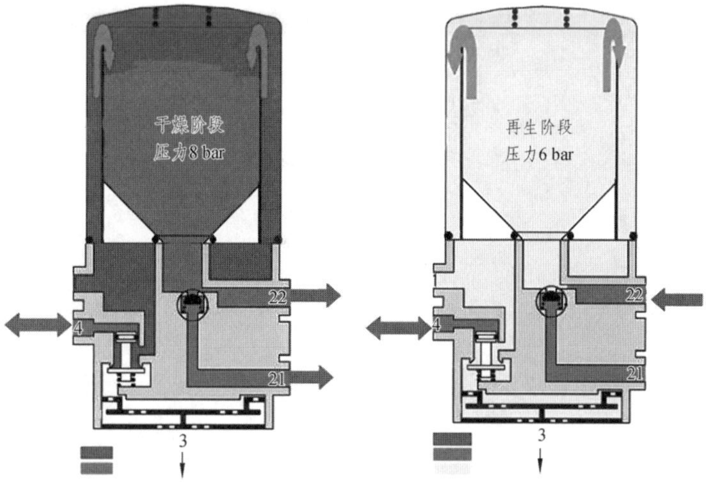

1—去压缩机；3—排气口；4—控制压力；21—去风缸；22—接再生风缸。

图 9-22　工作原理

（1）干燥阶段（左侧）。

辅助压缩空气从 1（A1）号口进入辅助干燥器，并经过干燥塔进行干燥，干燥后的压缩空气分为两路，其中一路直接通过 22（A4）号口进入再生风缸（3L）；另一路经过内部单向阀后通过 21（A2）号口进入动力车辅助风缸。

（2）再生阶段（右侧）。

当动力车辅助风缸压力达到 735 kPa 时，干燥器出口（A2）内部连通辅助干燥器排污控制 4（A4）号口，A4 口上的压力开关动作，外部切断辅助压缩机的电源。A4 口上的压力同时打开干燥器内排污阀，再生风缸内洁净的压缩机空气反吹干燥塔将其表面的水气、油污带走并从排污阀排出，完成再生工作。

9.3.4　其他风源部件

9.3.4.1　总风缸

每台动力车采用两个 500 L 的总风缸直立安装在机械间内作为储风设备，设计压力为 1.0 MPa，风缸材质为 16MnDR。

按照 TB/T 304—2018《动力车用总风缸技术条件》对总风缸进行设计、制造、检查、验收等。

9.3.4.2　安全阀

在干燥器前后各有一个安全阀。A3 安全阀的开启压力为 1 100 kPa，A7 安全阀的开启压力为 950 kPa，以确保动力车总风系统的安全。

9.3.4.3　总风低压保护开关

当总风压力低于（500 ± 20）kPa 时，动力车牵引封锁（动力制动仍可投入），确保动力车内保留有能够安全停车用的压缩空气。

9.3.4.4 微油过滤器

对通过干燥器后的压缩空气进行油污处理，保证通过微油过滤器后的压缩空气满足 ISO8573 油 2 级要求。该过滤器需进行定期排污处理。

9.3.4.5 除水除油过滤器组

对空气压缩机输出含有大量液态水的压缩空气进行处理，对于水（不包括液态水）的过滤效率≥92%，对于油的过滤效率≥99.925%。

9.3.4.6 除尘过滤器

对干燥器后微油过滤器前的压缩空气进行处理，对于尘的过滤效率不低于 99.925%。

9.3.4.7 最小压力阀

保证干燥器内部快速建立起压力，使干燥器可以进行再生、干燥工作，开通压力为 600 kPa。

9.4 制动控制系统

制动控制系统采用满足 TJ/JW 100《分布式网络智能模块动力车空气制动系统暂行技术规范》的 CAB 型和 ZJZ 型制动控制系统。

基本构成如下：

（1）制动控制器；

（2）制动显示屏（可选）；

（3）电空制动单元；

（4）接口箱模块；

（5）辅助控制单元；

（6）根据车型集成的制动柜。

其中，制动控制器、电空控制单元、接口箱模块为制动系统的基本配置，其他部件为可选配置。

制动控制系统具有以下主要特点：

（1）按照功能要求采用模块化结构设计，板式安装，便于维护和检修；

（2）基于微机控制技术、网络通信传输制动指令，智能模块采用双 CAN 冗余网络；

（3）系统和主要模块均采用冗余设计；

（4）人机界面和制动操纵习惯与现有交流传动动力车一致；

（5）气路接口和电气接口符合国铁集团标准性技术规范要求，保证互换性；

（6）制动系统的各项技术性能指标均符合 TJ/JW 100 规定要求；

（7）优化无火回送设置。

9.4.1 制动部件介绍

9.4.1.1 司机显示屏（制动信息）

司机显示屏（制动信息）位于司机室操纵台，为人机接口。通过它可对本机/补机、均衡风缸定压、列车管投入/切除、阶段缓解/一次缓解、补风/不补风、系统自检、风压值标定、故障查询等功能进行选择和应用（见图 9-23），动力车默认为定压 600 kPa、阶段缓解、补风模式；动力车采用双屏冗余模式，正常情况下制动信息和微机信息分屏显示，故障情况下制动信息和微机信息合屏显示。

图 9-23　司机显示屏（制动信息）

9.4.1.2　制动控制器

制动控制器（见图 9-24）为人机操作接口，主要用于进行制动、缓解的指令操作，以给出相应指令控制制动、缓解作用。制动控制器符合 TJ/JW 046 的要求，具备双 CAN 网络接口。

制动控制器集成了自动制动手柄和单独制动手柄。制动控制器采用平面化设计，安装后与司机台面平齐，便于安装及操作。

制动控制器具备紧急位直排列车管压力功能，管路接口为 G3/4。

图 9-24　制动控制器

1. 自动制动手柄位置

其手柄包括运转位、初制动、全制动、抑制位、重联位、紧急位。初制动和全制动之间是常用制动区。手柄向前推为常用制动或紧急作用，手柄向后拉为缓解作用。在重联位时，通过插销可将手柄固定在此位置。

运转位：自动制动手柄维持在运转位时，均衡风缸充风，最终实现列车管的定压充风及动力车制动缸的完全缓解。

初制位：自动制动手柄置初制位时，列车管能够实现最小减压量制动作用。

常用制动区：自动制动手柄在常用制动区，能够实现列车管从初制位至全制动的减压，动力车制动缸压力与列车管减压量呈线性比例关系。

全制位：自动制动手柄在常用全制动位时，列车管实现最大常用减压量。

抑制位：动力车产生常用惩罚制动后，必须将手柄放置此位置使制动机复位后，手柄再放置运转位，动力车制动作用才可缓解。在抑制位，动力车将产生常用全制动作用。

重联位：当制动机系统在补机或断电状态时，手柄应放此位置。在此位置，均衡风缸将按常用制动速率减压到 0。

紧急位：自动制动手柄在紧急位时，具有机械和电气联锁能够同时触发紧急制动作用。制动控制器内设有机械排气阀，直接排出列车管压力空气，以触发空气紧急制动作用。

2. 单独制动手柄位置

其手柄包括运转位、制动区、全制动位。手柄向前推为制动作用，向后拉为缓解作用。侧压手柄，可以实现自动制动的单独缓解。

9.4.1.3 电空控制单元

电空控制单元上有数个部件作为网络的节点，根据指令实施制动控制。电空控制单元其中 4 个模块具有网络节点，除电源模块 PSJB，其余 3 个为智能模块，如图 9-25 所示。

电空控制单元上的 6 个模块分别为：

（1）列车管控制模块；

（2）制动缸控制模块；

（3）单独控制模块；

（4）空气制动阀模块；

（5）辅助功能模块；

（6）电源模块。

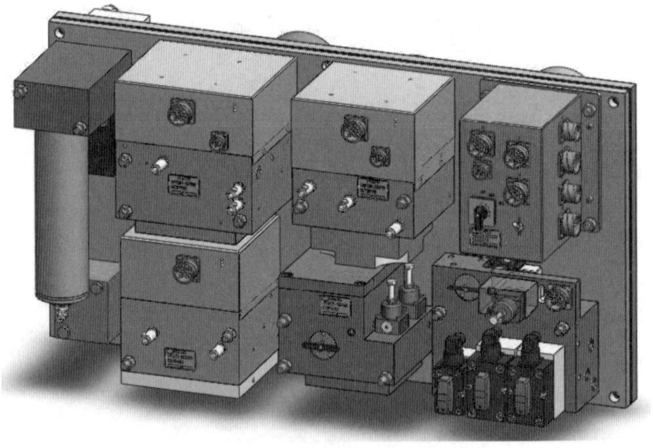

图 9-25　电空控制单元

1. 列车管控制模块

列车管控制模块的主要作用是通过对均衡风缸的充排气控制，最终实现对列车管的充排气控制，主要的功能如下：

（1）均衡风缸、列车管等压力采集与测试；

（2）列车管充风流量的监测；

（3）提供并控制均衡风缸压力；

（4）响应均衡风缸压力，实现对列车管压力控制；

（5）执行紧急制动排风；

（6）控制列车管补风作用；

（7）系统失电时执行惩罚制动。

2. 制动缸控制模块

制动缸控制模块的主要作用是根据列车管压力变化实现对制动缸压力的控制，最终实现动力车制动缸压力的输出，主要的功能如下：

（1）根据列车管压力输出制动缸压力；

（2）电空制动失效时，制动缸压力自动切换至机械分配阀控制；

（3）实现空电联锁功能；

（4）制动缸等压力测试功能。

制动控制系统具有制动力不衰减特性，当制动缸及其管路漏泄时，压力能够自动补偿。

单独控制模块故障时，系统将通过制动缸控制模块实现其功能。同时，制动缸控制模块也可以响应单独制动手柄指令，实现动力车单独制动控制。

3. 单独控制模块

单独控制模块的主要作用是实现单独制动时，提供制动缸和平均管的压力输出，主要的功能如下：

（1）响应单独制动，提供对制动缸的压力控制；

（2）制动缸控制模块故障时，提供对制动缸的压力控制。

4. 空气制动阀模块

空气制动阀模块的主要作用是响应列车管压力变化并实现制动缸的压力控制，其始终处于热备状态，在每次列车管减压时同时产生作用，一旦制动缸控制模块或制动系统故障，立刻实现对制动缸的压力控制，主要的功能如下：

（1）提供制动缸的冗余压力控制；

（2）无火回送压力控制，可根据需要增加转换塞门状态电触点。

5. 辅助功能模块

辅助功能模块具有如下主要功能：

（1）能够按转向架切除制动缸压力；

（2）无火回送时，可以实现列车管向副风缸的充风，限定制动缸压力在 200 ~ 250 kPa；

（3）执行外部紧急制动请求，迅速排出列车管压力空气，故障时可将其切除。

6. 接口箱模块

接口箱模块主要用于与外部的连接，同时还包括制动系统内部各模块、设备之间的硬线或电源接口，这些接口主要包括：

（1）与系统控制模块接口；

（2）与电空控制单元接口；

（3）与 LKJ 装置和微机控制系统的硬线接口；

（4）空气防滑系统接口。

7. 辅助控制单元

辅助控制单元包括：

（1）压力开关模块；

（2）升弓控制模块；

（3）撒砂控制模块；

（4）停放制动控制模块；

（5）踏面清扫控制模块。

8. 气路板及其他部件

电空控制单元还设有气路板、过滤器、容积风缸等。气路板为各个模块、气动附件、容积风缸等部件的安装载体；过滤器将进入电空控制单元的压缩空气进行适度过滤；容积风缸用于相关压力的控制和输出。

9.4.1.4 车列电空装置

系统集成列车电空装置，电空制动采用 5 线制，控制电压为 DC 110 V。电空制动时，1#线芯输出 DC 110 V；制动保压时，3#线芯输出 DC 110 V；缓解时，2#线芯输出 DC 110 V；紧急制动时，1#线芯、4#线芯输出 DC 110 V。上述线芯在制动、缓解操纵时，通过列车（车辆）电空制动装置与 5#线芯构成控制回路。

当制动机设置为本机模式时，输出电空制动功能，自身不执行电空制动。

当制动机设置为补机模式时，制动机系统具备电空制动指令的检测、记录以及反馈给 CCU 的功能，自身不执行电空制动。

9.4.1.5 紧急放风阀

紧急放风阀由紧急阀、紧急风缸和安装座组成。紧急阀和紧急风缸集成安装在铝合金材质的安装座上，如图 9-26 所示。

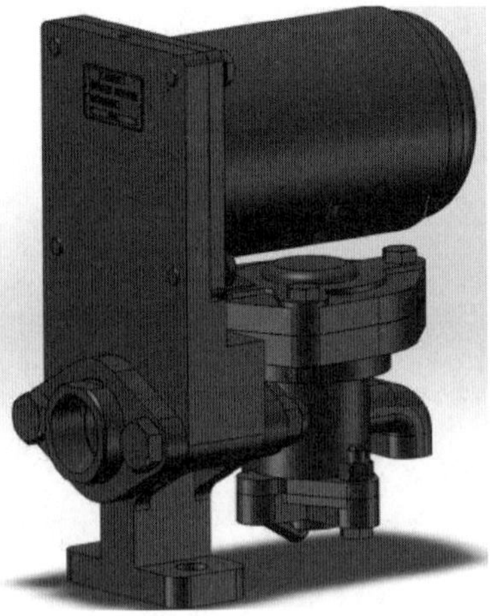

图 9-26　紧急放风阀

9.4.2 制动控制关系

制动控制系统是以网络为基础的微机控制系统，各显示参数和控制指令主要以网络信号传递，电气、气动部件为最终的执行机构。在设计该系统时，充分考虑系统在网络、电子、电气、气动部件等故障失效时的应对措施，以保障系统的导向安全。

正常情况下气路控制关系：

（1）用于控制列车制动：

自动制动阀→列车管控制模块→列车管压力→车辆制动机

↓

制动缸控制模块→动力车制动缸

（2）用于控制动力车制动：

单独制动阀→单独控制模块→制动缸控制模块→动力车制动缸

9.4.3 系统主要部件的冗余

9.4.3.1 空气制动冗余

当制动缸控制模块故障时，系统自动转换为由空气制动阀和单独控制模块共同控制制动缸压力的空气制动冗余模式。

空气制动冗余就是系统采用纯机械后备三通阀来代替电子控制产生制动缸压力控制。

9.4.3.2 系统冗余

当微机控制系统的主系统出现严重故障时，制动系统将自动产生惩罚制动，然后可将制动系统转到后备模式，利用后备制动模式实现对列车的制动控制。

后备制动模式下，操纵自动制动手柄实现对列车的制动、缓解控制作用。

9.4.3.3 紧急制动的触发方式

（1）自动制动阀置紧急位；

（2）开放操纵台左边柜紧急制动按钮（车长阀）触发紧急制动；

（3）按下操纵台紧急按钮触发紧急制动（断主断路器）；

（4）监控装置触发紧急制动；

（5）列车断钩分离触发紧急制动。

9.4.3.4 惩罚制动的触发方式

惩罚制动是非人为施加、由制动系统自行产生或由制动系统外部指令触发的常用制动或紧急制动。系统在如下情况下触发惩罚制动：上电惩罚、失电惩罚、系统故障惩罚、监控装置惩罚、无人警惕惩罚。

1. 上电惩罚

当电空控制单元或系统上电时，产生一个不可抑制的惩罚制动。

2. 失电惩罚

本务动力车上，电空控制单元或系统断电时，均衡风缸会以常用制动速度减压到 0 kPa，这是一个不可抑制的惩罚制动。

3. 系统故障惩罚

制动系统故障，均衡风缸会以常用制动速度降到 0 kPa，这是一个不可抑制的惩罚制动。

4. 监控装置惩罚

如果监控系统要求惩罚制动，系统将实施惩罚制动，均衡风缸根据需要以常用速度实施减压 80 kPa 或者 130 kPa。该惩罚制动指令消失后，可以缓解惩罚制动，须将自动制动手柄置于抑制位至少 1 s，对惩罚制动进行复位，再进行缓解。

5. 无人警惕惩罚

如果实施无人警惕惩罚制动，系统将实施惩罚制动，均衡风缸进行常用全制动减压。该惩罚制动指令消失后，可以缓解惩罚制动，操作者须使将自动制动手柄置于抑制位至少 1 s，对惩罚制动进行复位，再进行缓解。

6. 惩罚制动复位条件

（1）惩罚源消失（如果是失电惩罚，重新加电）;

（2）自动制动手柄须置于抑制位超过 1 s。

9.5 辅助控制系统

动力车辅助管路系统可以改善动力车的运行条件，确保行车安全。该系统包括停放制动控制模块、升弓控制模块、撒砂控制模块、后备空气制动等部分。

9.5.1 停放制动控制模块

停放制动控制模块如图 9-27 所示。

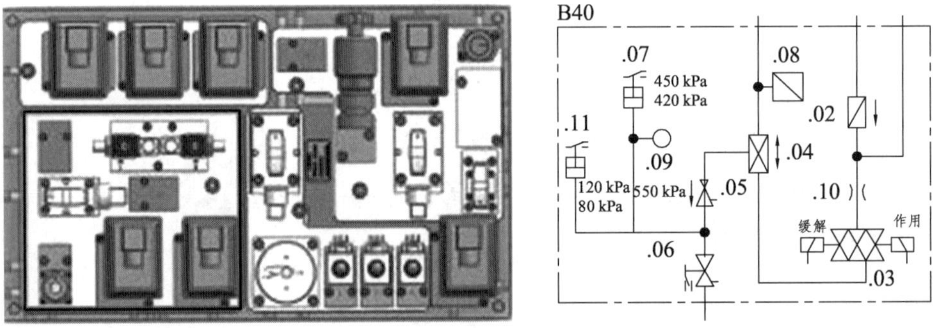

图 9-27 停放制动控制模块

此模块接收司机控制指令，从而控制动力车走行部弹簧停车制动缸压力。当弹簧停车制动缸中的空气压力达到 480 kPa 以上时，弹簧停车制动装置缓解，允许动力车牵引；停车后，将弹簧停车制动缸中的压力空气排空，弹簧停车装置动作，闸瓦压紧轮对，避免动力车因重力或风力的原因溜车。

动力车停车后按下操作台左侧弹停作用开关，可使弹停脉冲电磁阀（.03）中的作用阀得电数秒，脉冲电磁阀（.03）处于作用位，弹簧停车制动缸中的压力空气通过弹停脉冲电磁阀（.03）排出，弹簧停车制动装置完全作用。如果需要走车，按下操作台左侧弹停缓解开关，可使弹停脉冲电磁阀（.03）中的缓解阀得电数秒，脉冲电磁阀（.03）处于缓解位，总风将通过上述通路进入走行部的弹簧停车制动缸，当弹簧停车制动缸中的压力高于 480 kPa 后，操作台上弹停指示灯常灭，弹簧停车制动缸完全缓解，允许动力车牵引。

9.5.1.1 弹簧停车制动缸缓解

具体通路如下：

总风缸→逆止阀（.02）↗弹停风缸（A13）

↘弹停脉动阀（.03）→变向阀（.04）→减压阀（.05）→弹停塞门（.06）→走行部弹停风缸

9.5.1.2 弹簧停车制动装置作用后制动缸作用时的工作状态

具体通路如下：

制动缸→变向阀（.04）→减压阀（.05）→弹停塞门（.06）→走行部的弹停风缸

制动缸风压进入弹停制动缸后，可以缓解部分弹簧压力，避免停车后或运行时制动缸产生的压力和弹停风缸产生的弹簧压力同时作用在制动盘上，造成制动盘损伤。

在发生供电故障的情况下，也可以使用脉冲电磁阀的手动装置对停放制动装置进行手动操作。在系统无风的情况下，可以使用停放制动单元的手动缓解装置（位于制动缸夹钳上）缓解停放制动。手动缓解后，不能再次实施停放制动。如果需要重新实施停放制动，必须使系统总风压力达到 450 kPa 以上，方可实施停放制动。

9.5.2 升弓控制模块

升弓控制模块如图 9-28 所示。

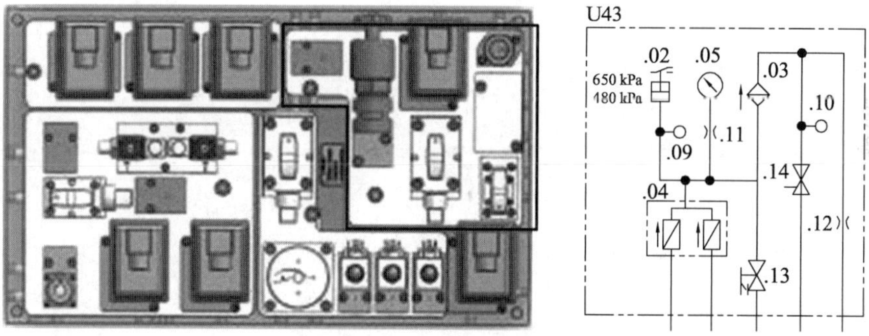

图 9-28 升弓控制模块

升弓控制模块为受电弓和主断路器提供干燥、稳定的压缩空气。此模块包括双逆止阀（.04）、压力开关（.02）、机械压力表（.05）、过滤器（.03）、塞门（.13、.14）、缩堵（.11、.12）和测试接口（.09、.10），它和辅助压缩机（U80）、辅助压缩机用干燥器（U82）、干燥风缸（U83）压力开关（U84）、升弓风缸（U76）及升弓塞门（U98、U99）等共同工作。

9.5.2.1 库停后使用辅助压缩机供风升弓

具体通路如下：

辅助压缩机（U80）

↓

干燥器（U82）

↓

双逆止阀（.04）↗塞门（.13）→升弓风缸（U76）
↘
过滤器（.03）→缩堵（.12）→升弓塞门（U99）→升弓塞门（U98）→阀板
↓
塞门（.14）→主断路器

启动辅助压缩机，压缩空气通过干燥器（U82）进入升弓模块，通过双逆止阀（.04）右侧的逆止阀后压缩空气分为两路，其中一路进入升弓风缸（U76），将压缩空气存储起来，另一路通过过滤器（.03），又将压缩空气分为两路，其中一路通过塞门（.14）为主断路器提供风源，另一路通过升弓塞门（U98、U99）进入升弓阀板为受电弓提供风源。

动力升弓指令投入后，当升弓风缸压力低于 480 kPa 时，压力开关（.02）动作发出指令，辅助压缩机自动投入工作，当升弓风缸压力高于 735 kPa 时，压力开关（U84）动作发出指令，辅助压缩机自动停止工作，同时干燥风缸（U83）中的干燥空气将干燥器中的水和油污排出。如果通过按钮手动控制辅助压缩机启动，压力开关（.02、U84）将不再对压缩机的启停进行控制。

9.5.2.2 正常运行时的总风缸供风

具体通路如下：

塞门（.13）→升弓风缸（U76）
↗
总风缸→双逆止阀（.04）
↘
过滤器（.03）→缩堵（.12）→升弓塞门（U99）→升弓塞门（U98）→阀板
↘
塞门（.14）→主断路器

总风缸的压缩空气直接进入升弓模块，通过双逆止阀（.04）左侧的逆止阀后，压缩空气分为两路，其中一路进入升弓风缸（U76），将压缩空气存储起来，另一路通过过滤器（.03），又将压缩空气分为两路，其中一路通过塞门（.14）为主断路器提供风源，另一路通过升弓塞门（U98、U99）进入升弓阀板为受电弓提供风源。

在动力车退乘之前，应将升弓风缸内压缩空气充至 900 kPa，然后关闭塞门（.13），以备动力车再次使用时不必启动辅助压缩机就可进行动力车升弓操纵。

9.5.3 撒砂控制模块

撒砂控制模块如图 9-29 所示。

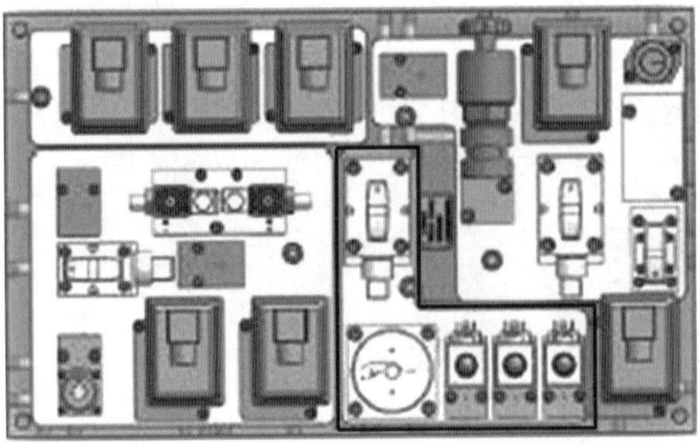

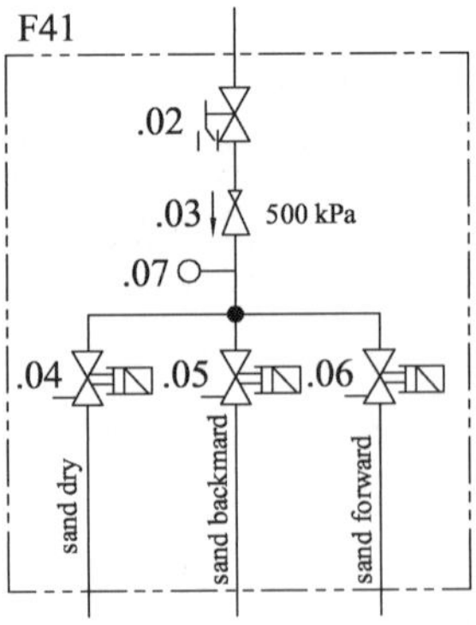

图 9-29 撒砂控制模块

撒砂控制模块由撒砂切除塞门（.01）、撒砂减压阀（.02）、撒砂压力测点（.03）、撒砂干燥电磁阀（.04）、向后撒砂电磁阀（.05）、向前撒砂电磁阀（.06）组成。

撒砂动作与司机脚踏开关、紧急制动、防空转、防滑行等配合使用，撒砂方向与机车实际运行方向一致。

9.5.4 后备空气制动

9.5.4.1 动力车后备空气制动说明

动力车后备空气制动由后备制动手柄、后备中继阀、均衡风缸、压力传感器、均衡风缸压力表、减压阀、转换塞门、流量限制堵及相关管路等附件组成。后备制动满足 TJ/JW 060《交流传动动力车空气后备制动暂行技术规范》要求，在动力车电控制动系统故障失效后可使用后备空气制动实现对列车的制动控制，保证列车继续运行。

9.5.4.2 后备制动投入的操作方法

（1）单独制动手柄置“运转”位，自动制动手柄置“重联”位，并将自动制动手柄用插销固定好。

（2）断开制动机控制电源。

（3）施加停放制动，避免动力车溜车。

（4）操作后备制动手柄置于制动位，直至后备均衡风缸压力为 0，然后置于中立位。

（5）将操纵端司机室内的后备制动转换塞门转至投入位。

（6）将手柄由中立保压位拉至缓解位，列车管充风缓解，待列车管充风至定压后，检查列车缓解是否正常；手柄回至中立位，再向前轻推至常用制动位，列车管开始减压，当减压至目标值即可松手，手柄自动恢复至中立位保压，检查列车制动是否正常。连续试验制动、缓解两次，确保备用制动可以正常使用。

（7）在后备制动模式下，动力车可按照有关规定继续运行。

注意：后备制动模式下，监控装置常用惩罚制动无效，紧急惩罚制动有效。

当动力车转入后备制动模式后，动力车可以继续牵引和实施电制动，同时动力车微机显示屏的故障履历中会记录动力车后备制动投入信息。

当操作后备制动手柄进行空气制动时，后备制动装置可精确控制列车管压力，具有动力车自动制动的缓解、制动、紧急制动等基本功能，但不具有单独制动及单独缓解功能。司控器保留有电制动功能，即调速手柄置电制动位时，动力车实施电制动。单独操作后备制动手柄进行空气制动时，动力车和车辆均进行空气制动。单独操作司控器调速手柄进行电制动，仅动力车转为电制动工况进行电制动。操作后备制动手柄进行空气制动的同时又操作司控器进行电制动，此时空气制动和电制动将叠加，动力车有可能出现滑行导致擦轮，因此司乘人员应人为避免两种制动叠加操纵。

9.5.5 空气防滑器

在动力车空气制动状态下，制动力超过了黏着限制，车轮转速急剧下降甚至停转而车速降得很慢，这叫“滑行”或“抱死轮”。为了消除动力车运用过程中的这一现象，制动系统采用了防滑装置。采用轴控方式，每根轴均设置一个防滑速度传感器、测速齿轮和防滑排风阀。

防滑系统主机集成安装在制动控制柜内，防滑速度传感器、测速齿轮安装在车轴轴端，防滑排风阀安装在动力车机械间。

9.6 电空制动装置

电空制动装置采用 104 或 F8 型集成式电空制动机（根据用户要求选装），集成安装于制动模块上，制动模块由电空制动机、组合式集尘器、风缸、制动缓解指示器、截断塞门、缓解阀等组成，如图 9-30 所示。

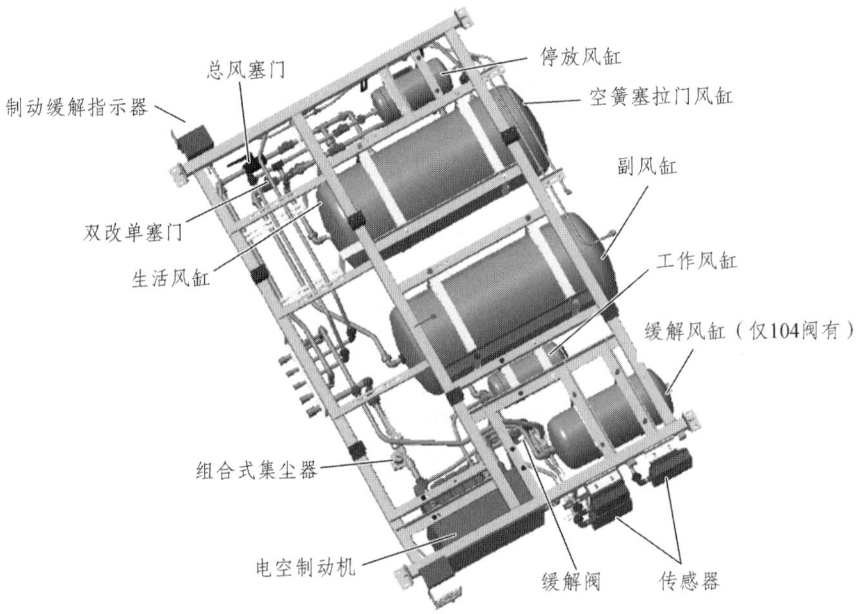

图 9-30　制动模块

电空制动机由主阀、辅助阀、气路板、电磁阀等组成，制动机与列车管、制动缸管、工作风缸、副风缸相连接，组成电空制动系统，如图 9-31 所示（注：104 电空制动机还设有缓解风缸）。

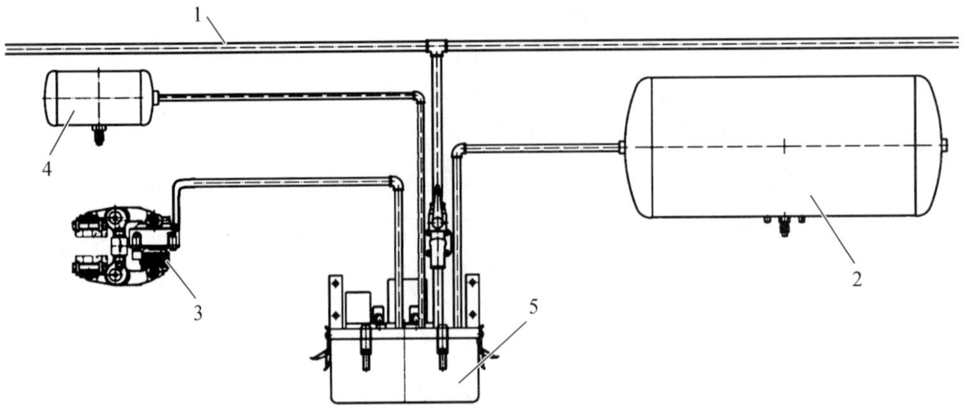

1—列车管；2—副风缸；3—单元制动缸；4—工作风缸；5—集成式电空制动机。

图 9-31　电空制动装置结构原理

电空制动装置受司机室内制动控制系统控制，通过制动控制柜和各车电磁阀的共同作用，控制列车管的充、排风，再通过分配阀作用，达到制动、缓解的目的。在电空制动失效的情况下，列车仍具有制动能力，确保列车安全。

电空制动系统通过列车管压力变化和电信号来实现对车辆的制动控制：当列车管施行制动减压时，制动线得电使制动电磁阀动作，制动机处于制动位，副风缸压缩空气经制动机、防滑阀，通过金属软管，进入制动缸，从而施加制动；当列车管施行缓解充风时，缓解线得电使缓解电磁阀动作，制动机处于充风缓解位，制动缸压力下降，从而缓解制动。

在进行制动系统单车、编组等试验时，需确保在列车管充风至定压后，副风缸压力达到规定值，具体为：装有 F8 电空制动机的车辆不低于 560 kPa，装有 104 电空制动机的车辆不低于 580 kPa。列车管、制动缸、副风缸、总风管的压力数据可通过机械师显示屏观察。

电空制动采用五线制，包括常用制动线、缓解线、保压线、紧急制动线、负线。

常用制动电磁阀在电空常用制动时，提高列车管的排风速度，加速电空制动作用。缓解电磁阀在缓解时，沟通工作风缸（104 电空制动机为缓解风缸）与列车管间的通路，提高工作风缸初充风速度。F8 电空制动机的紧急制动电磁阀在电空紧急制动时，控制放大阀的作用。104 电空制动机的保压电磁阀用来控制 104 主阀容积室排气口到大气的通路，无电时此通路畅通，保证容积室到大气的通路；得电时则切断该通路，如果容积室内有空气存在，则不能排出。

在各种运用工况下，电空制动机中各电磁阀在电空制动作用时的工作状态见表 9-5 和表 9-6。

表 9-5　电空制动机电磁阀状态

电磁阀名称	运转位	制动位	保压位	缓解位	阶段缓解			紧急位
制动电磁阀*	失电	得电	失电	失电	失电			得电
保压电磁阀	失电	失电	得电	失电	得电	失电	得电	失电
紧急电磁阀	失电	失电	失电	失电	失电			得电

注：控制车制动电磁阀在本车占用时始终不得电。

表 9-6　电空制动线点位

序号	信号名称	控制功能说明	线号		车端连接器	电气综合控制柜端子	
			拖车	控制车		拖车	控制车
1	制动	车列电空制动指令	280801	280810	控制连接器 1 点	XS06-1/2	XS06-11
2	缓解	车列电空缓解指令	280802	280811	控制连接器 2 点	XS06-3/4	XS06-12
3	保压	车列电空保压指令	280803	280812	控制连接器 3 点	XS06-5/6	XS06-13
4	紧急	车列电空紧急指令	280804	280813	控制连接器 4 点	XS06-7/8	XS06-14
5	负线	车列电空负线	280805	280814	DC 110 V 连接器 3 点	XS06-9	XS06-15

电空制动的制动、缓解、保压、紧急硬线集成在车端控制连接器中，负线集成在 DC 110 V 电力连接器中。单车试验时，可通过两种方式连接电空指令线：① 分别连接车端控制连接器和 DC 110 V 电力连接器的相应线；② 在电气综合控制柜中连接相应端子排点位。

104 型集成式电空制动机的使用、维护、检查详见 104 型集成式电空制动机用户文件。

F8 型集成式电空制动机的使用、维护、检查详见 F8 型集成式电空制动机用户文件。

列车管进入制动机之前的管路上设有组合式集尘器，取代普通的截断塞门和集尘器，其作用基本相同。它的主要特点为截断塞门和集尘器为一体，塞门芯为球形，球芯与塞门体之间有特种橡胶密封，具有更加良好的密封作用，且塞门芯通径大，可以减小空气阻力。它与钢管间仍采用管螺纹连接，安装方便，材质采用不锈钢，提高了抗腐蚀性和抗击打能力。空气流向及工作位置如图 9-32 所示。

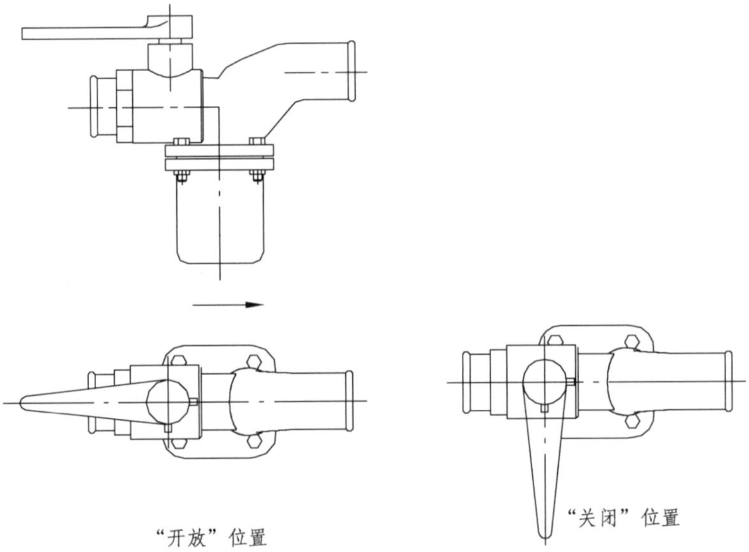

图 9-32　组合式集尘器“开放”位置和“关闭”位置示意图

车下设有缓解阀，采用双侧排风的截断塞门，关闭后可同时排空制动缸和副风缸中的压缩空气，如图 9-33 所示。

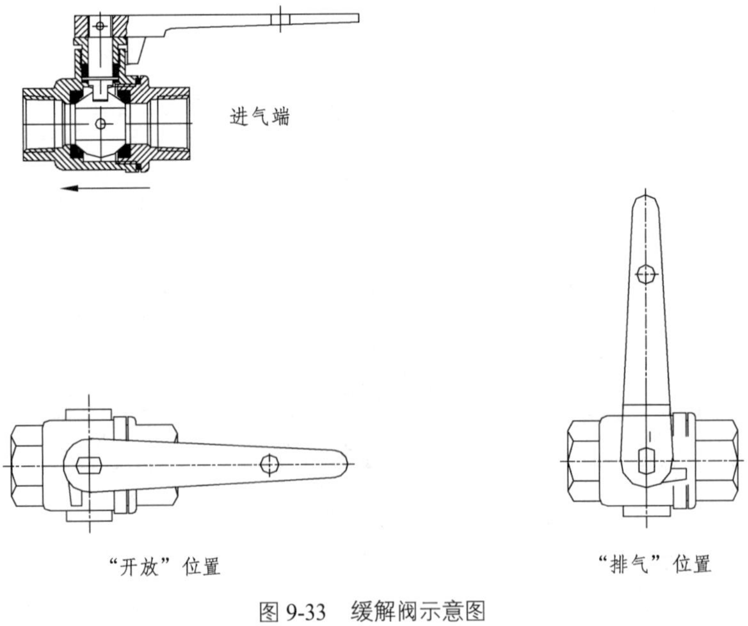

图 9-33　缓解阀示意图

车体两侧设有双窗制动缓解指示器，即设有两个指示窗分别显示本车当前空气制动和停放制动的状态，将车辆制动机所处的状态清楚地显示给站检及列检人员，如图 9-34 所示。缓解时指示窗为绿色，制动时为红色，其中空气制动带黑点，停放制动带黑杠。在与制动缓解指示器连接的管路上设有球芯截断塞门，用以在需要对制动缓解指示器检修时截断气路。车体两侧设制动缓解指示器。

图 9-34　制动缓解指示器

9.7　拖车供风系统

供风系统由储风缸、供风管路及相关管路设备等零部件组成。供风系统采用双管供风形式，即制动用风与车辆其他设备用风分开供应。列车管负责制动装置的用风供给，给副风缸、工作风缸等供风。总风管专门供给制动系统外的其他用风设备，包括空气弹簧、塞拉门、集便器等。供风原理如图 9-35 所示。

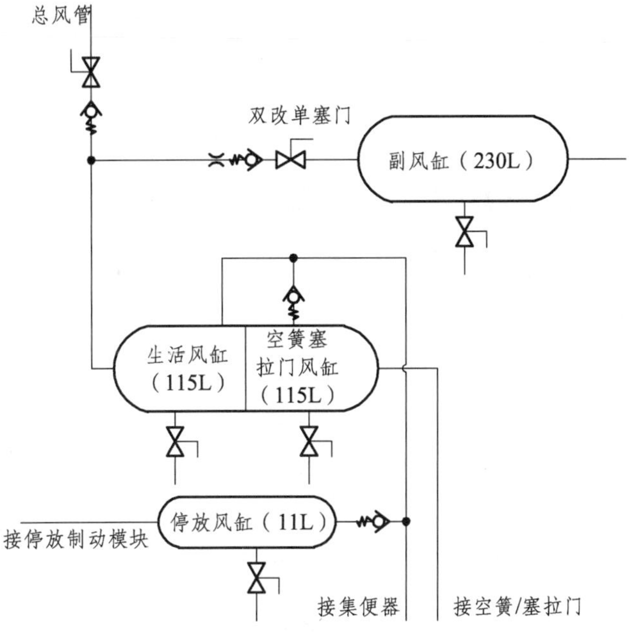

图 9-35　供风原理

总风压缩空气先进入生活风缸，再进入空簧塞拉门风缸和停放风缸。风缸进出口独立，能对压缩空气中的冷凝水起到收集作用。集便器供风采用生活风缸，空簧和塞拉门用风采用空簧塞拉门风缸。停放供风采用停放风缸。为适应单管供风机车回送救援需要，在副风缸上设有双改单塞门。此塞门应为常闭状态，有双改单需要时再打开。

9.7.1 风缸

风缸为钢制、涂漆，钢板应具有良好的耐腐蚀性能，风缸内部具有良好的防腐处理，采用吊带吊座集成安装于制动模块上，排水塞门设防石击保护罩，如图 9-36 所示。控制车单独设有 500 L 总风缸，用于给制动控制系统提供用风。

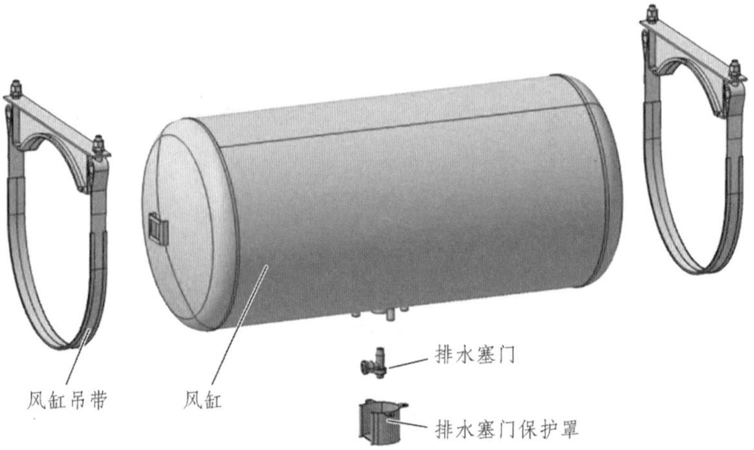

图 9-36 风缸模块

9.7.2 供风管路

供风管路主要由列车管、总风管、制动缸管、空簧塞拉门用风管、生活用风管、紧急制动阀管路、中间管排等组成，硬管管路采用不锈钢制成。

（1）列车管是贯通全列车并把压缩空气输送到各个车辆制动机的管路。列车管通常包括制动主管、制动支管、制动软管连接器、折角塞门。

（2）总风管是贯通全列车并把压缩空气输送到各个车辆用风设备的管路。总风管通常包括总风主管、总风支管、总风软管连接器、折角塞门。

（3）空簧塞拉门用风管路分别用于给转向架空气弹簧、塞拉门供风，空簧供风管路直接连通安装于车体上的高度阀。

（4）生活用风管路用于给集便器供风。

（5）车上设有紧急制动阀（B 型），阀手柄喷涂为大红色，在紧急状况下可供乘务人员或旅客手动操作，对列车进行紧急制动。

（6）制动缸管是制动机与转向架之间的连接管路，车辆发生制动时，制动机产生压缩空气，通过制动缸管传递至转向架气路接口，最终传递至单元制动缸，发生制动作用。制动缸管由管路与金属橡胶软管组成。

（7）中间管排是管路的重要组成部分，由列车管、总风管、制动缸管、生活用风管、空簧塞拉门用风管、五联管卡组成。先用管接件将两部分管路连在一起，再用管卡把几根管路连在一起，组成一个管排。利用管卡两边的螺栓把管排固定在车体上。

9.7.3 管路设备

9.7.3.1 折角塞门

折角塞门的特点是塞门芯为球形，球芯与塞门体之间有橡胶密封垫，具有更加良好的密封性能，而且塞门芯径可以减少空气阻力，增加制动波速。材质采用不锈钢，可提高其抗腐蚀性和抗击打能力。

球芯折角塞门的手把可以旋转 90°，当折角塞门处于“开放”位置时，采用了开口销紧固手把，当需要“关闭”折角塞门时，需要先取下开口销，然后操作手把可使折角塞门处于“关闭”位，工作位置如图 9-37 所示。

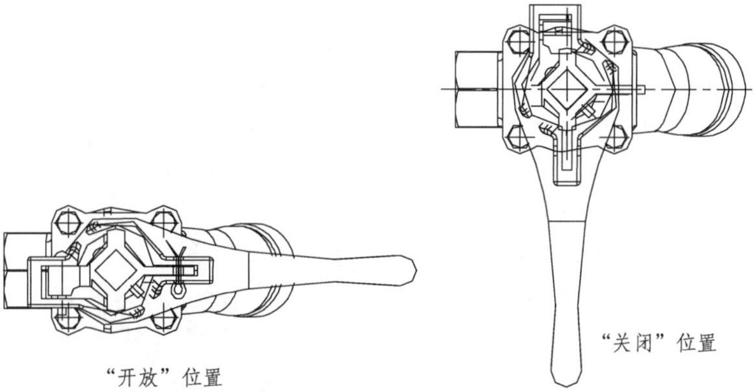

图 9-37 球芯折角塞门“开放”和“关闭”位置示意图

9.7.3.2 制动与总风软管连接器

制动软管连接器总成能在列车通过曲线或各车辆互相伸缩时，保持压缩空气的畅通，长度为 L=780 mm。目前使用的制动软管连接器为编织制动软管，它由波纹接头、套箍、橡胶软管、波纹连接器体、垫圈组合而成。制动软管连接器总成外形如图 9-38 所示。

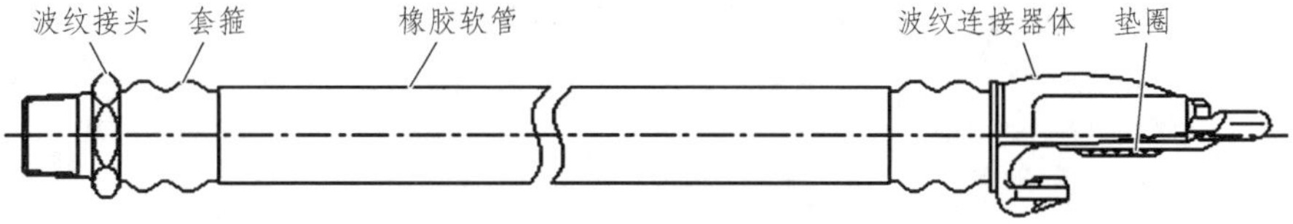

图 9-38 制动软管连接器总成

总风软管连接器的作用与制动软管连接器基本相同，长度为 L=780 mm，它由接头 R1、接头 R1 1/4、接头套、钢编橡胶软管、连接器体及垫圈等组成。接头形式及基本尺寸如图 9-39 所示。

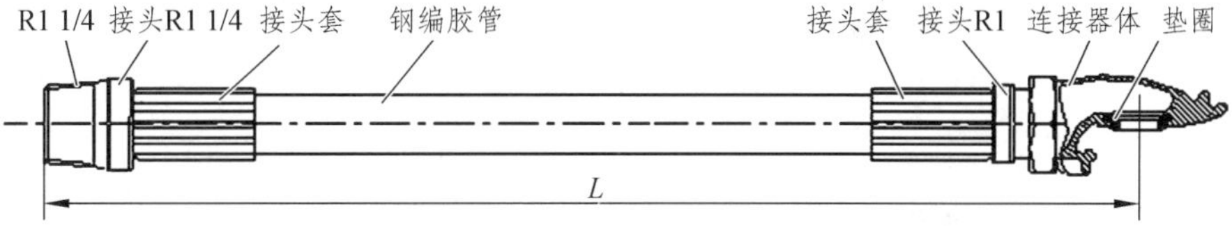

图 9-39 总风软管连接器

9.7.3.3 金属橡胶软管

金属橡胶软管由活接头、接头螺母、芯管、接头套、胶管、护套、固定接头 Rc1/2 组成，用于制动管与转向架上制动缸之间的连接。其组成结构如图 9-40 所示。

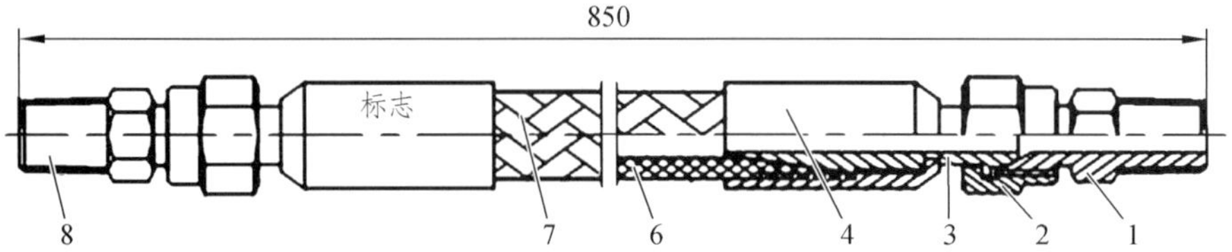

1—活接头；2—接头螺母；3—芯管；4—接头套；6—胶管；7—护套；8—固定接头 Rc1/2。

图 9-40 金属橡胶软管

紧急制动阀管路设有两个单针压力表，等级为 1.6 级，量程为 0 ~ 1 000 kPa。制动用压力表表盘为白色，如图 9-41 所示，总风用压力表表盘为绿色，如图 9-42 所示，表盘直径为 100 mm，量程为 0 ~ 1 600 kPa，下部留有接口，用于跟管路相接。

图 9-41 制动管风表

图 9-42 总风管风表

9.7.3.4 紧急制动阀

紧急制动阀用于在特殊情况下对车辆实施紧急制动。将紧急制动阀手把置于关闭位时[见图 9-43（a）]，紧急制动阀排气口关闭。当手把置开放位时[见图 9-43（b）]，紧急制动阀排气口与大气相通，迅速排风，此时应保证阀体上各排风口排风畅通。

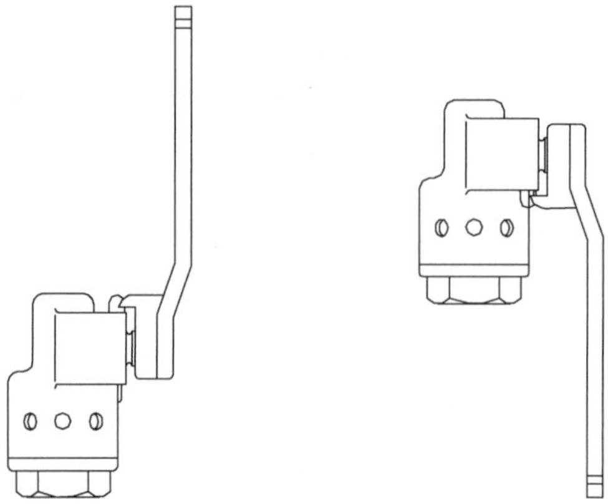

（a）“关闭”位置　　（b）“开放”位置

图 9-43 球芯折角塞门“开放”和“关闭”位置示意图

9.8 防滑系统

制动系统设有防滑装置，制动时能根据轮轨间黏着的变化调节制动缸压力，从而实现调节制动力，充分利用轮轨间的黏着，提高列车运行品质。

防滑装置采用微处理器控制的防滑器，由防滑主机、车轴速度传感器、压力开关以及防滑排风阀等组成，主要性能符合 TB/T 3009《机车车辆制动系统用防滑装置》的规定。

9.9 基础制动装置

9.9.1 基础制动单元

9.9.1.1 主要技术参数

制动夹钳单元分为四种型号，常用有制动功能的制动夹钳单元为 NRC8-K34BL 和 NRC8-K34BR，带手制动功能的手制动夹钳单元为 NRC8F-K34BL，带弹簧停放功能的停放制动夹钳单元为 NRC8S-K34BL。制动夹钳单元的主要性能及技术参数见表 9-7。

表 9-7 制动夹钳单元的主要性能及参数

类型	参数名称	数值	单位	备注
结构参数	制动缸活塞直径	203	mm	
	停放缸活塞直径	203	mm	
	制动缸风管接口	Rc1/2	—	
	停放缸风管接口	Rc1/4	—	
	闸片接口	—	—	UIC541-3
功能参数	适用环境温度	−50～+50	℃	
	缓解间隙	3～6	mm	可调整
	一次调整量	≥3	mm	
	最大调整量	≥60	mm	
	制动缸最高工作压力	600	kPa	
	停放缸最小缓解压力	480	kPa	
	夹钳杠杆倍率	3.38	—	
	手制动杠杆倍率	3.595	—	
	停放制动闸片输出力（双侧）	≥68	kN	
	手制动杠杆倍率	3.595	—	

9.9.1.2 结构及技术说明

NRC8 型制动夹钳单元主要由制动夹钳和 NRC8 型制动缸构成，NRC8F 型制动夹钳单元主要由制动夹钳和 NRC8F 型带手制动缸组成，NRC8S 型制动夹钳单元主要由制动夹钳和 NRC8S 型带停放制动缸组成。其中制动夹钳（见图 9-44）主要包含闸片托组成、吊臂组成、夹钳臂组成、连接架组成、转轴等；NRC8 型制动缸（见图 9-45）主要包含后盖组成、缸盖组成、活塞组成、间隙调整器、前端组成等；NRC8F 带手制动缸（见图 9-46）主要包含后盖组成、手制动缸盖组成、活塞组成、间隙调整器、前端组成、手制动杠杆、手制动杠杆支座等；NRC8S 带停放制动缸（见图 9-47）主要包含前端组成、间隙调整器、箱体组成、活塞组成、后盖组成、停放缸组成、手拉缓解组成等。

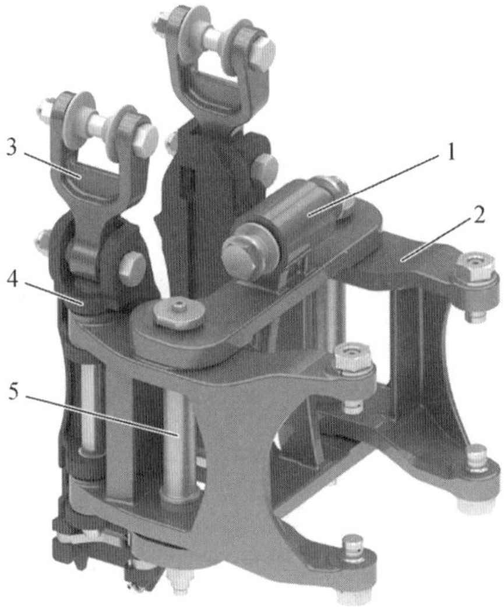

1—连接架组成；2—夹钳臂组成；3—吊臂组成；4—闸片托组成；5—转轴。

图 9-44 制动夹钳结构

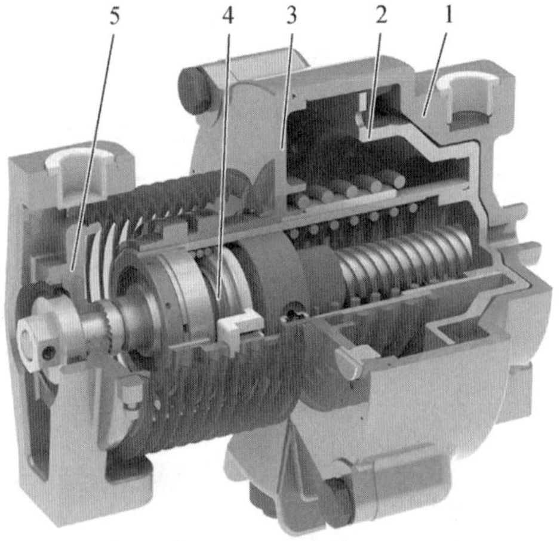

1—后盖组成；2—活塞组成；3—缸盖组成；4—间隙调整器；5—前端组成。

图 9-45 制动缸结构

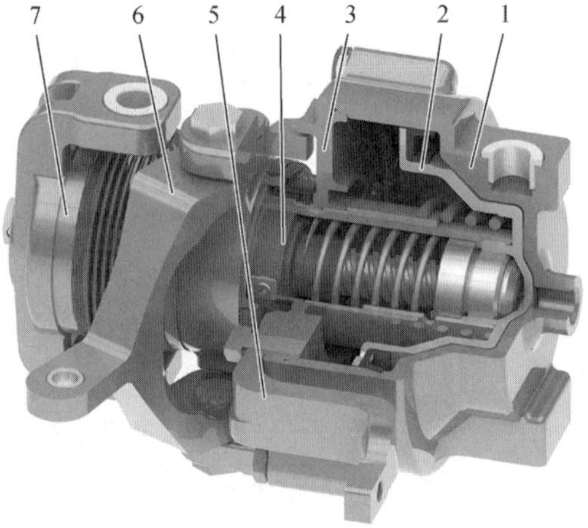

1—后盖组成；2—活塞组成；3—手制动缸盖组成；4—间隙调整器；5—手制动杠杆支座；6—手制动杠杆；7—前端组成。

图 9-46 带手制动缸结构

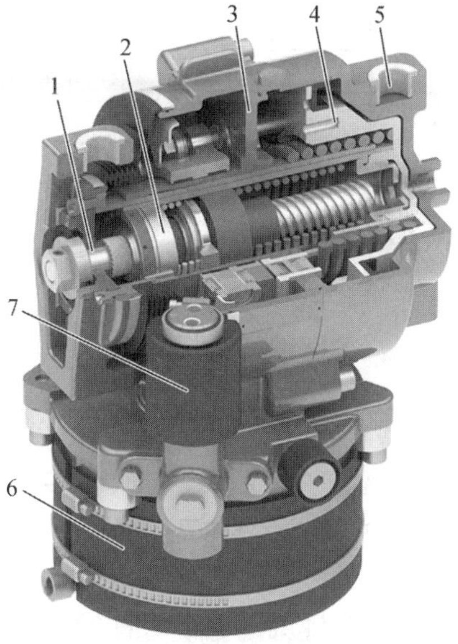

1—前端组成；2—间隙调整器；3—箱体组成；4—活塞组成；5—后盖组成；
6—停放缸组成；7—手拉缓解组成。

图 9-47　带停放制动缸结构

9.9.1.3　工作原理

NRC8 型制动夹钳单元的工作原理如图 9-48 所示，制动时向制动缸充入压缩空气，制动缸伸长推动夹钳臂绕转轴转动，带动闸片抱紧制动盘实现制动；缓解时排出压缩空气，制动缸缩回时带动闸片与制动盘分离实现缓解。

NRC8F 型制动夹钳单元除具有制动、缓解功能外，还具有手制动功能，如图 9-49 所示，手制动钢缆拉动手制动杠杆，绕支点转动，推动丝杠使制动缸伸长实现制动；缓解时松开手制动钢缆，手制动杠杆复位，实现缓解。

NRC8S 型制动夹钳单元除具有制动、缓解功能外，还具有弹簧停放制动功能，如图 9-50 所示，停放缸充气时压缩停放弹簧实现停放缓解，排气时停放弹簧拉动停放丝杠，通过与停放丝杠旋合的斜楔将弹簧力传递给制动缸实现停放制动。

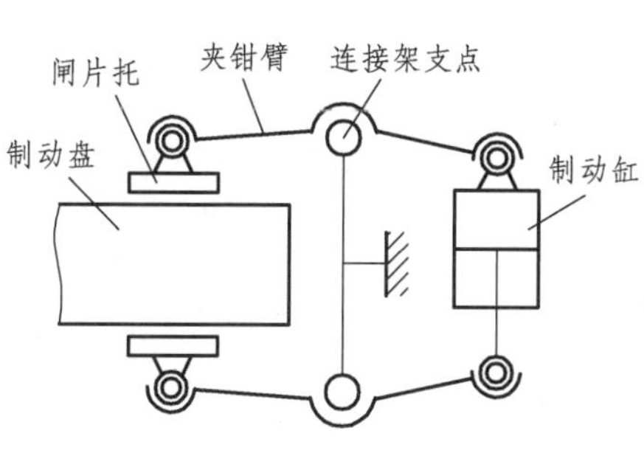

图 9-48　制动夹钳单元工作原理

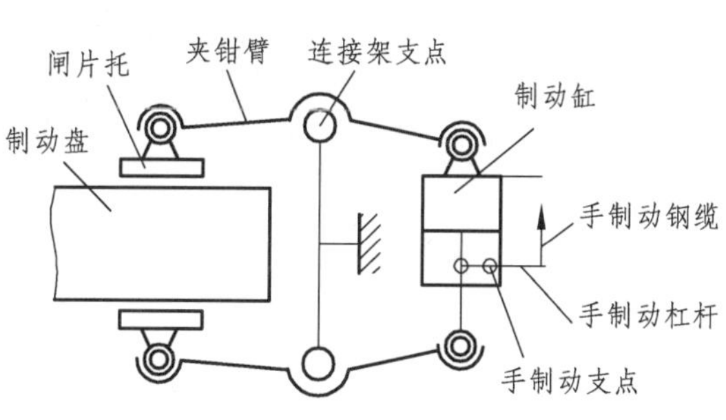

图 9-49　带手制动夹钳单元工作原理

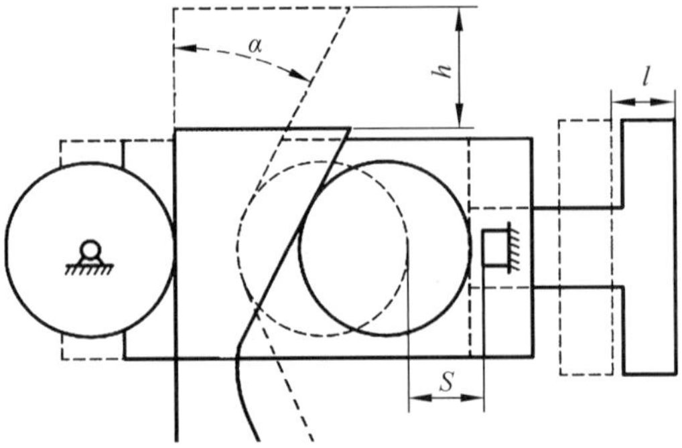

图 9-50　NRC8S 型制动夹钳单元停放力传递原理示意图

9.9.2　停放制动功能

停放制动装置采用弹簧储能，实现停放制动功能。动车组在全列停放制动完全施加时满足定员载荷、20‰坡道上安全停放的要求；拖车及控制车在停放制动完全施加时满足定员载荷、18‰坡道上安全停放的要求。

车上设有停放制动控制模块，用于控制停放制动的施加和缓解；车下中部两侧裙板位置设有停放制动指示器，用于观察停放制动的状态；车下中部位置制动模块上设有单独的停放风缸，容积为 11 L，可满足停放制动的使用需求；拖车转向架两侧设有停放制动缓解拉手，用于停放制动的手动缓解。

停放制动原理如图 9-51 所示。

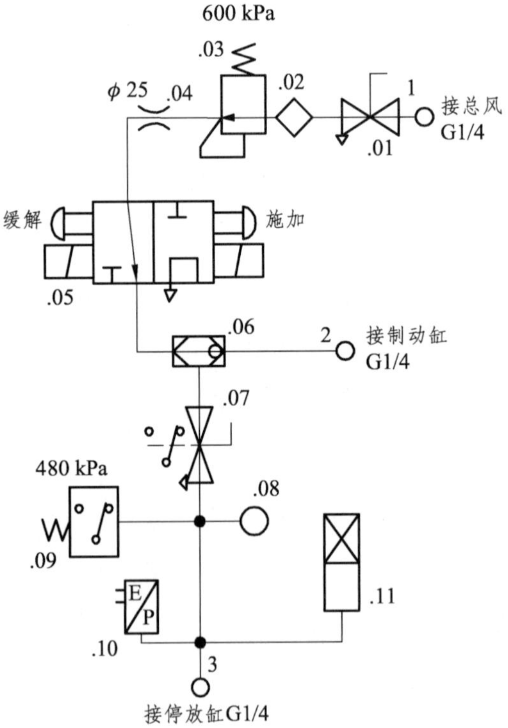

.01—停放供风塞门；.02—过滤器；.03—减压阀；.04—缩孔；.05—停放制动电磁阀；.06—双向止回阀；.07—停放隔离塞门；.08—测试接口；.09—压力开关；.10—压力传感器（由 KAX-1 主机提供）；.11—停放制动指示器。

图 9-51　停放制动原理

停放控制模块有 3 个气路接口，其中 1 口接来自停放风缸（11 L）的总风压缩空气，2 口输出接停放缸，3 口接来自制动缸的压缩空气。

总风压缩空气经过停放供风塞门（01）、过滤器（02）、减压阀（03）、缩孔（04）以及停放电磁阀（05）进入双向止回阀（06），并和来自制动缸的压缩空气进行比较，二者取大，通过带电触点的停放隔离塞门（07）经 2 口输出给停放缸，防止空气制动和停放制动叠加造成制动缸过载。停放制动状态可通过停放制动指示器（11）观察。

压力开关（09）用于控制停放制动安全环路状态（以下简称“停放环”），任一车停放制动未完全缓解都将触发停放环动作（输出低电平）；全列停放均完全缓解则恢复停放环（输出高电平）。

压力传感器（10）是 KAX-1 主机的一部分，用于检测本车停放制动状态，并反馈给 KAX-1 主机。各车停放制动施加、缓解、隔离状态可在司机显示屏和机械师显示屏显示。

各车设置停放隔离塞门、停放环旁路开关以及停放制动手缓解拉手，用于隔离车辆的停放制动。停放制动模块的使用、维护、检查详见停放制动模块用户文件。停放制动模块检修时需将停放供风塞门（01）操作至关闭位。

10 辅助系统

10.1 概 述

辅助供电系统主要由辅助变流器、辅助滤波装置、辅助接触器及辅助用电设备等组成。辅助变流系统由牵引变压器的辅助绕组供电，其输出经集成在牵引变流柜内的辅助滤波装置后向辅助用电设备供电。每台动力车设有两套辅助变流设备，分别位于两个牵引变流柜内。

AC 25 kV 高压电由设置在动力车下的主变压器降压至 AC 307 V 后，作为辅助变流器输入。其输出经集成在牵引变流柜内的辅助滤波后向辅助用电设备供电。辅助变流器 1 以变压变频（VVVF）方式工作，给牵引风机、复合冷却器等变频负载供电。辅助变流器 2 以恒压恒频（CVCF）方式工作，给水泵、油泵空压机、蓄电池充电器等定频负载供电。

10.2 辅助变流器

动力车设有两组独立的三相辅助电源 UA11 及 UA12。

辅助变流器 UA11 和 UA12 分别位于 2 组主变流柜中，都有变频变压（VVVF）和定频定压（CVCF）两种工作方式。正常状态下，辅助变流器 UA11 工作在 VVVF 方式，辅助变流器 UA12 工作在 CVCF 方式，分别为动力车辅助电动机供电。每一台辅助变流器的额定容量是按照独立带整车辅机负载的工况设计的，因此正常情况下，辅助变流器 UA11、UA12 基本上以 50%甚至更低的额定容量工作。

辅助变流器 UA12 同时给 DC 110 V 电源装置及空调供电。辅助变流器 UA12 的输出还经隔离变压器，给司机室各加热设备及低温预热回路供电。

辅助变流器内部设有元器件过压、过流等保护电路。

辅助电路原理如图 10-1 所示。

辅助变流器的参数如下：

每台动力车数量：2

额定输入电压：AC 307 V（网压 AC 25 kV）

输入电压范围：AC 214 ~ 381 V（网压 AC 17.5 ~ 31 kV）

额定输入电流：707 A

额定输入频率：50 Hz

直流中间回路电压：DC 600 ~ 650 V

调制方式：四象限整流（输入）+ PWM（输出）

冷却方式：强迫水循环风冷

恒频恒压辅助变流器输出容量：230 kV・A（240 kV・A 10 min）

最大输出容量：350 kV・A（10 s）

输出电压：AC 380 V

输出频率：50 Hz

变频变压辅助变流器输出容量：230 kV · A（240 kV · A 10 min）

最大输出容量：350 kV · A（10 s）

电压控制范围：AC 2 ~ 380 V

频率控制范围：0.2 ~ 50 Hz

辅助变流器采用最新的 IGBT 元件，其输入电源分别由主变压器 TM1 的两个辅助绕组（3L2-3V2）、（3L1-3V1）供电，输出经过输出接触器向各类辅机供电。

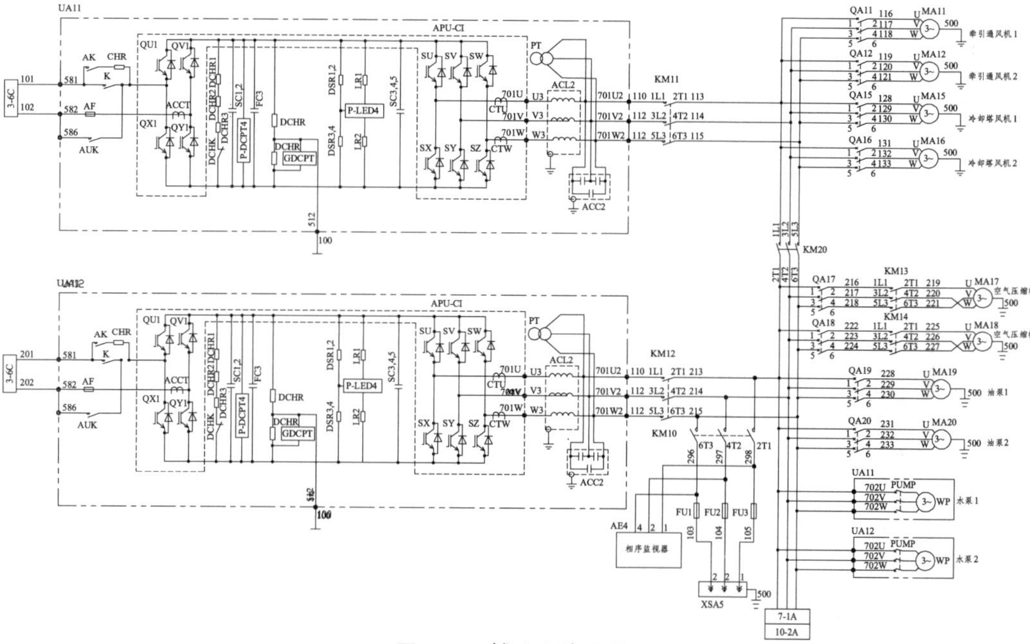

图 10-1　辅助电路原理

10.2.1　辅助供电电路

动力车两组三相辅助电源，向各类辅助负载供电。考虑动力车牵引力、功率和各个电机的温度等的影响，辅助电源 1 的输出电压和频率根据冷却系统的实际情况进行调整，采用变压变频方式工作；辅助电源 2 主要针对泵类负载供电，因此采用定频定压方式工作。通过这些措施，能够最大限度地减小辅助设备的能量消耗，有效地降低风机噪声，最大限度地延长风机轴承的寿命。

1. 辅助电源 UA11

正常情况下辅助电源 1 工作在变频变压模式，其输出电压技术参数如下：

输出电压（可变）：2 ~ 380 V

输出频率（可变）：0.2 ~ 50 Hz

辅助变流器 UA11 的输出，通过输出接触器 KM11 给牵引风机电动机 MA11、MA12 和冷却塔风机电动机 MA15、MA16 供电。

2. 辅助电源 UA12

正常情况下辅助电源 2 工作在定频定压模式，其输出电压技术参数如下：

输出电压：380 V

输出频率：50 Hz

辅助变流器 UA12 的输出，通过输出接触器 KM12 给空气压缩机电动机 MA17 和 MA18、主变压器油泵 MA19 和 MA20、主变流器内部的水泵 WP1 和 WP2、司机室空调 EV11 供电，同时 UA12 还经过隔离变压器 AT1，分别向司机室内的辅助加热设备、多功能柜、压缩机加热回路和低温预热设备提供 AC 220 V 和 AC 110 V 交流电源。

动力车辅助变流器正常时负载分配见表 10-1。

表 10-1　负载分配

变频变压负载名称	负载功率/kW	折算系数 $\cos\phi\times\eta$	需要容量/（kV·A）	数量
牵引通风机	32	0.81	39.5	2
冷却塔风机	20	0.81	24.7	2
合计			128.4	
定频定压负载名称	负载功率/kW	折算系数 $\cos\phi\times\eta$	需要容量/（kV·A）	数量
空气压缩机	15.5	0.75	20.8	2
油泵	4.4	0.81	5.4	2
水泵	3.7	0.925	4.0	2
空调	2.3	0.79	2.9	1
充电器	10	0.82	12.2	1
后墙暖风机	1.5	1	1.5	2
辅助加热装置	15.31	1	15.31	1
合计			92.31	

3. 辅助变流器故障运行模式

当某一组辅助变流器发生故障时，不需要切除任何辅助电动机，TCMS 将自动断开其相应的输出接触器 KM11 或 KM12，再闭合故障转换接触器 KM20，把发生故障的辅助变流器所带的负载切换到另一台辅助变流器上，由该辅助变流器对全车的辅助负载供电，不需要切除任何辅助电动机。此时，该辅助变流器按照 CVCF 方式工作，辅助电动机系统按全功率运行。

10.2.2　库内辅助电源电路

当在库内需要对动力车的辅助电动机进行动作及转向确认时，可通过辅助电路库用插座 XSA5 引入 AC 380 V 电源。连接库用电源，将库内电源引入动力车，相序检测正常后 KM10 闭合，进行辅助系统库内 AC 380 V 动作试验。为了确保所有辅机均可工作，应通过微机显示屏将辅助变流器 UA11 隔离。

10.2.3　辅助电动机电路

动力车上的各辅助电动机均通过各自的自动开关与辅助变流器连接，除空气压缩机外，均不设电磁接触器，使得辅助电动机电路更简化、更可靠。当辅助变流器采用软启动方式进行启动，除空气压缩机电动机外，其他辅助电动机也随之启动。空气压缩机的启动受电磁接触器的控制，电磁接触器受空压机扳键开关和总风缸空气压力继电器的控制。

10.2.4 辅助电动机电路的保护系统

1. 辅助变流器接地保护

辅助变流器 UA11、UA12 内部，分别设有 1 套接地保护装置，进行辅助系统主电路的接地保护。当对应辅助变流器内部发生接地故障时，该辅助变流器实施保护，可将该故障的辅助变流器切除，动力车转由另一组辅助变流器对全部辅机供电。

2. 辅助变流器的过流和过载保护

在每一组辅助变流器的输入回路中，设有输入电流互感器 ACCT，起检测辅助变流器充电电流及辅助绕组短路电流的作用。当电流超过保护值发生保护时，四象限整流器及逆变器的门极均被封锁，工作接触器 K 断开，如果过流继续存在，则向微机控制系统发出跳主断的信号。此时必须按复位键或重启辅助变流器的控制电源，才可恢复正常。

在每一组辅助变流器的输出回路中，设有输出电流互感器 CTU 和 CTW，对辅助电动机回路过载及短路起保护作用。当电流超过保护值发生保护时，逆变器的门极被封锁。此时必须按复位键或重启辅助变流器的控制电源，才可恢复正常。

3. 辅助变流器中间直流回路电压保护

辅助变流器中间直流回路设有电压监测环节，当监测到中间回路电压大于等于 700 V 或小于等于 400 V 时，中间回路电压保护环节动作，工作接触器断开，整流器及逆变器门极被封锁，停止输出。

4. 辅助变流器输入电压的保护

当辅助变流器的输入电源低于 208 V，即网压低于 17.5 kV 时，辅助变流器的低压保护环节动作，四象限整流器门极被封锁，工作接触器及充电接触器 K、AK 断开，四象限整流器停止输出。

当辅助变流器的输入电压高于 424 V，即网压高于 31 kV 时，辅助变流器的过压保护环节动作，四象限整流器的门极被封锁，工作接触器及充电接触器 K、AK 断开，四象限整流器停止输出。

5. 110 V 电源装置的输入电源短路过载保护

每组辅助变流器，均可向控制电源装置提供 AC 380 V 电源，输出电源回路通过空气断路器 QA24 进行短路过载保护。

10.3 辅助用电设备

10.3.1 牵引风机

10.3.1.1 牵引电动机通风机

牵引通风机组有三种型号，分别为 BAF-80D-8UDX（Y8UDX180L-2TH 型电机）、

THHTF8.0B-8UDX（Y200L-2 型电机）和 CS4-65No.6.5A-8UDX（LS8UDX180L-2XM 型电机）。

10.3.1.2 主要技术参数

额定风量：4.5 m^3/s（20 °C状态下空气密度为 1.2 kg/m^3）

额定风压（静压）：≥4 000 Pa（20 °C状态下空气密度为 1.2 kg/m^3）

额定输出功率：32 kW

额定电压：AC 380 V

额定频率：50 Hz

额定转速：2 950 r/min

绝缘电阻：500 V 兆欧表不小于 10 MΩ

绝缘强度（导电部位与风机外壳间工频耐压）：1 800 V（1 min 无击穿闪络现象）

质量：≤330 kg

通风机性能曲线如图 10-2 所示。

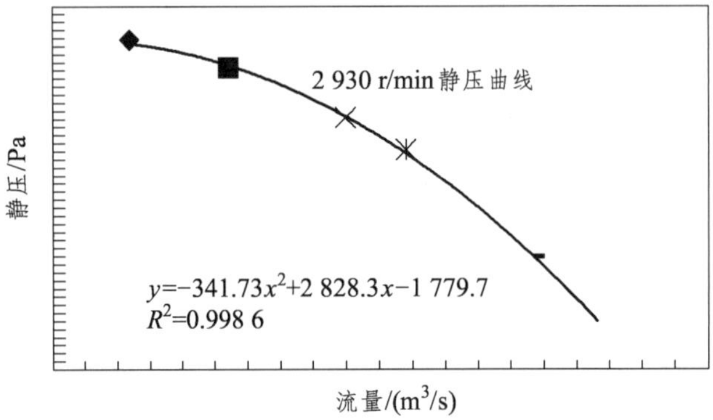

图 10-2　牵引电机通风机性能曲线

10.3.1.3　主要结构

牵引通风机组外形如图 10-3 所示，其结构如图 10-4 所示。

图 10-3　牵引通风机组外形

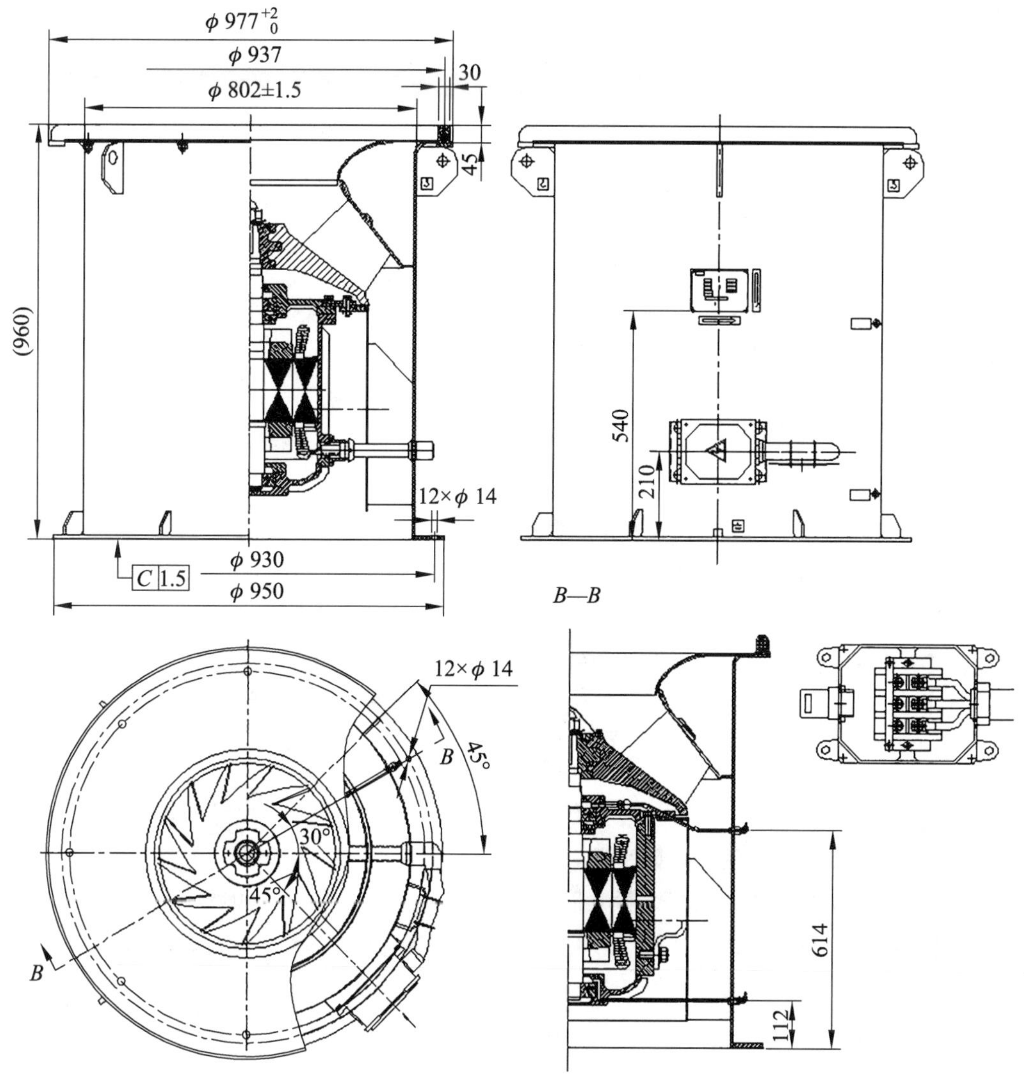

图 10-4　牵引通风机组结构

10.3.1.4　主要特点

（1）采用离心式叶轮，叶轮修正为两面修正，以提高风机性能和效率。

（2）风机机壳及电机机壳均采用高强度铝合金材料，在保证结构强度的同时极大地减轻了重量。

（3）风机电机轴承采用进口可维护注油脂轴承，极大地提高了轴承的使用寿命，并能更好地适应苛刻的线路条件，大幅提高了风机的可靠性。

10.3.1.5　牵引通风机保养

（1）风机定期维护保养，清除风机进风道、内外风筒、软管、叶轮及导叶上的灰尘、污垢和其他杂物。

（2）定期检查风机接线盒，清除灰尘、污垢，注意保证接线盒内的干燥，检查接线板有无裂损，接线柱有无松动、滑扣及歪斜，接线柱间及对地电阻是否符合技术文件规定。

（3）应在容易锈蚀的地方适当涂上防锈剂，如电机前或后端轴伸、叶轮轮毂轴孔及前端未油漆部分。

（4）备用风机每隔 3 ~ 6 个月通电运转风机 1 ~ 2 min。

10.3.1.6　风机电机的保养

（1）用 195 ~ 294 kPa 的干燥压缩空气清除电动机内部的灰尘和污物。

（2）用 500 V 兆欧表检查定子绕组的绝缘电阻，在冷态下不低于 10 MΩ，热态下不低于 0.46 MΩ。

（3）用 500 V 兆欧表检查接线板的绝缘电阻应不低于 50 MΩ。

（4）定期按风机上注油铭牌信息对电机轴承进行润滑脂补充。

10.3.2　复合冷却器风机

10.3.2.1　复合冷却器简介

复合冷却器的型号为 FL216，每台动力车安装有两台。

将水散热器和油散热器制作成串联为一个整体的冷却器（上层为水，下层为油），称为复合冷却器。它通过共用一台复合冷却通风机组来冷却。这种“复合冷却”方式，既能解决主变压器油冷却散热的需要，又能解决牵引变流器水冷却散热的需要。

FL216 型复合冷却器具有冷却散热效率高、流体阻力损失少、节约能源、体积小、重量轻、结构紧凑等优点。

10.3.2.2　复合冷却器的主要技术参数

冷却方式：强迫水、油循环风冷方式

总散热量：≥216 kW，其中水散热器≥90 kW，油散热器≥126 kW

强迫通风量：8.0 m^3/s

总风阻：不大于 850 Pa

水流量：9.6 m^3/h

油流量：60 m^3/h

进口温度：风温 40 ℃，水温 67.4 ℃，油温 85 ℃

压力损失：水散热器不大于 400 kPa（水温 67.4 ℃），油散热器不大于 600 kPa（油温 85 ℃）

试压标准：水油散热器各加压 500 kPa，保压 30min，不得有渗漏。油散热器能在真空度为 2 torr（267 Pa）的压力下保持 15 min，泄漏不得超过 1 torr（133 Pa）；在真空度为 1 torr（133 Pa）的压力下保持 60 min，不得有破损

质量：不大于 300 kg

10.3.2.3　复合冷却器的主要结构

FL216 型复合冷却器采用全铝合金板翅式结构。该冷却器由水芯体散热器和油芯体散热器组成。水芯体和油芯体之间留有空气吹道过渡带，空气从水芯体经过渡带进入油芯体吹向复合冷却器底部直向大气。由于空气经二次加热和中间带混合过程从而提高了散热效果。由进出水（油）管、进出水（油）侧道、水（油）芯体等组成的水散热器用螺栓连接于钢结构框架上组成整体结构。FL216 型复合冷却器的结构如图 10-5 所示。

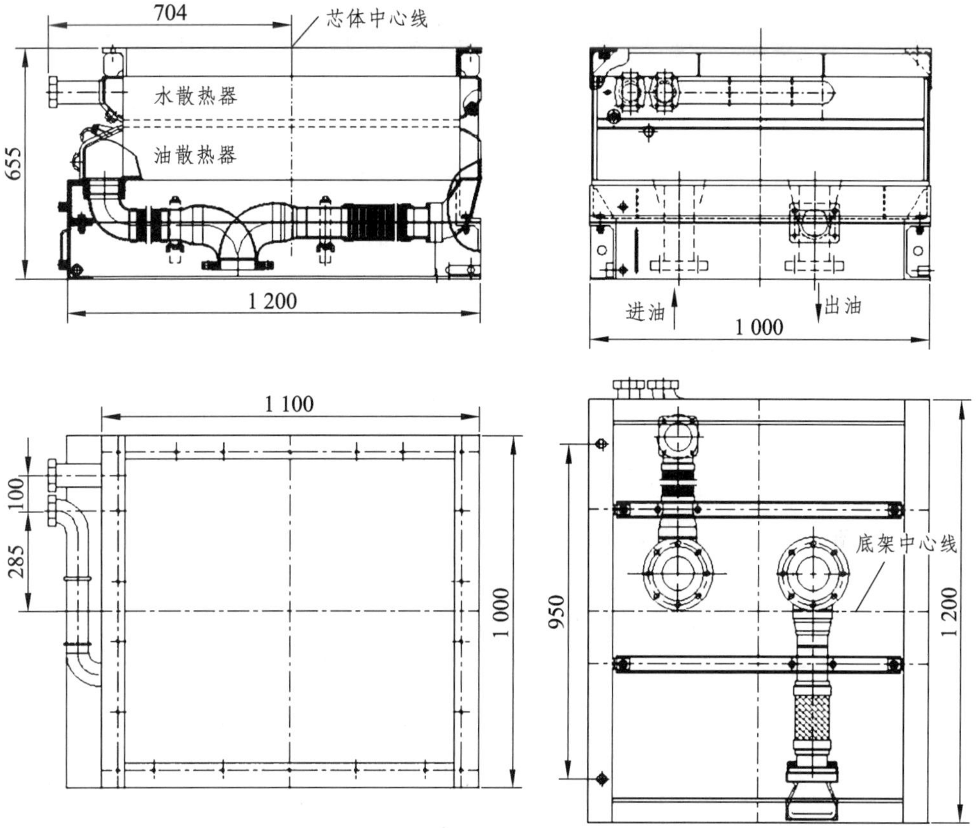

图 10-5　FL216 型复合冷却器结构

复合冷却通风机组有三种型号，分别为 RPF-67D-8UDX（Y8UDX160L-2TH 型电机）、TZTF6.7C-8UDX（Y160L-2 型电机）和 CS54No.6.6-8UDX（LS8UDX160L-2XM 型电机）。

10.3.2.4　复合冷却器通风机组的主要技术参数

额定风量：8.0 m^3/s（20 °C状态下空气密度为 1.2 kg/m^3）

额定风压（静压）：≥1 200 Pa（20 °C状态下空气密度为 1.2kg/m^3）

叶轮直径：ϕ665mm

额定输出功率：20 kW

额定电压：AC 380 V

额定频率：50 Hz

额定转速：2 930 r/min

绝缘电阻：500 V 兆欧表不小于 10 MΩ

绝缘强度（导电部位与风机外壳间工频耐压）：1 800 V（1 min 无击穿闪络现象）

质量：≤190 kg

复合冷却通风机组性能曲线如图 10-6 所示。

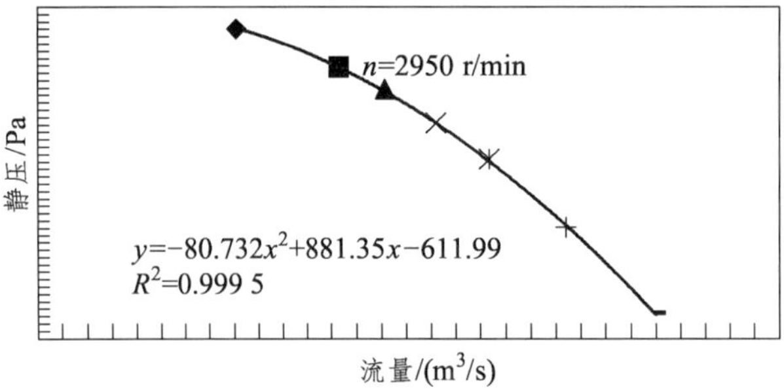

图 10-6　复合冷却通风机组性能曲线

10.3.2.5　复合冷却通风机组的主要结构

复合冷却通风机组的外形如图 10-7 所示，其结构如图 10-8 所示。

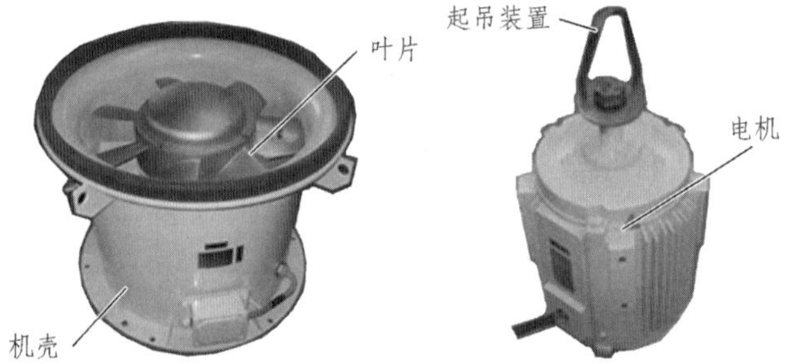

图 10-7　复合冷却通风机组外形

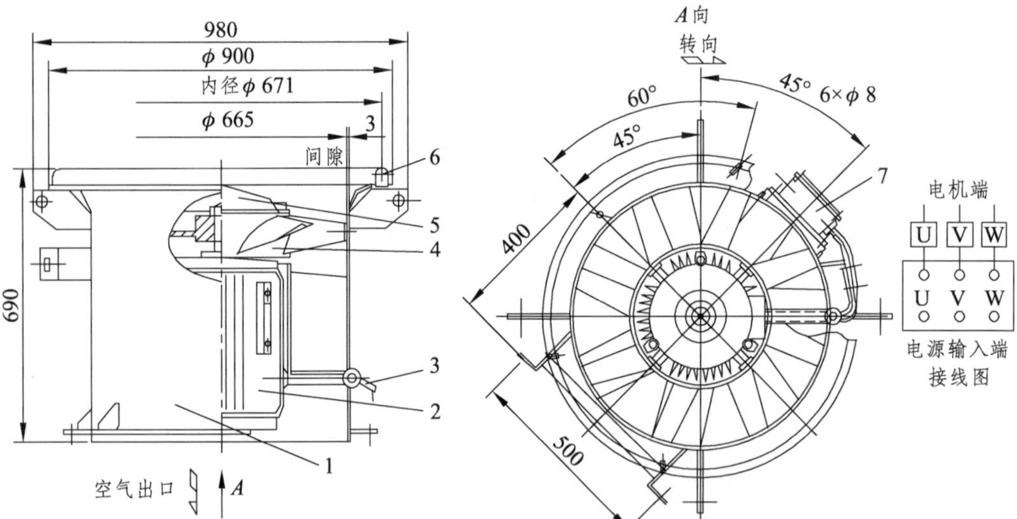

1—机壳；2—电动机；3—联线管；4—叶轮组件；5—导流防雨罩；6—密封圈；7—接线盒；8—注油口。

图 10-8　复合冷却通风机组结构

10.3.2.6　复合冷却通风机的主要特点

（1）叶轮形式为斜流螺旋桨式，叶轮修正为两面修正，以提高风机的性能和效率。

（2）风机机壳及电机机壳均采用高强度铝合金材料，在保证结构强度的同时极大地减轻了重量。

（3）风机电机轴承采用进口可维护注油脂轴承，极大地提高了轴承的使用寿命，并能更好地适应苛刻的线路条件，大幅提高了风机的可靠性。

10.3.2.7 水腔和油腔的清洗

1. 水腔的清洗

由于水系统使用的是水和乙二醇的混合液，因而产生水垢的可能性较小。是否清洗水腔可视具体情况确定。一般不必清洗。

2. 油腔的清洗

可视具体情况处置。通常，使用比较清洁的高纯度变压器油时，散热器的油腔一般都比较干净，可不必清洗。

10.3.2.8 空气侧的清洗

根据污脏程度的不同，可采用以下几种方法对空气侧进行清洗。

（1）蒸汽喷洗：污脏较轻时可用蒸汽喷洗，这种方法效果较好且操作简便。清洗时用蒸汽与水的混合液冲洗冷却器表面，压力为 500 kPa，压力水流的方向应与冷却器空气翅片中空气流道的方向平行，压力喷嘴应距离散热器翅片表面 80～100 mm。

（2）洗涤剂清洗：用浓度为 1%～2%的金属洗涤剂或洗衣粉水溶液浸泡冷却器，液温在 80～100°C。待浸泡一段时间后，用毛刷刷洗冷却器翅片表面，最好使冷却器不停地振动或上下浮动，这样污垢更易脱落。

（3）高效除油剂清洗：用 NH-360 高效除油剂或一般空调机等清洗用除油剂，按具体的使用说明配制成水溶液后浸泡冷却器，液温在 80～100°C。待浸泡一段时间后，用毛刷刷洗冷却器翅片表面，最好使冷却器不停地振动或上下浮动，这样污垢更易脱落。

（4）草酸清洗：冷却器污脏较严重时，可用 4%脂肪醇硫酸钠和 2%草酸的水溶液浸泡冷却器，液温为 60～80°C，同时使冷却器不停地振动或上下浮动。

10.3.2.9 清洗周期

建议复合冷却器在每个季度各清洗一次。特殊情况下，如遇到沙尘暴天气或杨絮、柳絮多发季节，各机务段根据环境情况对检修周期进行修正与调整。

10.3.3 蓄电池充电机

10.3.3.1 蓄电池

每台机车由 48 节单体蓄电池正-负、正-负串联组成机车控制电路所需的 96 V 直流电源系统。单节电池结构由阻燃壳盖、正负极板、隔板（电解液）、安全阀、极柱组成。

10.3.3.2 充电机

充电机分为单机（散热器）和机柜两大部分，单机部分主要是主电路和控制电路；机柜部分主要是输配电部分，包括对外进出线端子、输入滤波器、输入/输出熔断器、控制空开、输出二极管和输出传感器等。

1. 3.5 kW 单相逆变器

本产品在控制上采用 SPWM 调制，载波频率高，输出为正弦波。该电源还采用了多种抗干扰技术，电磁兼容性好，可靠性高，主要保护输入预充电回路、BOOST 升压部分、高频逆变部分和输出 LC 滤波部分。

2. 主要用途及适用范围

充电器的主要功能是将 DC 600 V/3 AC 380 V 母线电压经变换后输出 DC 120 V 交流电，给母线和本车各子系统提供 DC 110 V 控制电源。单相逆变器的主要功能是将蓄电池 DC 110 V 经 DC/AC 转换为 AC 220 V，给照明和交流插座供电。

充电器箱体器件布局如图 10-9 所示。

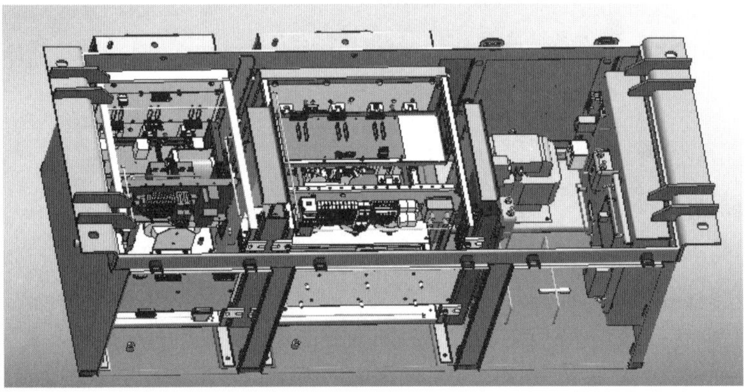

图 10-9　充电器箱体器件布局

3. 箱体对外端子排接口

2 ~ 5：TA、TB 为蓄电池 PT100 温度采集接口（注意，1 点为空点，同时注意区分 TA 和 TB 连线，必须将 TE 接地线进行连接。连接正确后，能够通过万用表电阻挡位测试 TA 和 TB 之间的电阻，80 ~ 120 欧姆）。PT100 接线顺序如图 10-10 所示。

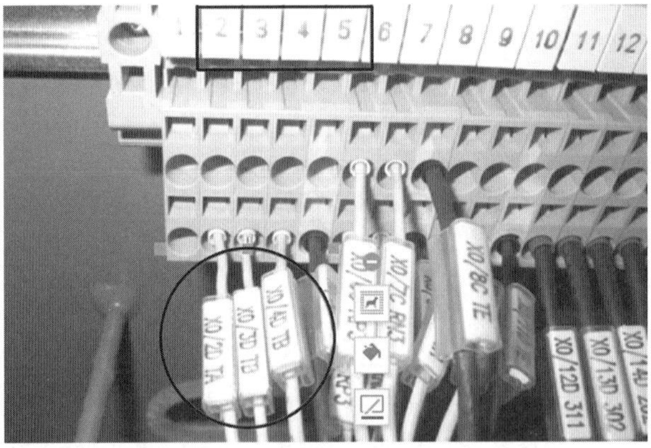

图 10-10　PT100 接线顺序不能颠倒

6 ~ 8：RP3 和 RN3、TE 为 485 通信接口。

9 ~ 11：LW1A、LW1B、TE 为箱体网关与车上控制柜网关之间的通信接口。

12：311 为欠压保护板输出的硬线信号。

13 ~ 14：302 和 202 是发给车上控制柜的硬线信号，分别表示充电器故障和工作正常。

15 ~ 16：304 和 204 是发给车上控制柜的硬线信号，分别表示单相逆变器故障和工作正常。

20～21：+130 和－111 为充电器 DC 110 V 控制电源的正负极。

22：L+为充电器与车上 L+负载之间的接口。

24：D+为充电器与车下蓄电池负载之间的接口。

25：+110 充电器与车上+110 负载之间的接口。

26～27：－110 为充电器输出 DC 120 V 的负极。

29～30：+140 和－140 为单相逆变器输入 DC 110 V 电源的正负极。

31～32：U210 和 N210 为单相逆变器输出 AC 220 V 的火线和零线。

33～34：+603 和－603 为充电器 DC 600 V 输入电源的正负极。

10.3.3.3 充电机保养

日常保养说明：

（1）不要在发热部附近使用蓄电池，否则有可能导致蓄电池破损及寿命降低。

（2）不要让水将蓄电池弄湿，否则有可能导致蓄电池的损伤及发生火灾。另外，还有可能使蓄电池的端子、连接板、连接导线被腐蚀。

（3）不要将蓄电池放置在有可能浸水的地方，否则有可能引发触电、火灾。

（4）按指定的充电条件对蓄电池充电，如按其他条件充电有可能导致充电不充分、漏酸、发热、引起爆炸及性能、寿命的劣化。

（5）由于蓄电池有时会产生可燃性氢气，所以不要在蓄电池附近安装易产生火花的装置（如开关、保险丝等）。

（6）蓄电池的温度对寿命有较大的影响，所以设计电池箱时，应充分考虑蓄电池温度的上升。

10.3.4 辅助加热装置电路

动力车辅助加热装置主要有电热玻璃 EH19、后墙暖风机 EH15 和 EH17、脚炉 EH23 和 EH25、膝炉 EH27 和 EH29、砂箱及砂管加热回路、低温预热回路、多功能柜等，它们均由辅助变流器 UA12 通过隔离变压器 AT1 进行供电。

在后墙暖风机支路上设置了功能转换开关 SA11，进行投入和切除转换，并设置了接触器 KM7 和 KM8 进行控制。

在脚炉、膝炉支路上设置了功能转换开关 SA13，进行投入和切除转换，并设置了自动开关 QA27 和 QA28 进行过流保护。

在电热玻璃支路上设置了功能转换开关 SA15，进行投入和切除转换，并设置了自空气动开关 QA23、QA29 进行过流保护。

在微波炉 EH30 处设置了空气自动开关 QA34 进行电源投入切除及过流保护。另外，在司机室设置了电源插座 XS21、XS22、XS23，在机械间设置了 2 个电源插座 XS24、XS31 提供 220 V 交流电源，其中 XS21、XS31 由 DC 110 V 逆变输出 220 V 交流电源。

动力车辅助加热回路中，还设有低温预热回路，最初采用 DC 110 V 低温预热，动力车一旦升弓合主断，辅助变流器工作后，就转由 AC 110 V 进行低温预热。当动力车需要低温预热时，首先闭合自动开关 QA21、QA25，然后将低温预热开关 SA71 打至“开”位，接触器 KM22 闭合，采用 DC 110 V 低温预热方式，对辅助变流器 APU1/2、牵引变流器 MPU1/2、列供单元 LGU1/2、控制电源装置 PSU、微机系统 TCMS、车钩等进行加热。预热一定时间，动力车可以升弓合主断，当辅助变流器正常工作后，继电器 KE11 闭合，导致接触器 KM21 闭合，接触器 KM22 断开，转由 AC 110 V 进行低温预热，对相关设备进行加热。

通过闭合自动开关 QA31，可以对砂箱及砂管进行加热。

闭合自动开关 QA30，可以对压缩机进行低温加热。通过温控开关 TR，可以实现压缩机低温加热的自动投入和切除，当压缩机进行低温加热时压缩机不能工作。在压缩机的控制回路里，还设有温度保护开关 TS 和压力保护开关 PS，通过其常闭触点连锁，实现对压缩机的安全保护。

11　列车供电系统及负载

11.1　列车供电电路

11.1.1　原理及主要技术参数

为满足动力车牵引客运车辆的需要，动力车设有列车供电电路，向拖车提供 2×200 kW 的 DC 600 V 电源，每路供电电源具有保护、监视及冗余功能。列车供电（简称“列供”）系统由列供功率单元 LGU1/2（置于牵引变流器中）、1 个列供配电柜 LGM 以及外部供电连接器 XSA1～4 等设备构成，列供单元完成列供系统输出功率控制，列供配电柜对供电单元进行监控，并对列车供电系统进行管理和配置。动力车中的两个列车供电功率单元，每个输出 200 kW。功率单元的输入电源分别由主变压器 TM1 的两组供电绕组（4L1-4V1）、（4L2-4V2）提供，经过整流并通过列供配电柜配置后，向拖车输出 DC 600 V 电源，如图 11-1 所示。

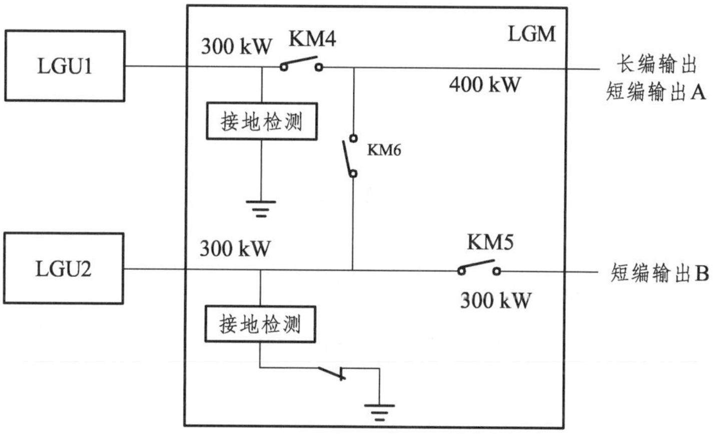

图 11-1　列车供电系统结构

列车供电系统的主要技术参数：

额定输入电压：AC 307 V

额定输入电流：707 A

额定输出功率：2×200 kW，1×300 kW

最大输出功率：300 kW+300 kW

额定直流输出电压：600 V

额定直流输出电流：667 A

最大输出电流：750 A

输出电压允许范围：DC 530～630 V

采用整流方式：PWM 整流

冷却方式：水冷

11.1.2 列车供电功率单元

动力车中有两个列车供电单元（LGU），每个额定输出功率为 200 kW。列车供电单元采用四象限整流控制技术，由预充电回路、四象限整流回路、中间直流回路、控制装置等组成，并集成在牵引变流柜中，共用牵引、辅助系统的冷却水进行冷却，如图 11-2 所示。

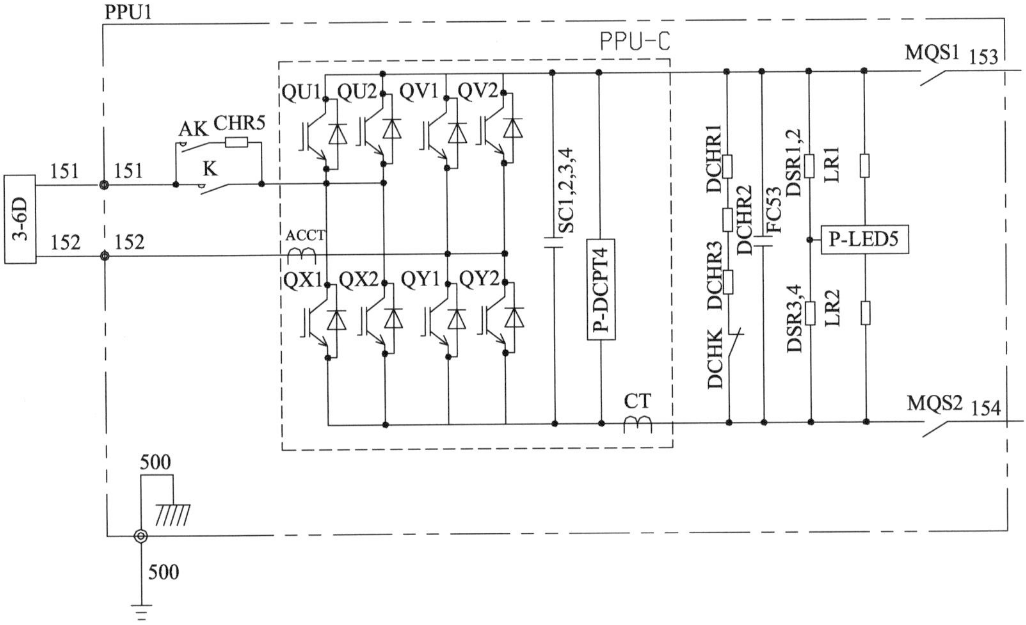

图 11-2 列车供电功率单元系统结构

功率单元的主要技术参数：

额定输入电压：AC 307 V/50 Hz （AC 25 kV）

输入电压范围：AC 214 ~ 381 V（AC 17.5 ~ 31 kV）

额定输入电流：707 A

额定输出功率：200 kW（有 300 kW 能力）

额定直流输出电压：DC 600 V

额定直流输出电流：334 A

输出电压允许范围：DC 530 ~ 630 V

输入电压相对峰-峰纹波因数：不大于 15%

采用整流方式：PWM 整流

IGBT 额定功率：1 700 V/2 400 A

接地方式：高阻抗接地

冷却方式：强迫水循环风冷

11.2 列供配电柜

11.2.1 列供配电柜原理及组成

列供配电柜根据动车组的编组情况管理和配置线路接触器的状态，改变列供系统主回路结构，实现不同的系统功能，以满足拖车供电的需求。LGM 同时管理和监视 2 组 LGU 的输出电压、电流、电能等工作状态，并控制 LGU 的启停。

列车供电柜由 3 个分系统组成，其核心主要是供电控制器和主电路，系统功能如下：

（1）供电主回路：由直流接触器和电流、电压传感器等组成。

（2）列车控制器：列车供电柜的主体功能控制器安装于机箱中，内部包括互为冗余的 2 组控制系统，通过其控制主电路和辅助电路，实现信号采集、故障保护等相关列供主体功能。同时，列车控制器还具备网络通信、数据记录、故障查询等辅助功能，并预留扩展功能。

（3）辅助供电回路：主要由继电器、传感器等组成，实现信号采集、中继控制、电能计量、故障记录显示、故障隔离等功能。

11.2.2 主回路结构管理功能

列供配电柜中设置有三个线路接触器，根据动车组的编组情况控制对应接触器闭合，满足列供系统需求。

当动车组为一动一控短编组或二动二控短编组重联情况，接触器 KM4、KM5 闭合，KM6 断开；列车供电系统向拖车输出 2×200 kW 的 DC 600 V 电源。

当动车组为一动单节模式，默认状态为接触器 KM4、KM6 闭合，KM5 断开；列车供电系统向拖车输出 400 kW 的 DC 600 V 电源。同时，可通过 LGM 显示屏强制切换为双路供电，即接触器 KM4、KM5 闭合，KM6 断开，列车供电系统向拖车输出 2×200 kW 的 DC 600 V 电源。

当动车组为二动长编组情况，接触器 KM4、KM6 闭合，KM5 断开；每节动力车的列车供电系统向拖车输出 400 kW 的 DC 600 V 电源。

11.2.3 日常维护保养

本系统的日常维护是确保其良好状态和安全运行所必须完成的日常性工作。主要内容有：

机车出库前、入库后目视检查列供柜外观无异常，对外连接件紧固良好；控制箱风扇工作正常，无异音；电容组件风机工作正常，无异音列供柜工作正常，无异音；从显示屏上查看列供数据界面，确认系统的工作状态良好；从显示屏上检索历史故障记录，查看有无列供故障记录。

11.3 电气综合控制柜

11.3.1 概述

11.3.1.1 主要特点

（1）综合控制柜实现了动力集中动车组电气控制系统的小型化、智能化、集成化和系统化。

（2）综合控制柜根据预设参数实现自动控制，减轻了操作人员的工作强度，避免由于人为误操作引起的事故，便于操作和维护。

（3）综合控制柜对整车电气系统参数进行实时监测，出现故障时及时进行保护动作，避免了由于保护不及时而引起的严重后果。

（4）综合控制柜可对轴温、防滑器、烟火报警器、塞拉门的状态进行监视和显示。

（5）综合控制柜充分考虑了整车各个电气功能部件的协调工作，整个电气系统工作更加安全可靠。

（6）根据电气系统布线的有关规范和实际存在的问题，不同系统、不同电压等级、不同电流类别的导线尽量相互隔离，结构设计上尽量减少相互间的电磁干扰。

（7）综合控制柜的控制方案以自动为主，同时考虑控制系统故障的应急措施，包括极端情况下的手动应急措施。

（8）综合控制柜主要具备七大功能：① 电源转换控制功能；② 空调机组控制功能；③ 蓄电池欠压保护功能；④ 照明供电功能；⑤ 轴温、防滑器、烟火报警器、塞拉门及车下电源箱状态监视功能；⑥ 联网通信功能；⑦ 漏电绝缘检测功能；⑧ 应急分时供电功能。

11.3.1.2 主要用途及适用范围

TKDD 型铁路客车动车组电气综合控制柜（以下简称“综合控制柜”）用于动力集中动车组，是集电源转换控制、空调机组控制、蓄电池欠压保护、照明控制、漏电绝缘检测、网络监控、冷态过载自动减载等功能于一体的智能型综合控制柜。综合控制柜的控制核心采用可编程逻辑控制器（PLC），PLC 通过网络从微型可编程终端（以下简称“触摸屏”）接收各种指令并自动执行相应的操作步骤，对电气系统运行中出现的各种故障及时进行诊断、指示并保护。综合控制柜具有检测、控制、诊断保护、信息提示、联网通信功能，实现供电及控制系统的综合控制。

11.3.1.3 规格型号

电气综合控制柜的种类根据车种划分，不同车种的电气综合控制柜的原理、器件、参数等均不相同。

11.3.1.4 使用环境条件

环境温度：－40～+45°C；工作环境温度－25～+45°C；存储环境温度－40～+60°C。

海拔高度：不超过 2 500 m。

相对湿度：月平均最大相对湿度不大于 95%（该月月平均最低温度为 25°C）。

冲击振动：冲击和振动应符合 GB/T 21563—2018 的相关规定。

使用环境：有风、沙、雨、雪天气，偶有盐雾、酸雨、沙尘暴等现象，特殊情况下会有长期持续盐雾现象。

11.3.1.5 工作条件

直流主电源：DC 600 V

额定工作电压：DC 600 V

电压波动范围：DC 500～660 V

交流主电源：AC 380 V

额定工作电压：三相交流 380 V

电压波动范围：三相交流 323～437 V

额定工作频率：50 ± 1 Hz

11.3.2 主要技术参数

11.3.2.1 结构参数

综合控制柜柜体为上下柜分体、落地式框架结构，前面设有面板（门板）、活动门及锁紧装置，顶部设有吊耳环，柜体内设有电器件安装板。外形如图 11-3 所示。

控制柜外形尺寸：2 000 mm × 1 200 mm × 450 mm（高 × 宽 × 厚）

上柜外形尺寸：1 100 mm × 1 200 mm × 450 mm（高 × 宽 × 厚）

下柜外形尺寸：900 mm × 1 200 mm × 450 mm（高 × 宽 × 厚）

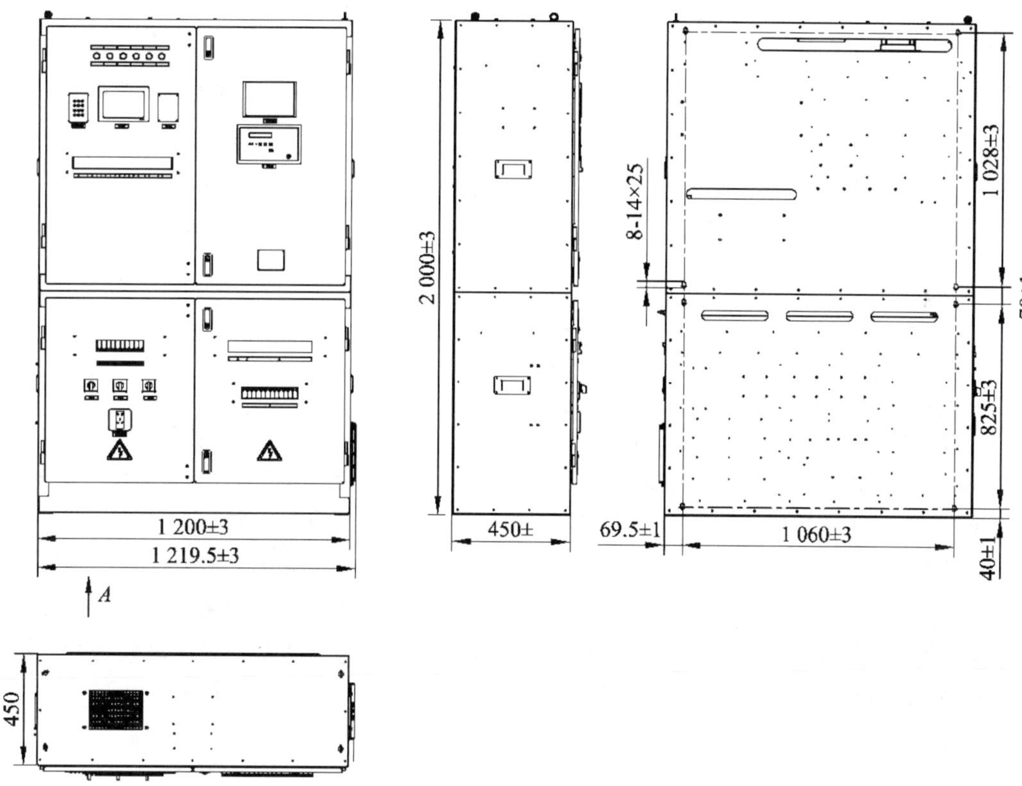

图 11-3 控制柜外形尺寸及安装接口

11.3.3 电气技术参数及功能

11.3.3.1 控制单元

综合控制柜控制单元由 PLC 主机单元（CP1E-CPU61）、12/8 点的 I/O 扩展模块（CPM1W-20EDR1）、触摸屏（QR7-TW00B）组成。

（1）PLC 是可编程逻辑控制器的缩写，对整个电气系统进行自动控制，实时监测电气系统运行过程中的参数并进行分析，对出现故障自动处理，将监测到的故障信息、运行记录传递给车辆控制单元。

模拟量输入点：17 点（0 ~ 10 V）

温度输入点：4 点（PT100）

开关量输入点：12 点（直流 24 V，8m A）

开关量输出点：16 点（继电器输出）

输出端最大开关能力：2 A，AC 250 V（COSϕ=1）/2 A，DC 24 V（4 A/公共端）

输出端最小开关能力：10 mA，DC 5 V

（2）触摸屏是一种微型可编程终端，采用全中文液晶触摸屏（带背光），具有字符类型和图像类型显示，由通信接口和车辆控制单元进行通信。主要功能是现场参数设定，电源转换、空调机组等功能单元运行工况的人为控制，运行工况参数的显示，实时显示各功能单元的运行状态及实时报告故障现象。

11.3.3.2 交、直流电源规格

（1）主电路电源：主电路由两路电源母线中的其中一路提供电源，向逆变器、充电器供电；并由逆变器Ⅰ、逆变器Ⅱ变换成 AC 380V/50 Hz，向车内空调、伴热等交流负载供电。

直流主电源：DC 600 V

额定工作电压：DC 600 V

电压波动范围：DC 500 ~ 660 V

交流主电源：AC 380 V

额定工作电压：三相交流 380 V

电压波动范围：三相交流 323 ~ 437 V

额定工作频率：50 ± 1 Hz

（2）蓄电池：DC 110 V 电源全列贯通，各车厢蓄电池及充电器通过逆流二极管与 DC 110 V 干线并联。蓄电池在充电机停止或故障时，向本车照明、水位显示、塞拉门、车下电源箱控制、配电箱等负载供电。电池欠压保护动作值：DC 91 ± 1 V；恢复值：DC 97 ± 1 V。

（3）直流控制电源：应急灯、轴温报警器、防滑器、车辆控制单元等重要负载由列车直流 110 V 母线供电；照明、单相逆变器、温水箱、开水炉等负载的控制电源由本车直流 110 V 电源提供；控制柜内车辆控制单元的电源模块将 DC 110 V 电源转换成直流 24 V 电源向 PLC、触摸屏、传感器供电。

（4）直流电器控制电路：

额定工作电压：DC 110 V

电压波动范围：部分为 DC 77 ~ 137.5 V，其他为 DC 88 ~ 121 V

（5）PLC、触摸屏、信号采集电路（传感器）：

额定工作电压：DC 24 V

电压波动范围：DC 20.4 ~ 26.4 V

11.3.3.3 车辆控制单元

车辆控制单元内包含串口通信模块，采集 PLC、轴温报警、塞拉门、防滑器、火灾报警等信息，并定时发送至 Lon 通信模块。

车辆控制单元 Lon 通信模块，通过 LonWorks 接口及列车总线实现车辆间的信息和命令传递。Lon 通信模块是联接列车网和车辆网的桥梁，有 2 个列车级 LonWorks 通信接口和 1 个车辆级 LonWorks 通信接口。车辆级 LonWorks 通信接口负责车辆级网络通信，转发集中控制命令，接收车辆级串口通信模块以及车下电源网关传输的参数、工作状态等信息并在本车触摸屏集中显示。列车级 LonWorks 通信接口负责与列车级网络信息交互，将本车网络信息

发送至列车级网络，同时接收列车级网络的信息，转发给车辆级 LonWorks 通信接口。

额定输入电压：DC 110 V

输入电压波动范围：DC 77 ~ 137.5 V

11.3.4 结构及技术说明

综合控制柜采用上下柜分体、落地式框架结构，采用镀锌钢板铆接或焊接喷塑等形式；前面设有面板（门板）、活动门及锁紧装置，下柜内设有回转架。下面以普通座车为例对各电器元件进行介绍。

1. 综合控制柜核心控制单元

触摸屏：QR7-TW00B；

PLC：CP1E-CPU61；

扩展模块：CPM1W-20EDR1。

2. 电源供电系统

塑壳断路器：Q1、Q2；

接触器：KM1、KM2；

中间继电器：KA10、KA20；

主电路电压传感器：JK1、JK2；

主电路电流传感器：JK3；

电源转换开关：SA1；

绝缘检测装置：JYJC；

漏电流传感器：JK8；

电源Ⅰ路指示灯：IIL1；

电源Ⅱ路指示灯：HL2；

绝缘检测指示灯：HL5。

3. 空调机组控制系统

空调系统供电断路器：Q11；

空调预热器控制断路器：Q13、Q14；

空调机组电流传感器：JK6、JK7；

空调机组电机控制接触器：KM11、KM12、KM13、KM14、KM16、KM17、KM18、KM19、KM23；

压缩机保护用电动机保护断路器：QF16、QF17；

热继电器：FR11、FR12、FR14、FR15；

风口电磁阀控制断路器：Q51；

旁通阀控制断路器：Q52；

空调机组控制断路器：Q4、Q41、Q42；

空调机组控制功能转换开关：SA2；

空调机组运行指示灯：HL3；

中间继电器：KA11、KA12、KA13、KA14、KA19、KA28、KA29、KA30。

4. 电热控制系统

断路器：Q15、Q16、Q25；

电热控制接触器：KM8、KM9、KM10；

电热控制转换开关：SA5。

5. 车下电源监视系统

车下电源箱控制断路器：Q3；

中间继电器：KA15、KA16、KA17、KA18、KA25、KA26、KA27；

电压传感器：JK9、JK10；

车下电源变换箱指示灯：HL4；

单相逆变器指示灯：HL6。

6. 直流 DC 110 V 供电系统

本车、母线 DC 110 V 控制断路器：Q30、Q20；

应急供电断路器：Q44；

本车供电试验断路器：Q19；

电压传感器：JK4、JK5；

调理模块：TLMK；

漏电流传感器：JK14。

7. 照明控制系统

照明控制断路器：Q10、Q31；

接触器：KM6、KM7；

中间继电器：KA35。

8. 应急分时供电系统

中间继电器：KA5、KA6；

接触器：KM3、KM4、KM33。

11.3.5 操作说明

11.3.5.1 直流电源供电

首先应合上母线 DC 110 V 电源开关 Q20、本车 DC 110 V 电源开关 Q30（试验时，闭合本车供电试验开关 Q19），有供电允许信号时，接触器 KM3 吸合；蓄电池电压正常时，接触器 KM4 吸合；车辆控制单元电源模块分别给 PLC、触摸屏、传感器提供 24 V 工作电源。

11.3.5.2 参数设定

PLC、触摸屏正常工作后，首先应在触摸屏上设定综合控制柜相关工作参数。触摸屏初次使用时，管理界面中的参数均为出厂缺省值，综合控制柜使用时，应根据具体车型、综合控制柜所带负载的实际情况进行认真设定、确认。

按下触摸屏上“管理界面”触摸开关，调出输入系统管理员密码界面，轻触密码显示处调出键盘，密码为“837”，密码输入后按“Enter”键即可关闭键盘，再按下“确定”调出管理界面。在触摸屏上用手轻触数字显示处，调出“键盘”，利用键盘设定空调机组制冷（压缩机）、制暖（空调预热器）额定电流、漏电保护值、漏电预警值、电池欠压保护值、欠压恢复值、车号、一挡/二挡/三挡减小风口开度时运行的时间、电热、半暖、全暖、制冷启动温度。输入值确认后按下“Enter”键即可关闭键盘。所有参数设定完成后，点击“确定”按键，方可完成所有参数设置。按下“关闭”触摸开关返回主界面。在参数设定界面右上角点击“恢复默认”按键可对参数进行恢复出厂设定值。

参数设定界面右下角车型设置需与本车实际车型保持一致。

触摸屏上 DC 600 V 漏电保护值出厂时预设为 100 mA，漏电预警值出厂时预设为 50 mA，蓄电池欠压保护值出厂时预设为 92 V，空调机组制冷（压缩机）、制暖（空调预热器）设定值按照所配合机组型号出厂前设定。

车厢号通过网络自动分配，车号依据中国铁路总公司批准印刷在车辆侧墙上的车号来设定，车号的设定需准确无误。这样有利于无线网络的监视。

空调制冷、电热的功率切换依据车内温度变化而变化，所以“制冷”“电热”温度值根据车内温度设定，但要保证制冷值高于电热值，制冷、电热值相差不小于 4℃。制冷温度值的设定最低不得小于 20℃。

空调预热器在弱风下运行，其功率切换依据外气温度的变化而变化，所以“半暖”“全暖”启动温度值根据外气温度设定，但要保证“半暖”设定值高于“全暖”设定值，半暖、全暖设定值相差不小于 4℃。

风门调节时间应根据各厂家风口调节装置的实际特点来设定，设定值为风口调节装置在减小风口开度时运行的时间。一挡、二挡、三挡分别为外气温度大于 35℃、外气温度在 –15～0℃、外气温度小于 –15℃时风口减小的动作时间。

按下“不切电源”或“切断电源”触摸键，选择有烟火报警时是否切断电源。

DC 110 V 应急模式按下“保持应急”或“退出应急”，选择无 DC 600 V 时是否执行应急分时供电功能。

注意：所有参数设定完成后，需要点击“确定”按钮后，才能设定成功。

11.3.5.3 电源供电转换功能

综合控制柜的电源由两路电源母线供电，闭合塑壳断路器 Q1、Q2，通过转换开关 SA1 分“自动”和“试验Ⅰ路”“试验Ⅱ路”实现电源供电转换。

（1）Ⅰ路、Ⅱ路均有电时，按照均衡供电原则，PLC 根据触摸屏所设定的车厢号+月份自动选择供电电路；车厢号+月份为奇数号，车厢选择Ⅰ路供电，车厢号+月份为偶数号，车厢选择Ⅱ路供电（开关 Q1、Q2 处于导通位，Ⅰ路/Ⅱ路供电接触器 KM1/KM2 的吸合时间与设置的车厢号有关），程序控制 I/O 扩展（20EDR1）的输出点（10300/10301）为 ON。

Ⅰ路供电时，控制电路如下：

+111→熔断器 FU39→+111B→DC 600 V 绝缘检测装置→+190→电源转换开关 SA1（5，6）→I/O 扩展单元输出通道 OUT 103CH00 的公共端 COM（540C），PLC 扩展模块的输出点 10300→540→主接触器 KM2 的辅助常闭触点→+191→中间继电器 KA10 线圈→–111，中间继电器 KA10 线圈得电，中间继电器 KA10 吸合。

+111→熔断器 FU39→+111B→紧急断电按钮（控制柜外）→+111A→中间继电器 KA10 的辅助常开触点→+151→主接触器 KM1 线圈→–111，主接触器 KM1 线圈得电，主接触器 KM1 在主电路中的常开主触点闭合，主电路有电（电源Ⅰ路供电）。

+111→中间继电器 KA10 的常开触点→+125→指示灯 HL1→－111，电源指示灯 HL1 绿灯亮。

Ⅱ路供电时，控制电路如下：

+111→熔断器 FU39→+111B→DC 600 V 绝缘检测装置→+190→电源转换开关 SA1（9，10）→I/O 扩展单元输出通道 OUT 103CH01 的公共端 COM（541C），PLC 扩展模块的输出点 10301→541→主接触器 KM1 的辅助常闭触点→+192→中间继电器 KA20 线圈→－111，中间继电器 KA20 线圈得电，中间继电器 KA20 吸合。

+111→熔断器 FU39→+111B→紧急断电按钮（控制柜外）→+111A→中间继电器 KA20 的辅助常开触点→+152→主接触器 KM2 线圈→－111，主接触器 KM2 线圈得电，主接触器 KM2 在主电路中的常开主触点闭合，主电路有电（电源Ⅱ路供电）。

+111→中间继电器 KA20 的常开触点→+126→指示灯 HL2→－111，电源指示灯 HL2 绿灯亮。

（2）转换开关置于“自动”位，可以通过触摸屏的电源控制菜单和提示选择或转换供电回路。

按下“供电信息”触摸开关进入“供电系统信息”界面。人工强制选择电源供电回路“Ⅰ路供电”或“Ⅱ路供电”，可以按下“供电控制”触摸开关，调出“电源控制”界面，根据触摸开关上的文字提示人工强制选择“Ⅰ路供电”或“Ⅱ路供电”。此时，如果电源停止且所选择供电回路有电，则选择该路供电；如果正在此路供电，则电源继续供电；如果是另一路供电，则转换到此路供电。按下触摸开关“自动供电”，则自动返回 PLC 默认的供电回路，即奇数车厢由Ⅰ路供电，偶数车厢由Ⅱ路供电。人工强制选择电源供电回路应在有特殊原因时使用，使用后如无特殊原因应转换回“自动供电”状态。

当通过触摸屏“供电控制”控制供电的状态时，供电状态字符串应显示“电源手动”。

如果电源曾出现故障，确认故障排除后，可以按下“停止供电”或“自动供电”解除故障保护，通过 PLC 检测后，重新启动供电。

（3）试验时，可将转换开关置于“试验Ⅰ路”或“试验Ⅱ路”，人为选择Ⅰ路供电或Ⅱ路供电，此时 PLC 只进行检测报警，不能进行电源回路的转换。

当 PLC 出现故障停止工作或综合控制柜试验时，可将电源转换开关 SA1 置于“试验Ⅰ路”或“试验Ⅱ路”，通过+111→熔断器 FU39→+111B→紧急断电按钮（控制柜外）→+111A→电源转换开关 SA1（1，2）/（7，8）→540/541→主接触器 KM2/KM1 的辅助常闭触点→+191/+192→中间继电器 KA10/KA20 线圈→－111，中间继电器 KA10/KA20 线圈得电，中间继电器 KA10/KA20 吸合；+111→熔断器 FU39→+111B→紧急断电按钮（控制柜外）→+111A→中间继电器 KA10/KA20 的辅助常开触点→+151/+152→主接触器 KM1/KM2 线圈→－111，主接触器 KM1/KM2 线圈得电，主接触器 KM1/KM2 在主电路中的常开主触点闭合，主电路有电（电源Ⅰ路/Ⅱ路供电）。人为选择Ⅰ路或Ⅱ路供电时，Ⅰ路供电和Ⅱ路供电在电路上互锁，PLC（CPU61）、I/O 扩展模块（20EDR1）上相应的输出点无输出（OFF），此时 PLC 只能对供电电路是否正常进行检测报警，不能进行供电电路的自动转换。

（4）主电路中接有电流传感器 JK3、电压传感器 JK1、JK2，并设 DC 600 V 在线绝缘检测装置（JYJC、JK8），所测主电路电流、电压、DC 600 V 漏电流经过变换成 DC 0~10 V 电压信号输入 PLC（CP1E-CPU61）的模拟输入点（V1 ~ V3、V12），触摸屏上可显示主电路的电压、电流、电源状态、DC 600 V 漏电流等信息；电源转换开关 SA1 置于“自动”位时，当某路电源出现过压等故障时（DC 600 V 供电电压超过 660 V），触摸屏显示故障提示，程序控制 I/O 扩展单元（20EDR1）输出点（10300/10301）为 OFF，中间继电器 KA10/KA20 线圈失电，其常开触点断开，使得接触器 KM1/KM2 线圈失电，其在主电路中的常开主触点断开，切断故障供电电路；其串接在电源指示灯 HL1/HL2 控制电路中的辅助常开触点断开，电源指示灯 HL1/HL2 绿灯熄灭；同时程序控制 I/O 扩展（20EDR1）输出点（10302/10303）为 ON，+111→I/O 扩展单元（20EDR1）的公共端（COM）→I/O 扩展单元（20EDR1）的输出点（10302/10303）→542/543→指示灯 HL1/HL2→－111，相应电源指示灯 HL1/HL2 红灯亮（指示灯 HL1/HL2 为双色指示灯），表示供电电路故障。（电源转换开关 SA1 置于“试验Ⅰ路”“试验Ⅱ路”位时，当某路电源出现过压等故障时，不能自动切断供电电源，电源指示灯 HL1/HL2 绿灯红灯同时点亮，显示为橙色）

当发生本车绝缘故障时，本车绝缘故障指示灯 HL5 亮红灯，并切断主电路电源。

（5）正常供电时，合上断路器 Q3、Q15、Q16、Q25，电源给车下电源箱、客室电热、电暖风电热供电。逆变电源将 DC 600 V 转换为 AC 380 V，合上断路器 Q11、Q21、Q51、Q52、Q6、Q7、Q17、Q22、Q50、Q81、Q83、Q84、Q85，为空调机组、风口电磁阀、旁通阀、电开水炉、温水箱、伴热、综合控制柜门上的电源插座、洗脸室插座、乘务员室插座、侧墙插座等交流负载供电。

11.3.5.4 空调机组控制功能

空调机组控制设有预冷、预热、高温卸载及新风阀自检功能。空调机组控制功能通过空调工况转换开关 SA2 分为“自动”“试验暖”“试验冷”“停止”四挡。

（1）预冷、预热、高温卸载及新风阀自检功能。

空调机组首次上电并处于自动模式时，首先进行风阀自检，然后根据温度进入预冷/预热工况，预冷/预热工况结束后，风阀根据挡位进行自动开合。

① 新风阀开机自检是利用风阀在全开和全关位置接收的反馈信号来进行风阀故障判断的。风口增大操作时，通电时间超过 100 s 时，风阀全开，检测风阀反馈信号，如果此时反馈信号得电，则认为正常，如果反馈信号失电，则判定为风阀打开故障；风口减小操作时通电时间超过 100 s，风阀全关，检测风阀反馈信号，如果此时反馈信号失电，则认为正常，如果反馈信号得电，则判定为风阀关闭故障。

空调首次上控制电，进行风阀全开、全闭状态自检。风阀发生故障时，强制关闭（打开）40 s 后再增大（减小）至全开（关）位置并重新判断；如果第二次风阀发生故障，则再强制关闭（打开）40 s 后再打开至全开（关）位置并重新判断；如果第三次风阀发生故障，则判断为风阀故障，记录风阀故障并锁死。

② 预冷是空调机组首次上电（空调处于自动模式），自检完成后，当外温≥25℃且室温≥28℃时，为保证客室温度快速下降，自动开启预冷模式，预冷模式下新风阀全关，空调机组全冷运行。当预冷工况运行 60 min 后或者客室温度降低到 26℃以下，预冷工况自动停止，空调转入自动运行模式。

③ 预热是空调机组首次上电（空调处于自动模式），自检完成后，当客室温度≤10℃时，为保证客室温度快速升温，自动开启预热模式，预热模式下新风阀全关，空调机组预热器即

客室电热装置全暖运行。当预热工况运行 60 min 后或者客室温度升温到至 18℃以上，预热工况自动停止，空调转入自动运行模式。

④ 高温旁通阀卸载是指：当外温＞43℃时，正在工作的压缩机需要卸载运行，对应旁通电磁阀吸合；当外温≤40℃时压缩机恢复正常运行，对应旁通阀断开。

（2）正常情况下，空调机组控制功能转换开关 SA2 置于“自动”位。

① 电源启动后，合上空调机组控制电路的断路器 Q4，控制电路有电。+24 V 通过空调工况转换开关 SA2（5，6）输入反馈信号到 I/O 扩展模块的输入点（0600），PLC 控制空调机组自动进入“自动”运行工况，通过+112→空调工况转换开关 SA2（3，4）→401→PLC（CPU61）输出通道 OUT100CH、101CH 的公共端（COM），即 PLC（CPU61）的 14 号、20 号、26 号接线端子，给控制空调机组工况的各接触器控制电路提供 DC 110 V 电源；PLC 根据车厢里温度传感器（PT100）的检测值与预先设定的“制冷”“制暖”温度值进行比较后，控制空调机组的自动运行，程序根据温度条件，PLC（CP1E-CPU61）控制空调机组弱风接触器 KM11，强风接触器 KM12，冷凝风机接触器 KM14，压缩机接触器 KM16、KM17，空调预热器接触器 KM18、KM19 的线圈是否得电。

只要空调机组弱风机接触器 KM11 或强风机接触器 KM12 的线圈得电，其在空调运行指示灯控制电路中的辅助常开触点闭合，空调机组空调运行指示灯 HL3 绿灯亮。

空调机组在自动运行时，有六种工况“强风”“弱风”“强风半冷”“强风全冷”“弱风半暖”“弱风全暖”。 PLC 根据当前逆变器状态以及车厢里温度传感器、外气温度传感器检测值与预先在管理界面设定的“制冷”“半暖”“全暖”温度设定值进行比较后，进行空调机组的“自动”运转。自动模式下，外温小于 15℃时，禁止按照制冷曲线进行制冷工况切换。

外温小于 15℃时禁止按照制冷曲线进行制冷工况切换，当外温小于 15℃且内温小于 22℃时，空调启弱风制暖；当外温小于 15℃且内温大于 22℃时，空调停预热器，只启弱风。

T_e 为制冷设定值；T_a 为制暖设定值；ΔT 为温度回差值（1.5℃）。

自动制冷工况如图 11-4 所示。

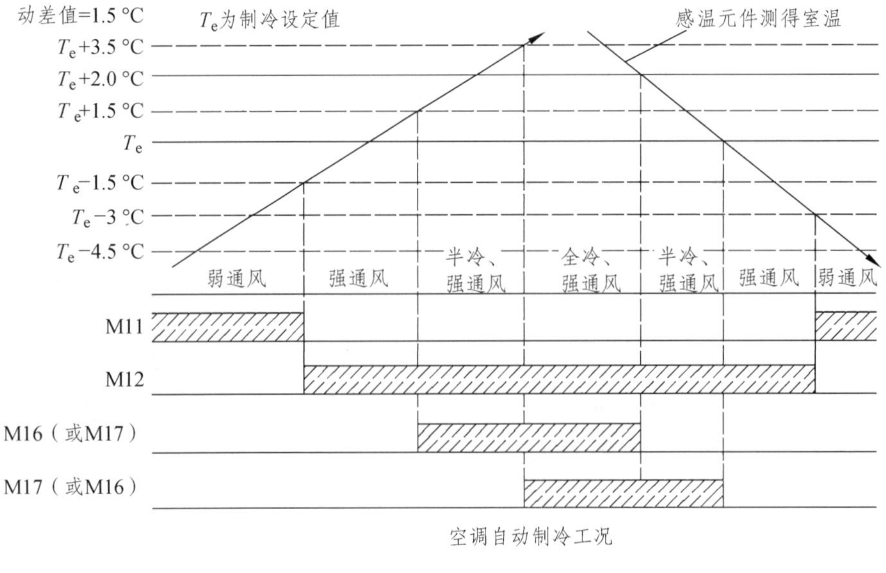

图 11-4 自动制冷工况

自动制暖工况如图 11-5 所示。

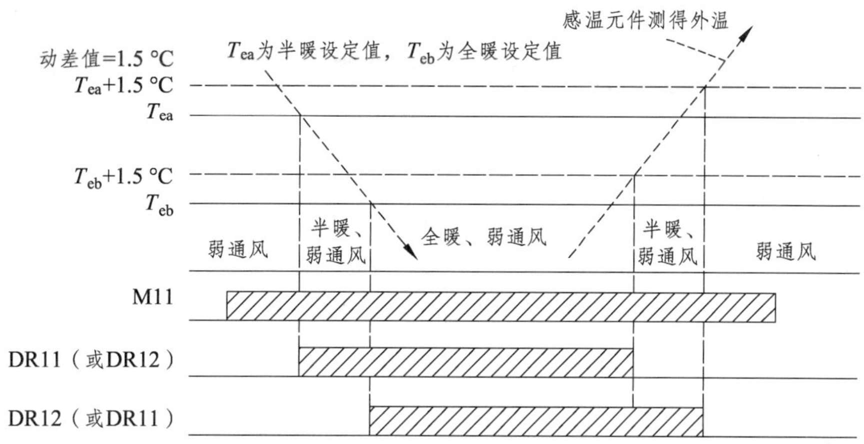

图 11-5　自动制暖工况

② 通过触摸屏上的空调运行工况菜单和提示，可以强制选择“强风”“弱风”“强风半冷”“强风全冷”“弱风半暖”“弱风全暖”等运行工况，PLC（CPU61）输出通道 OUT100CH、101CH 相应的输出，对应所控制的强风机、弱风机、冷凝风机、压缩机、空调预热器接触器线圈得电，此时空调机组各运行工况不受温度控制。在触摸屏上按下“全自动”触摸键可以返回受温度控制的“自动”工况。

正常工作状态时，PLC 实时监测空调机组的运行状况，控制空调机组各电机或空调预热器顺序启动。

制冷全工况时，各电动机的启动顺序为：启动强通风机，延时启动冷凝风机，冷凝风机启动后延时一段时间启动压缩机 1，再延时一段时间启动压缩机 2。

制冷半工况时，工作计时少的压缩机先启动工作，当压缩机连续运行时间超过 2 h，则小时切换至另外一台工作，以保证两台压缩机累计工作时间均衡。

制暖全工况时，各空调预热器的启动顺序为：启动弱通风，延时启动空调预热器 1，再延时启动空调预热器 2。

制暖半工况时，工作计时少的空调预热器先启动工作，当空调预热器连续运行时间超过 2 h，则切换至另外一台工作，以保证两台空调预热器累计工作时间均衡。

③ 通风机分高、低速两挡，除发生故障外，连续运行。

当强通风机用热继电器 FR12 保护动作后，其在强风机控制电路中的辅助常闭触点断开，强风机接触器 KM12 线圈失电，其常开主触点断开；冷凝风机接触器 KM14 线圈失电，其常开主触点断开，冷凝风机停止工作；对应压缩机控制电路中冷凝风机接触器 KM14 的辅助常开触点断开，压缩机接触器（KM16、KM17）线圈失电，其常开主触点断开，压缩机停止工作；当强风机接触器的线圈失电时，其串接在空调运行指示灯 HL3 控制电路中的辅助常开触点断开，空调运行指示灯 HL3 绿灯熄灭；+24 V 通过断开的强风机热继电器 FR12/FR22 辅助常开触点输入反馈信号到 PLC（CPU61）的输入通道 IN 00CH 的输入点，触摸屏显示相应的故障信息，同时程序控制 I/O 扩展单元（20EDR1）的输出点（10304）为 ON，+111→I/O 扩展单元（20EDR1）的公共端（COM）→I/O 扩展单元（20EDR1）的输出点（10304）→544→指示灯 HL3→－111，相应空调故障指示灯 HL3 红灯亮（指示灯 HL3 为双色指示灯）。

如通风机用热继电器保护动作，使热继电器复位后，通过触摸屏重新启动空调（空调自动运行工况下）或电源重新供电后，通风机可恢复运行。

④ 制冷工况时，冷凝风机运行后，压缩机才能运行。

冷凝风机用热继电器 FR14、FR15 保护动作时，其辅助常开触点断开，对应压缩机控制电路中的接触器（KM16、KM17）线圈失电，停止工作；触摸屏显示相应故障信息，同时 I/O 扩展模块（20EDR1）的输出点（10304）为 ON，相应的空调运行故障灯 HL3 橙色灯亮（因强风机仍在运行，接触器 KM12 在指示灯 HL3 控制电路中的辅助常开触点闭合，双色指示灯 HL3 绿色和红色同时亮，合成后显示橙色）。

如冷凝风机用热继电器保护动作，使热继电器复位后，通过触摸屏重新启动空调（空调自动运行工况下）或电源重新供电后，冷凝风机可恢复运行。

⑤ 制暖工况时，弱通风机运行后，空调预热器才能运行。

弱通风机用热继电器 FR11 保护动作后，其在弱风机控制电路中的辅助常闭触点断开，弱风机接触器 KM11 线圈失电，其常开主触点断开，弱风机停止工作；对应空调预热器控制电路中弱通风机接触器 KM11 的辅助常开触点断开，空调预热器接触器（KM18、KM19）线圈失电，其常开主触点断开，空调预热器停止工作；当弱风机接触器的线圈失电时，其串接在空调运行指示灯 HL3 控制电路中的辅助常开触点断开，空调运行指示灯 HL3 绿灯熄灭、红灯亮。

⑥ 当压缩机组的高/低压力继电器、低温继电器保护动作时，中间继电器 KA11、KA12 线圈得电（压缩机正常工作时，中间继电器 KA11、KA12 线圈被短路，不得电）；其常开触点闭合，反馈信号到 I/O 扩展单元（20EDR1）的输入点（0608、0609），及时显示制冷系统的故障信息并记录，同时以程序控制 PLC（CPU61）输出点（10002、10003）为 OFF，对应压缩机控制电路中的各压缩机接触器（KM16、KM17）线圈失电，压缩机停止工作；相应的空调机组运行指示灯 HL3 橙色灯亮（因强风机仍在运行，接触器 KM12/KM22 在指示灯 HL3 控制电路中的辅助常开触点闭合，双色指示灯 HL3 绿色和红色同时亮，合成后显示橙色）。待压力继电器、低温继电器复位后，通过触摸屏重新启动空调（空调自动运行工况下）或电源重新供电后压缩机可恢复运行。

当空调预热器控制电路中温度继电器动作保护时，中间继电器 KA13、KA14 圈得电；其常开触点闭合，反馈信号到 I/O 扩展单元（20EDR1）的输入点（0608、0609），及时显示制暖系统的故障信息并记录，同时以程序控制 PLC（CPU61）输出点（10000、10001）为 OFF，对应空调预热器控制电路中的各压缩机接触器（KM18、KM19）线圈失电，空调预热器停止工作；相应的空调机组运行指示灯 HL3 橙色灯亮。待温度继电器恢复或闭合断路器后，通过触摸屏重新启动空调（空调自动运行工况下）或电源重新供电后空调预热器可恢复运行。

⑦ 在“强风半冷”或“弱风半暖”工况下，压缩机或空调预热器发生故障，有故障的压缩机或空调预热器将停止运行，延时后自动切换到另一台压缩机或空调预热器工作，触摸屏上显示故障信息，同时空调运行故障指示灯亮。

在“强风全冷”工况下，压缩机发生故障，有故障的压缩机停止运行，无故障压缩机继续保持工作，触摸屏上显示故障信息，同时空调运行故障指示灯亮。

在“弱风全暖”工况下，空调预热器发生故障，所有空调预热器停止运行，触摸屏上显示故障信息，同时空调运行故障指示灯亮。

⑧ 通过按下触摸屏上的“停空调”触摸键，空调机组停止运行。再按下触摸屏上的“全自动”触摸键后，PLC 通过检测可以重新启动空调机组。

⑨ 空调机组故障排除后应通过按下触摸屏上“全自动”触摸键或通过空调工况转换开关 SA2 由“停止”位转换到“自动”位，空调机组进入“自动”运行状态，通过 PLC 检测后，空调机组恢复运行。

空调机组控制电路中，通过相应的通风机、冷凝风机、压缩机、空调预热器接触器的辅助常开、常闭触点在电路上进行逻辑功能互锁，同时在程序软件设计中，也进行了逻辑功能互锁。空调自动运行工况下，因故障而停止运行空调机组时，PLC 相应的输出点没有输出（OFF）。

（3）当空调在“自动”位运行时，PLC 根据逆变器输出电压和逆变器自身给出的信号判断其工作状态。如果 PLC 根据输出电压判断逆变器发生故障，相应风机、压缩机或预热器停止工作，相应故障指示灯亮，触摸屏显示相应信息（建议用户将供电和空调转换开关拨到“自动”位运行）。两台逆变器相互热备，当其中一台逆变器自身检测出有故障时（此时逆变器给 PLC 一个故障信号），另一台逆变器负责本车供电，这时逆变器给出减载信号送给 PLC，PLC 检测到逆变器给出半载信号时，空调自动减载运行，触摸屏显示相应信息。当逆变器故障恢复、减载信号消失后空调自动恢复原工况运行。

电源故障及逆变器故障时，空调机组半载运行。

（4）试验时，可将转换开关置于“试验冷”或“试验暖”，人为选择制冷工况，启动强风、冷凝风机或在制暖工况启动弱风。此时 PLC 只能对空调机组进行监测，不进行保护动作。

“试验冷”可实现强风、半冷和全冷工况，“试验暖”可实现弱风、半暖和全暖工况。

空调工况转换开关 SA2 置于“试验冷”，+111→Q4→+112→空调工况转换开关 SA2（9，10）→403→中间继电器 KA4 线圈→－111，中间继电器 KA4 线圈得电，其常开触点闭合，通过空调工况转换开关 SA2（1，2）→闭合的中间继电器 KA4 常开触点，使得 555、556 有电，强通风机和冷凝风机启动；闭合断路器 Q41，+112→Q41→405→闭合的中间继电器 KA4 常开触点，使得 187 有电，启动压缩机 1；适当延时后再合上 Q42，+112→Q42→406→闭合的中间继电器 KA4 常开触点，使得 287 有电，启动压缩机 2。

空调工况转换开关 SA2 置于“试验暖”，+111→Q4→+112→空调工况转换开关 SA2（7，8）→402→中间继电器 KA3 线圈→－111，中间继电器 KA3 线圈得电，其常开触点闭合，通过空调工况转换开关 SA2（11，12）→闭合中间继电器 KA3 常闭触点，使得 554 有电，弱通风机启动；闭合断路器 Q41，+112→Q41→405→闭合的中间继电器 KA3 常开触点，使得 63 有电，启动空调预热器 1；适当延时后再合上 Q42，+112→Q42→406→闭合的中间继电器 KA3 常开触点，使得 43 有电，启动空调预热器 2。

（5）空调机组主回路中接有电流传感器 JK6、JK7，触摸屏上可以显示空调机组的运行工况、压缩机或空调预热器运行状况、累计运行时间及电流值。当空调机组出现过载、过流故障时，触摸屏弹出“当前故障”，空调故障灯亮，可以按下“关闭”触摸开关返回主界面。

（6）空调机组压缩机及空调预热器按照累计时间运行，半冷或半暖时，累计时间少的机组启动运行，运行 2 h 后自动转换到另一机组交替运行。

（7）综合控制柜具有完善的故障诊断、保护功能；热继电器、电动机保护断路器与电子保护并存。热继电器用于通风机、冷凝风机的保护；电动机保护断路器用于压缩机的保护；

电子保护是采用电流传感器对压缩机、空调预热器的各相电流进行采样，实时与设定电流值进行比较后，对空调机组出现的电流过流、过载等故障实时报警或保护。

PLC 对压缩机（空调预热器）的过载、过流保护的电流动作值和压缩机（空调预热器）正常工作时的设定值是相关联的。由于普通座车、控制车、普通座车（带餐吧）配套使用的空调机组型号不同，机组压缩机和空调预热器的额定电流值及额定功率也不同，因此综合控制柜在使用前，必须对应空调机组正确设定相应的压缩机电流值和空调预热器电流值，见表 11-1。

表 11-1　各车型热继整定值

序号	二等座车		二等座车/餐车（餐吧式）		二等座车/餐车（厨房式）		二等座车（播音车）		控制车	
	器件代号	整定值电流/A	器件代号	整定值电流/A	器件代号	整定值电流/A	器件代号	整定值电流/A	器件代号	整定值电流/A
1	FR11	2.8	FR11	2.8	FR11	2.8	FR11	2.8	FR11	4.3
2	FR12	4.8	FR12	4.8	FR12	4.8	FR12	4.8	FR12	4.9
3	FR14	4.5	FR14	4.5	FR14	4.5	FR14	4.5	FR14	4.5
4	FR15	4.5	FR15	4.5	FR15	4.5	FR15	4.5		
序号	二等卧车		一等卧车、高级软卧车		二等卧车（播音车）		二等卧车（大件行李）		一等卧车（大件行李）	
	器件代号	整定值电流/A	器件代号	整定值电流/A	器件代号	整定值电流/A	器件代号	整定值电流/A	器件代号	整定值电流/A
1	FR11	2.8	FR11	4.3	FR11	2.8	FR11	2.8	FR11	4.3
2	FR12	4.8	FR12	4.9	FR12	4.8	FR12	4.8	FR12	4.9
3	FR14	4.5	FR14	4.5	FR14	4.5	FR14	4.5	FR14	4.5
4	FR15	4.5			FR15	4.5	FR15	4.5		

由于压缩机受机组压力、环境温度，空调预热器受通风量大小等多方面因数的影响，空调机组压缩机、空调预热器工作电流是在一定范围变化的。因此，在触摸屏上设定的空调机组电流值应根据空调机组压缩机、空调预热器的实际工作电流值来进行设定。

在触摸屏上设定空调机组电流值，出厂时暂按表 11-2 进行设定。

表 11-2　空调机组参数默认值

空调参数设定	制暖（4～18 A）	6.8 A（KLD35TD）
		6.8 A（KLD45TD）
		9.2 A（KLD53TD）
	制冷（4～20 A）	12 A（KLD35TD）
		16.4 A（KLD45TD）
		19.2 A（KLD53TD）

注：制冷/制暖电流设定值均为单台负载的电流值。

一般来说，在实际运用中可以这样对压缩机（空调预热器）电流值进行设定：先将空调机组置于半工况状态，待负载电流稳定后，记录电流值（单台负载），然后将空调机组置于全工况状态，待负载电流稳定后，记录电流值（两台负载总电流）。兼顾压缩机（空调预热器）半工况和全工况时的电流值，可取总电流的平均值作为电流设定值。

11.3.5.5　DC 600 V 电热控制功能

DC 600 V 电热分为电暖风电热和端部电热，普通座车和控制车设有电暖风电热控制转换开关 SA5，分为“自动”“手动”“停止”三挡；普通座车（带餐吧）设有端部电热控制转换开关 SA5，分为“自动”“手动半热”“手动全热”“停止”四挡。

1. 二等座车/餐车（餐吧式）端部电热控制

（1）正常情况下，电热控制转换开关 SA5 置于“自动”位，空调工况转换开关 SA2 置于“自动”位，PLC 根据当前逆变器状态以及车厢里温度传感器、外气温度传感器检出值，与预先在管理界面设定的“制冷”“电热”“半暖”“全暖”温度设定值进行比较后，进行空调机组的“自动”运转。自动电热工况如图 11-6 所示。

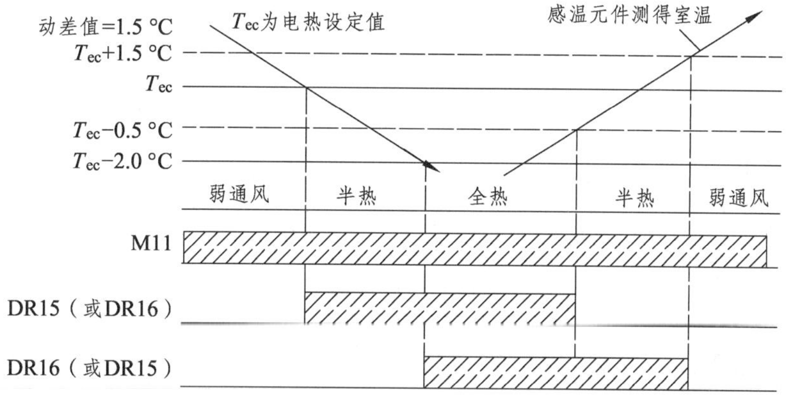

图 11-6　自动电热工况

（2）客室电热也可在触摸屏上控制，按下“电热 1”/“电热 2”触摸键，PLC（CPU61）输出点（1104/1105）为 ON，中间继电器 KA8/KA9 线圈得电（弱风机运行，接触器 KM12 的常闭触点闭合），合上断路器 Q15、Q16、Q25、Q26，接触器 KM8、KM9、KM10、KM20 线圈得电，客室电热Ⅰ/客室电热Ⅱ/端部电热Ⅰ/端部电热Ⅱ工作，触摸屏显示相应信息，此时电热不受温度控制。

（3）PLC 出现故障停止工作时，可通过空调工况转换开关 SA2 对电热进行控制，空调工况转换开关 SA2 置于“试验暖”，+111→Q4→+112→空调工况转换开关 SA2（7，8）→402→中间继电器 KA3 线圈→－111，中间继电器 KA3 线圈得电，其常开触点闭合，通过空调工况转换开关 SA2（11，12）→闭合中间继电器 KA3 常闭触点，使得 554 有电，弱通风机启动；闭合断路器 Q41，+112→Q41→405→闭合的中间继电器 KA3 常开触点，使得 566 有电，启动客室电热Ⅰ/端部电热Ⅰ；适当延时后再合上 Q42，+112→Q42→406→闭合的中间继电器 KA3 常开触点，使得 567 有电，启动客室电热Ⅱ/端部电热Ⅱ。

（4）试验时，可将电热控制转换开关 SA5 置于“手动半热”“手动全热”。手动半热时，端部电热Ⅱ工作；手动全热时，端部电热Ⅰ/端部电热Ⅱ工作。电热控制转换开关 SA5 置于"手动半热"，+112→电热控制转换开关 SA5（5，6）→接触器 KM20 线圈→闭合接触器 KM12 常闭触点→－112，接触器 KM20 线圈得电。电热控制转换开关 SA5 置于"手动全热"，+112→电热控制转换开关 SA5（1，2）、（5，6）→接触器 KM10 线圈、接触器 KM20 线圈→闭合接触器 KM12 常闭触点→－112，接触器 KM10、KM20 线圈得电。

2. 二等座车和控制车电暖风电热控制

（1）正常情况下，电热控制转换开关 SA5 置于"自动"位，空调工况转换开关 SA2 置于"自动"位，PLC 根据当前逆变器状态以及车厢里温度传感器、外气温度传感器检出值，与预先在管理界面设定的"制冷""电热""半暖""全暖"温度设定值进行比较后，进行空调机组的"自动"运转。自动电热工况如图 11-7 所示。

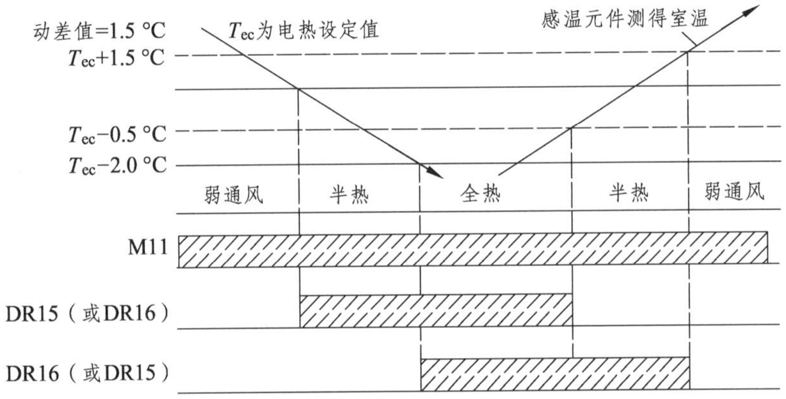

图 11-7　自动电热工况

（2）客室电热也可在触摸屏上控制，按下"电热 1"/"电热 2"触摸键，PLC（CPU61）输出点（1007/1107）为 ON，中间继电器 KA8/KA9 线圈得电（弱风机运行，接触器 KM12 的常闭触点闭合），合上断路器 Q15、Q16、Q25，接触器 KM8、KM9、KM10 线圈得电，客室电热Ⅰ/客室电热Ⅱ/电暖风电热工作，触摸屏显示相应信息，此时电热不受温度控制。

（3）PLC 出现故障停止工作时，可通过空调工况转换开关 SA2 对电热进行控制，空调工况转换开关 SA2 置于"试验暖"，+111→Q4→+112→空调工况转换开关 SA2（7，8）→402→中间继电器 KA3 线圈→－111，中间继电器 KA3 线圈得电，其常开触点闭合，通过空调工况转换开关 SA2（11，12）→闭合中间继电器 KA3 常闭触点，使得 554 有电，弱通风机启动；闭合断路器 Q41，+112→Q41→405→闭合的中间继电器 KA3 常开触点，使得 557 有电，启动客室电热Ⅰ；适当延时后再合上 Q42，+112→Q42→406→闭合的中间继电器 KA3 常开触点，使得 567 有电，启动客室电热Ⅱ。

（4）试验时，可将电热控制转换开关 SA5 置于"手动"，合上断路器 Q33，电暖风电热工作。电热控制转换开关 SA5 置于"手动"，合上断路器 Q33，+112→电热控制转换开关 SA5（3，4）→闭合接触器 KM12 常闭触点→闭合断路器 Q33 常开辅助触点→－111，接触器 KM10 线圈得电。

（5）电源故障，电热半载运行。

11.3.5.6　车下电源箱监视功能

闭合断路器 Q3，车下电源箱工作。综合控制柜与车下电源箱通过网关进行通信，并通过 201、301、211、203、303、202、302、311 等信号硬线（DC 110 V）将车下电源箱逆变器Ⅰ、逆变器Ⅱ、充电器正常/故障信息传送到综合控制柜内。综合控制柜通过中间继电器 KA15（逆变器Ⅰ正常信号）、中间继电器 KA25（逆变器Ⅰ故障信号）、中间继电器 KA18（减载信号）、中间继电器 KA16（逆变器Ⅱ正常信号）、中间继电器 KA26（逆变器Ⅱ故障信号）、中间继电器 KA17（充电器正常信号）、中间继电器 KA27（充电器故障信号）、接触器 KM4（电池欠压信号）的吸合对车下电源箱进行实时监控，另外，控制柜内还装有电压传感器 JK9、JK10，对逆变器输出电压进行监视。

通过触摸显示屏可实时查看逆变器、充电机状态，在主界面点击“本车网络”触摸键，进入“车下电源信息”界面。信息码“00”表示正常，如果信息码不是“00”，可点击“信息码及充电曲线含义”进入代码含义界面查看具体故障代码含义。充电曲线码“00”“01”“02”“03”代表四种具体充电类型，“0F”代表电池类型错误，具体可参见代码含义界面解析。

由于车下网关安装在充电机箱中，故当充电机控制电消失时，车下电源网关断电不工作。具体说明如下：当充电机控制断路器断开时，车下电源网关无供电，不工作，触摸屏主界面逆变器显示“离线”；车下电源界面信息无效，均显示 0。当充电机控制断路器闭合时，逆变器控制断路器断开，触摸屏主界面逆变器显示“在线”；车下电源充电机信息显示正常，逆变器信息无效，数据显示 0，信息码显示 FE。当充电机控制断路器闭合时，逆变器控制断路器闭合，触摸屏主界面逆变器显示“在线”；车下电源充电机信息显示正常，逆变器信息显示正常。

当一台逆变器故障停止工作，另一台备份逆变器工作时，车下电源箱发出减载信号，KA18 吸合。综合控制柜与车下电源箱间还接有硬线 204、304，单相逆变器正常时，204 线有+110 V 信号，单相逆变器指示灯 HL6 亮绿色；单相逆变器故障时，304 线有+110 V 信号，单相逆变器指示灯 HL6 亮红色。

需注意：给车下电源箱供电必须按先供控制电，再供 AC 380 V 的顺序；断电顺序与供电顺序相反。

11.3.5.7　本车 DC 110 V 欠压报警功能

综合控制柜的直流电源分为母线 DC 110 V 直流电源和本车 DC 110 V 直流电源，分别通过传感器 JK4、JK5 检测其电压信号。

如果触摸屏出现警告画面“本车 DC 110 V 空开未合”，应进入“供电系统信息”界面，查看 110 V 本车电压显示是否正常，如果显示值是“0.0 V”，应检查 Q30 是否合上，如果显示值低于电池欠压保护值，此时 KM4 应断开，切断终夜灯、单相逆变器等负载，维持重要负载的供电。KM4 受充电机内部的欠压保护板控制，当电池电压高于 96 ~ 98 V 时，欠压保护板输出一个 DC 110 V 正极信号（311）使 KM4 吸合；当电池电压低于 90 ~ 92 V 时，该信号停止输出，KM4 断开。

增加 DC 110 V 漏电实时监控，当漏电流大于 15 mA，TLMK 正漏电或负漏电指示灯亮；当漏电流大于 30 mA（参数设定值），触摸屏报 DC 110 V 漏电故障，漏电流显示值变红闪烁警示。

11.3.5.8 照明控制

照明控制功能通过转换开关 SA4 分为“集控”“半灯”“全灯”“停止”。合上断路器 Q10、Q31，将 SA4 置于“半灯”，接触器 KM6、KM7 线圈得电，使得终夜灯（亮半灯）和应急灯工作；将 SA4 置于“全灯”，接触器 KM6、KM7 和中间继电器 KA35 线圈得电，使得终夜灯（亮全灯）和应急灯工作。转换开关 SA4 放置于乘务员室配电箱和播音室配电箱。

11.3.5.9 轴温、防滑器、烟火报警器、车门及车下电源箱状态监视

通过车辆控制单元能够采集轴温、防滑器、烟火报警器、车门、车下电源箱的状态信息，并在触摸屏上显示。

在主界面中按下“本车网络”触摸开关，调出本车网络界面。按下“轴报信息”触摸开关，调出“轴温报警器信息”界面，显示目前轴温报警器的状态及参数；按下“防滑器”触摸开关，调出“防滑器信息”界面，显示目前防滑器的状态及参数；按下“烟火信息”触摸开关，调出“烟火报警器信息”界面，显示目前烟火报警器的状态；按下“车门信息”触摸开关，调出“车门信息”界面，显示出目前车门的状态；按下“车下电源”触摸开关，调出“车下电源信息”界面，显示出目前车下电源箱的状态及参数。

11.3.5.10 联网通信

列车设两条以太网线，通过车辆控制单元和以太网交换机可实现全列集中监视和控制。各个车厢的车辆控制单元将本车供电系统信息、本车空调系统信息、发送给其他车厢的命令传送到列车总线上，供其他车厢调用。本车车辆控制单元可以读取列车总线上其他任一节车厢的信息；接收其他车厢发送给本车的命令并执行。

在主界面中按下“网络监控”触摸开关，可切换到“全列监视”界面，只要轻触被监控车厢号数字显示处，调出“键盘”，输入监视车厢号，所监视车厢的信息即可显示出来。按下“防滑器”，显示所监视车的防滑信息，按下“轴报信息”，显示所监视车的轴温报警器信息，按下“烟火信息”，显示所监视车的烟火报警器信息，按下“车门信息”，显示所监视车的塞拉门信息，按下“主画面”，触摸开关返回。

在“全列监视”界面，按下“全列控制”触摸开关，可调出“全列控制”界面，轻触控制车厢号数字显示处，调出“键盘”，输入控制车厢号。根据画面上的触摸开关及提示，如想控制其他车厢电源转换，可按下供电命令区触摸开关；如想控制其他车厢空调机组转换工况，可按下空调命令区触摸开关，确认命令正确无误后，再按下“发送命令”触摸开关向受控车厢发送命令，按下“取消命令”可以取消控制命令。按下“主画面”触摸开关返回。

11.3.5.11 当前故障、运行记录、故障记录、故障历史查询

在主界面中，按下“当前故障”触摸开关，可查看当前故障信息；按下“故障历史”触摸开关，显示出用电系统最近出现的 500 个故障；按下“故障记录”触摸开关，调出“故障记录”，显示故障发生时电源及空调的运行参数，用以分析故障原因，按下“下翻”触摸开关可依次查看其他故障记录，一共 5 页；按下“运行记录”触摸开关，调出“运行记录”，显示一定时间前电源参数及空调机组参数，按下“下翻”触摸开关可依次查看其他运行记录，运

行记录每隔 10 min 记录一次，一共 18 页，通过触摸屏可以调出 3 h 以内电源及空调的工作状态和运行参数，超过 3 h 后自动刷新。

故障历史界面仅记录本车电源及空调故障信息，烟火、轴报、防滑、车门等其他系统的故障历史由各系统主机进行记录。

11.3.5.12 DC 600 V 在线绝缘监测

综合控制柜设有 DC 600 V 和 DC 110 V 绝缘检测功能，能够实时监测本车 DC 600 V 漏电和 DC 110 V 漏电。

DC 600 V 和 DC 110 V 漏电流值可在主界面进行查看，关于漏电流阈值，可通过车厢显示屏管理界面输入密码进入“参数设定”界面，在“参数设定”界面直接进行修改，点击右上角“确认”图标进行确认。DC 600 V 绝缘检测同时设有 LD-Ⅲ漏电流检测，出厂设定值为 100 mA，可通过 LD-Ⅲ上旋钮调整漏电流保护值。

DC 110 V 绝缘监测系统要求动车组在短编组入库长时间停放时，需断开从车中点电阻控制开关 Q102；在其他编组形式或状态下，务必保证中点电阻控制开关 Q102 闭合，才能保证 DC 110 V 绝缘监测系统完整。

11.3.5.13 过分相区状态保持

列车过分相区时，PLC 内部识别经过分相区后，供电、空调输出状态将保持 80 s，对应接触器状态保持，避免频繁来回切换；80 s 后根据列车实际供电状态进行状态切换。

11.3.5.14 更改系统时间

自动修改：动车组由动力车统一授时，保证全列电气系统时间一致，触摸屏通过 VECU 接收动力车时间，触摸屏接收 24 h 以内的授时校正，校正超过 24 h，触摸屏拒绝授时时间。

超过 24 h 需要进行手动修改：将触摸屏背部的“MODE”两个拨动开关全部置于“ON”，断开断路器 Q20，再重新闭合 Q20，触摸屏进入系统设置界面，在触摸屏上部时间显示处设置时间，设置完成后再将触摸屏背部的“MODE”拨动开关全部置于“OFF”，再次断开 Q20，再重新闭合 Q20，触摸屏进入用户模式。

11.3.5.15 应急分时供电

本车 DC 110 V 供电负载分级管理：DC 110 V 负载分级启动，包含四级启动，普通一级，应急分三级——应急一级、应急二级、应急三级。

应急照明、广播、司机室供电等至少 5 h 不自动断电。轴温、火警、视频监控、行车安全、门控等 3 h 后断电，其他应急（PIS 等）1 h 后断电，普通负载 5 min 后断电。

进入应急分时供电模式条件：单车检测到两路 DC 600 V 丢失。

当本车检测不到 DC 600 V 电压满 5 min 后，断开普通负载，进入应急分时供电模式。当 5 min 内本车检测到 DC 600 V 时，停止计时，退出应急供电。

退出应急分时供电模式的条件：当本车检测到 DC 600 V 时，退出应急分时供电模式。在应急模式下可通过触摸屏参数设定界面强制退出，重启后恢复应急模式。

负载详细分级如下，其余负载根据不同车型分别讨论，具体情况见表 11-3。

表 11-3　负载分级控制

防滑器主机 DC 110 V	应急一级（不受空开控制）
应急照明 DC 110 V	应急一级
检修灯 DC 110 V	应急一级
厕所照明 DC 110 V	应急一级
综合柜控制电源（含 VEMU）	应急一级
广播控制盒（集中功放单元）	应急一级
洗脸室灯	应急一级
行车安全主机（含集中显示屏）	应急二级
火灾报警主机 DC 110 V	应急二级
轴温报警主机 DC 110 V	应急二级
轴温记录仪 DC 110 V	应急二级
塞拉门控制 DC 110 V	应急二级
停放制动控制　DC 110 V	应急二级
呼唤器 DC 110 V	应急二级
视频监控服务器 DC 110 V	应急二级
PIS 系统列车主机 DC 110 V	应急三级
PIS 系统操作屏 DC 110 V	应急三级
集便器控制 DC 110 V	应急三级
车厢控制器（PIS 信息显示屏）	应急三级
逆变器控制 DC 110 V	应急三级
充电机控制 DC 110 V	应急三级
厕所门控制	应急三级
主灯带照明 DC 110 V	普通负载
全灯照明 DC 110 V	普通负载
液位显示仪 DC 110 V	普通负载
内端门控制 DC 110 V	普通负载
电暖风机控制 DC 110 V	普通负载
电开水炉控制 DC 110 V	普通负载
温水器控制 DC 110 V	普通负载
WiFi 中心服务器 DC 110 V	普通负载
WiFi 单车服务器 DC 110 V	普通负载
WiFi 交换机 DC 110 V	普通负载

11.3.6 维护与保养

11.3.6.1 PLC 单元的维护保养

PLC 是一种工业用控制器，为使 PLC 工作在最佳状态，务必实行日常或定期检查。PLC 的主要系统部件都是半导体，它含有少数有限寿命的部件，不良的环境条件可导致电气部件损坏，所以必须进行定期维护。维护检验的标准周期是 6 个月 ~ 1 年。但在恶劣的环境下，必须增加检查频率。

检验项目：

（1）电源电压是否在 20.4 ~ 26.4 V 范围内；

（2）环境温度是否在 0 ~ 55℃范围内；

（3）环境湿度是否在相对湿度 10% ~ 90%范围内且无凝露；

（4）检查 PLC 周围有无污物堆积，有无水、油污等集聚，是否未受到阳光直射；

（5）所有单元安装是否可靠，接线是否牢固，接线螺丝是否松动，连接电缆是否磨损。

PLC 的外壳为塑料制品，工作中应防止机械冲击及油污等化学物品的腐蚀。PLC 的程序及内部数据主要靠锂离子电池保存，电池的使用寿命为：自 PLC 出厂时起，在 25℃环境下为 5 年，若在更高温度下运行，则会缩短电池的使用寿命。当电池电量将要耗尽时，CPU 单元前部的 ERR/ALM 指示灯将会闪烁。电池的型号为 CPM1W-BAT01，更换方法及步骤按照附录《更换 PLC 电池》所示进行。

11.3.6.2 触摸屏的维护

触摸屏为液晶显示屏，使用过程中应防止其表面与硬、尖锐的物体接触损伤。

如果触摸屏脏得难以看清，应用一柔软干布擦拭触摸屏。如果特别脏，用干布擦除脏物可能损伤面板表面。在这种情况下，应用含中性洗涤液的湿抹布绞干后擦拭触摸屏。

为确保触摸屏始终能在最佳状态下使用，要进行定期维护工作。正常的环境下，维护检验的标准周期是 8 个月 ~ 1 年。

检验项目：

（1）电源电压是否在 20.4 ~ 26.4V 范围内；

（2）环境温度是否在 0 ~ 50℃范围内；

（3）环境湿度是否在相对湿度 35% ~ 85%范围内且无凝露；

（4）所有单元安装是否可靠，接线是否牢固，接线螺丝是否松动，连接电缆是否磨损。

11.3.6.3 车辆控制单元维护

详见车辆控制单元使用说明书。

11.3.6.4 使用注意事项

PLC 本身具有故障诊断、预告功能，出现故障后应根据提示及时检查，确认故障清除后，按照操作说明重新启动电源、空调。检查和处理故障时要注意人身和设备的安全。

当温度传感器（PT100）所测量温度值与车厢实际温度值差别较大时，应先检查、清洗回风口处的过滤网，然后再查找其他原因，不能以改变车厢温度设定值来解决问题。尤其在夏季空调制冷时，温度设定过低会损坏压缩机。

触摸屏所显示的漏电流表明了车内各用电器的绝缘情况，如果漏电流增大，则说明车内用电器有绝缘降低的现象存在，应及时排查。

触摸屏是一种液晶触摸屏。在低温环境中工作时，显示颜色（亮度）、对比度会降低，此时启动触摸屏会出现黑屏，刷新文字、图像信息时存在滞后、拖影、留影现象，所以应保证触摸屏工作在正常的环境温度中。一般来说，随着工作环境温度的提高，上述现象会随之消失。

11.4 逆变器

11.4.1 概述

逆变电源在 DC 600 V 供电铁道客车上使用，每辆车装 1 台逆变电源箱，通过 DC 600 V 母线供电，输出 AC 380 V 为客车空调、电茶炉、废排风机及管路伴热等负载供电。

1. 产品特点

（1）单板通用性：主要单板能够同时兼容空调逆变器、充电机、单相逆变器的应用，具有较强的技术复用性。

（2）产品支持至少 64 条故障信息记录，可依次记录关机等故障的产生和解除前后相关故障信息和设备动作。故障记录在电源失去控制供电后也不会丢失。

（3）故障记录可通过预留的调试端口上传给计算机的故障记录读取工具，在其界面上依次显示各种故障的产生和解除过程，便于故障定位和产品维修，显著降低维护难度。

2. 主要用途及适用范围

本产品用于将机车输出的 DC 600 V 电源变换为三相 AC 380 V/50 Hz 不隔离交流电和单相 AC 220 V/50 Hz 隔离交流电，主要用于空调客车交流设备的供电，可以为列车空调、通风机、餐车用电设备等提供性能稳定的、高质量的三相 380 V 交流电源和单相 220 V 交流电源。

3. 品种和规格

2 × 35 kV・A 双逆变器型号：DHVX-NI2035

1 × 35 kV・A 单逆变器型号：DHVX-NI2035C

4. 使用环境条件

工作环境温度：－40 ~ ＋40°C

存储温度：－40 ~ ＋70°C

相对湿度：最湿月月平均最大相对湿度不大于 90%（该月月平均最低温度为 25°C）

海拔高度：不大于 2 500 m

5. 对环境及能源的影响

逆变电源启动和正常工作时，对输入电源产生的相对峰-峰纹波因数小于 10%。

6. 安全注意事项

注意：必须遵守涉及安全的全部文件、人员安全措施和接地要求。

当在箱体上作业时，必须先完成以下 3 项操作：

（1）给逆变器断电：断开逆变器上游连接的电缆保护开关。

（2）确保逆变器不能被再次接通：确保电源不会被再次接通，使用警告标志来标识已切换到无电压位置。

（3）检验与电源的安全隔离：储存电容有剩余电压，如果触碰极度危险，可能致死。因为模块中存在储存电容，切断输入电压连接后危险的电压等级仍然存在。使用合适的电压仪器测量以下几点的电压，测试项点见表 11-4，测得的电压值都不应该超过 36 V。如果未达到与电源的隔离，则必须等待，一直等到通过持续放电电阻的放电过程完成。

表 11-4　逆变器开箱前测试项点

检查项点	箱体对外端子排
DC 600 V线路	1、3点之间电压
DC 110 V线路	15、16点之间电压
AC 380 V线路	5、6、7之间电压 8、9、10之间电压 11、12、13之间电压

7. 外形（外观）图

逆变器外形如图 11-8 ~ 图 11-10 所示。

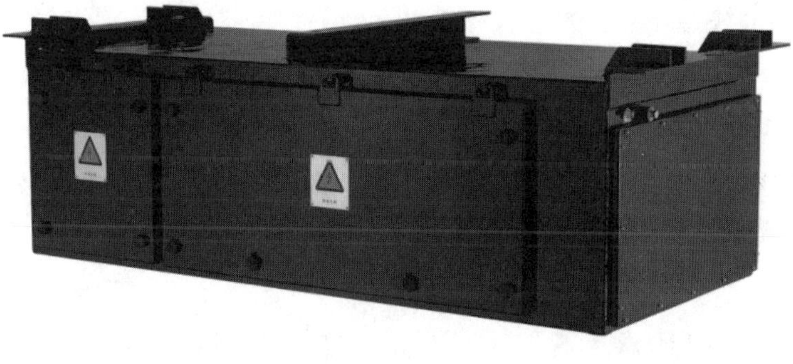

图 11-8　逆变器外形（正面）

图 11-9　逆变器外形（背面）

图 11-10　逆变器外形（去除检查门）

11.4.2　主要参数

11.4.2.1　主要电气参数

额定输入电压：DC 600 V，允许电压波动范围为 DC 500 V ~ DC 660 V，相对峰-峰纹波因数小于 15%；

额定输出电压：AC 380 V（±5%）；

控制回路额定电压：DC 110 V；

逆变电源变换效率不小于 90%（额定输出负载）；

逆变电源启动和正常工作时，对输入电源产生的相对峰-峰纹波因数应小于 10%；

输出容量：单逆变器箱 35 kV·A，双逆变器箱 2×35 kV·A；

开关频率：3 kHz。

11.4.2.2 主要性能参数/结构参数

输出电压：三相 AC 380 V±（5 %）；

输出频率：50±1 Hz；

输出谐波含量：≤5%；

正弦性畸变率：≤10%；

dv/dt ：≤500 V/μs；

输出过压保护设定值：AC 418（±5 ）V/50 Hz，或按照 $V/f=C$ 降压降频输出时电压超过 +10%的范围；

输出欠压保护设定值：AC 342±（±5 ）V/50 Hz，或按照 $V/f=C$ 降压降频输出时电压低于 −10%的范围；

输入欠压保护设定值：DC 490（±10）V；

输入过压保护设定值：DC 710（±10）V。

11.4.3　工作原理

直流母线 DC 600 V 经过输入 EMI 滤波器 Z201 和输入熔断器 FU201，当电压检测电路

TV201 检测到 DC 600 V 电源电压低于 DC 500 V，主接触器（KM201）处于断开状态，预充电接触器（KM202）处于断开状态，放电接触器（KM203）吸合，交流输出接触器（KM204）断开；如果电压检测电路 TV201 检测到主电路电压大于 DC 500（1 ± 2%）V 时，延时不得超过 5 s，吸合主接触器，放电接触器自动断开，开始预充电。DC 600 V 经过三相全桥逆变电路进行逆变，然后经过输出滤波电路，输出三相交流 380 V 电压供给负载。

12 动力集中动车组控制及信息传输

12.1 概述

动力车的控制系统是以动力车控制与监视系统（TCMS）为核心，结合目前国内现有的动力车行车安全综合信息监控系统和电空制动系统，配以动力车外围电路来进行设计。TCMS的主要功能是实现动力车特性控制、逻辑控制、故障监视和诊断，并将有关信息送到司机操纵台上的微机显示屏。TCMS 包括两个 CCU 和两个 DDU，其中 CCU 采用冗余设计，设有两套控制环节，一套为主控制环节（Master），一套为热备控制环节（Slave）。当主控制环节（Master）发生故障时，热备控制环节（Slave）立即自动投入工作。

动力车的控制电路主要完成下列功能：

（1）顺序逻辑控制：如升、降受电弓，分、合主断路器，司机控制器的换向、牵引、制动，辅助电动机的逻辑控制，动力车库内动车逻辑控制，主辅变流器库内试验逻辑控制等。

（2）动力车特性控制：采用恒牵引力/制动力+定速特性控制，实现对动力车的控制要求。

（3）辅助电动机的控制：除空气压缩机外，动力车各辅助电动机根据动力车准备情况，在外部条件具备的前提下，由 TCMS 发出指令，与辅助变流器同时启动、运行。空气压缩机则根据总风缸压力情况，通过控制接触器的分合来实现控制。

（4）制动机的电空网络控制。

（5）动力车黏着控制：包括防空转控制、防滑行控制、轴重转移补偿控制。

（6）故障诊断、显示与保护：通过设在司机室的微机屏显示动力车正常运行的状态信息（如网压、原边电流、动力车工况、级位、动力车牵引力、动力车速度等）、正常的设备工作状态（如主变流器、辅助变流器等）、正常的设备开关状态（如主断路器、辅助接触器、各种故障转换开关），显示动力车即时发生的故障信息、发生故障的设备、故障处理的方法等，并记录故障发生时的有关数据。

列车级总线：WTB；

车辆级总线：MVB+以太网；

与拖车之间：LonWorks 总线。

车辆级网络默认采用以太网传输控制数据，对于既有 MVB、又有以太网的设备，默认以太网优先，MVB 冗余备份。部分设备如 PSU、LLJ、FSJ 等不具有 MVB 接口，只采用以太网传输数据。

12.2 拓扑结构

拓扑结构如图 12-1 所示。

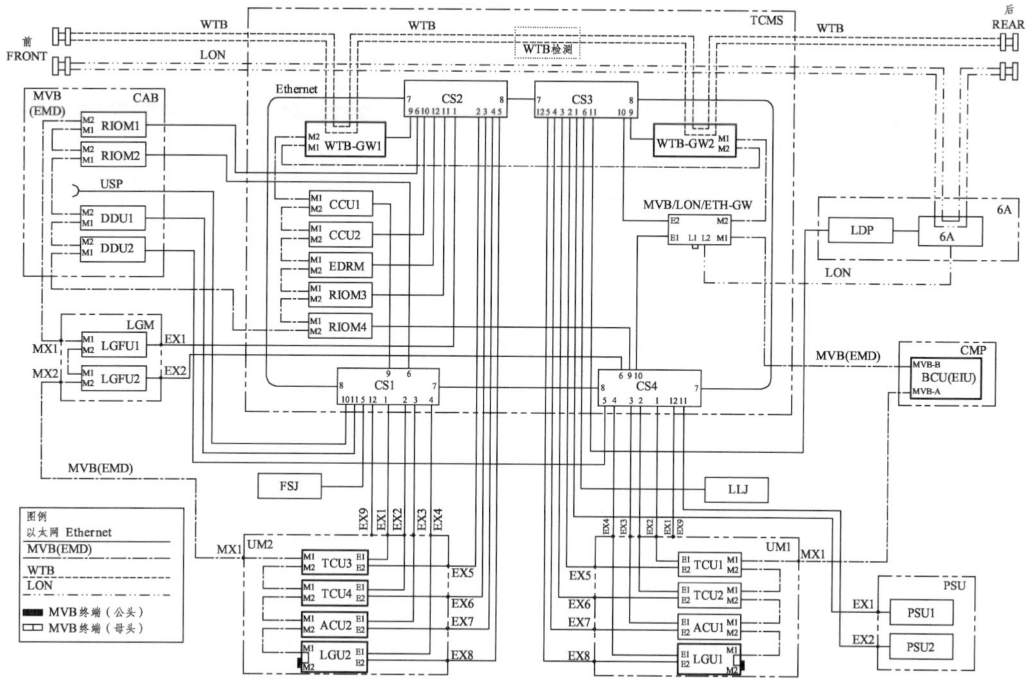

图 12-1　网络拓扑

（1）每个动力车、控制车内有两个中央控制单元 CCU，运行中热备冗余，一个 CCU 激活，另一个备用。激活的 CCU 发生故障时，备用的自动激活继续执行 CCU 的工作。

（2）每个动力车、控制车内有两个 WTB 网关，运行中双激活，在 WTB 上是两个节点，实现列车级总线数据的传输。

（3）每个司机室有两个 RIOM 机箱，每个动力车低压柜内有两个 RIOM 机箱，RIOM 通过 MVB+以太网接口和车辆总线连接，实现对 110 V 控制电路的主要控制信号采集及控制、对司机台和 Tc 车辆 110 V 控制电路的主要控制信号采集及控制，重要信号通过两根硬线分别连接到两个 RIOM，实现设备冗余功能。

（4）列车数据记录仪 ERM 实现对列车主要设备的运行状态和故障进行自动信息采集、记录，并可通过便携式测试单元 PTU 将数据读出、分析和打印。

（5）每个动力车/控制车设置两个微机显示单元，并互为冗余。两个显示屏通过 MVB+以太网线进行通信，一个为主屏，一个为副屏。主屏显示器默认运行界面为牵引界面，副屏显示器默认运行界面为制动界面。

（6）动力车、控制车内的以太网采用交换式以太网，所有终端设备 ED 通过以太网线连接到交换机，互为冗余的两个 ED 连接到不同的交换机；交换机之间组成环网。

12.3　主要功能

12.3.1　通信功能

列车控制及监控系统（TCMS）的数据通信基于 TCN 标准，按照标准，TCN 由列车总线（WTB）和多功能车辆总线（MVB）组成。同时，车辆网采用符合 IEC61375-3-4 和 IEC61375-2-3 的以太网进行组网，与 MVB 互为冗余，实现车辆总线冗余通信。

（1）WTB（Wire Train Bus）绞线式列车总线是专为铁路机车（车辆）重联而开发的高可靠和实时的现场总线，它特别适合用于需要动态编组的开式列车（也同样适合于固定编组的闭式列车），见表 12-1。

表 12-1　WTB 总线的特性

拓扑	可动态配置的总线
介质	电气屏蔽双绞线
传输距离	最多 32 节点
传输芯片	标准 HDLC 控制器
处理器作用	需要处理器参与传输控制
介质冗余	物理冗余
信号	曼彻斯特码+帧头
数据速率	1.0 Mb/s
从帧响应时间	典型 100 μs
基本周期	25 ms
地址空间	6 b
帧大小（有效）	1 024 b（可变）
完整性	HDLC FCS 校验+曼彻斯特码+长度信息
初运行	分配地址，节点方向，拓扑分配
总线主冗余	快速初运行

（2）MVB 总线的特性见表 12-2。

表 12-2　MVB 总线的特性

拓扑	总线式（铜线）
介质	铜线双绞线
传输距离	电气中距离，变压器耦合
传输芯片	MVB 专用接口芯片
处理器参与通信	无（1 类），2 类以上必须处理器参与
介质冗余	物理冗余
信号表示	曼彻斯特码+9 位帧起始分界符
数据速率	1.5 Mb/s
基本周期	1 ms
响应时间	典型值 10 μs（<43 μs）
地址空间	每个总线上最多 4 096 个物理设备，4 096 个逻辑端口
帧长度（有用数据）	169，32，64，128，256 位
完整性	每 64 位 CRC8+曼彻斯特码

（3）以太网总线。车辆以太网 ECN 网络采用环形网络，CS 交换机连接在同一个环网内，所有的终端设备与 CS 连接，每个网络接口速率为 100 Mb/s（100BASE-TX），并为全双工通信模式。过程数据周期最快需支持 20 ms，采用 UDP 进行传输，支持单播和组播。

12.3.2 逻辑控制功能

基于网络通信功能，完成对包括牵引系统、高压系统、辅助供电系统、列车供电系统、制动系统等在内的逻辑控制、状态监视、故障诊断等功能。控制功能主要包括但不限于以下内容（具体 TCMS 的功能需求应遵循统一的 TCMS 功能需求规范）。

（1）网络的管理功能。应具有对列车级总线和车辆级总线及设备通信状态的诊断功能，当检测出总线或网络设备通信故障时将产生报警信息。

（2）列车级和车辆级控制和监视功能。可采用网络系统执行受电弓、主断路器和车顶隔离开关的开关动作等，并能够控制和监视牵引、辅助变流器、列车供电等各子系统功能。

（3）对高压系统的受电弓、主断路器、车顶隔离开关、主变压器等设备的逻辑控制和过压、欠压、过流等保护功能，可实现高压部件的顺序控制和保护，对重要高压部件的多次重复故障具有高压锁闭功能。

（4）对牵引系统的控制与接口功能。实现牵引控制指令的采集、生成和传输，同时根据对整车运行情况的监视，可采用牵引封锁、功率限制等控制策略实现对牵引系统部件的保护。

（5）与辅助系统、充电机等的通信接口。根据辅助系统的工作模式和工作状态，可完成辅助系统设备的故障切换、冗余管理，实现对动力车可控交流负载（包括空气压缩机、牵引风机、冷却塔风机等）和可控直流负载（如辅助压缩机）的投入、切除控制。

12.3.3 信息显示功能

（1）列车网络控制系统状态在司机室微机显示单元显示。每个司机室设置 2 个互为冗余的司机室微机显示单元。

（2）可以通过司机室微机显示单元发布部分控制操作指令（如受电弓模式、高隔控制等）。

（3）诊断显示内容面向司机，在司机室微机显示单元上自动显示各动力车、控制车的重要运行数据和故障信息以及建议的故障对策。维修人员可在人机接口显示屏上调阅发生的故障历史。

（4）故障报警信息应包含故障代码、故障描述、故障发生（恢复）时间、应急处理措施等。

12.4 TCMS 设备布局

12.4.1 布局位置

1. *微机柜总体结构*

动力车 TCMS 设备的安装空间为：高 × 宽 × 深=550 mm × 1 720 mm × 500 mm。RIOM 为长 3U 机箱，前面板出线；其他设备为短 3U。所有设备由前面板耳朵固定，每个设备底部采用横梁或纵梁支撑。

动力车低压柜设备布局示意如图 12-2 ~ 图 12-4 所示，具有 8 个机箱，分别安装在 4 个支架上。

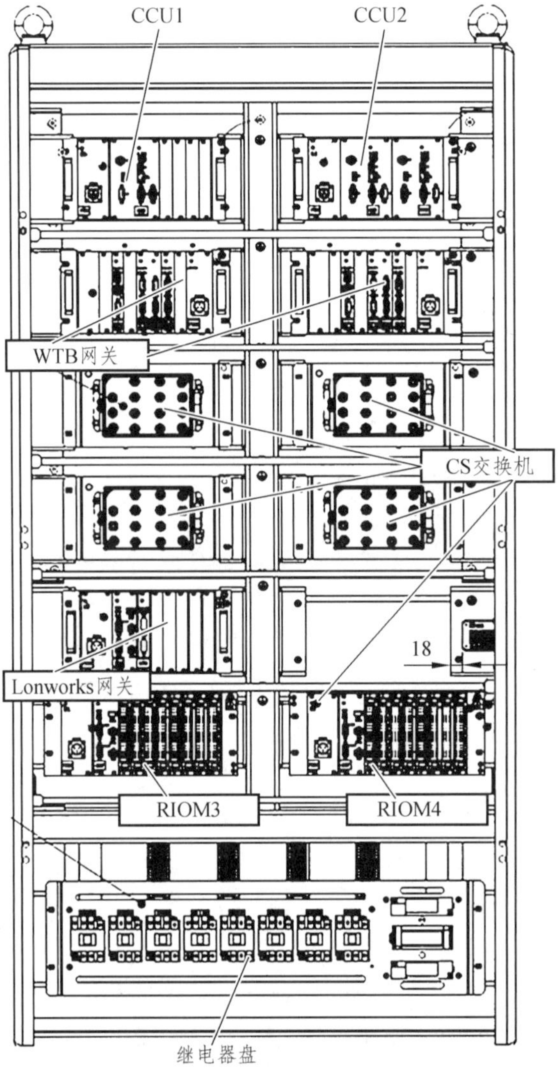

图 12-2　动力车低压柜设备布局示意图

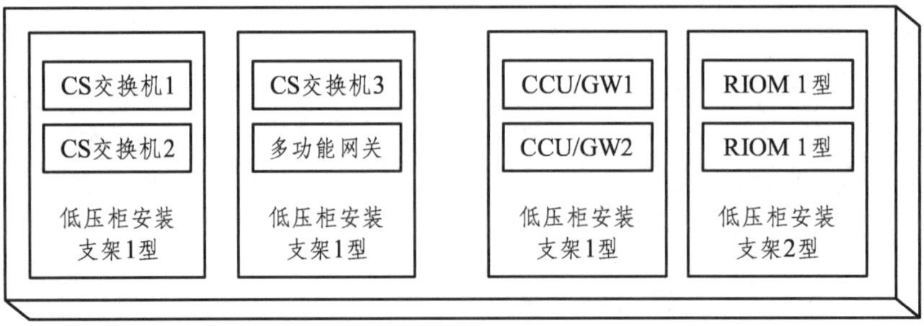

图 12-3　动力车低压柜布局

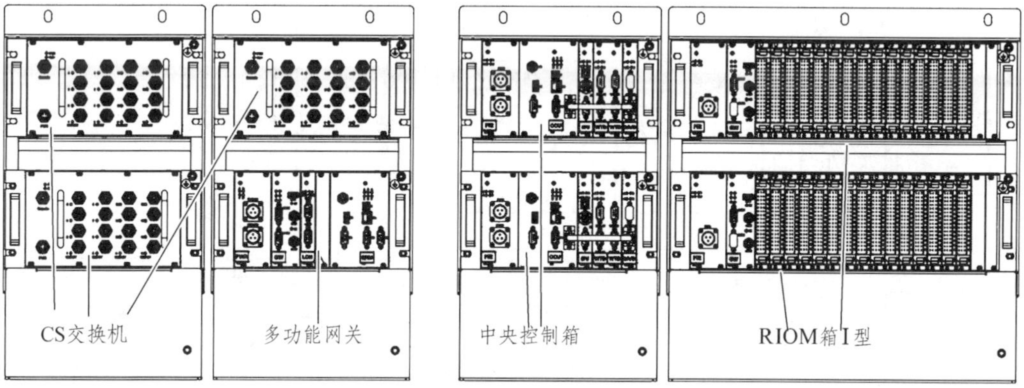

图 12-4　微机柜布局

微机柜设备明细见表 12-3。

表 12-3　微机柜设备明细

序号	设备名称	型号	数量	位置
1	RIOM 箱Ⅱ型	CC-RIOM-119	2	司机室
2	RIOM 箱Ⅰ型	CC-RIOM-118	2	微机柜
3	中央控制箱	PQ-221	2	微机柜
4	多功能网关	PQ-222	1	微机柜
5	CS 交换机	PQ-188	3	微机柜

拨码开关定义见表 12-4。

表 12-4　拨码开关定义

序号	说明	拨码
1	CCU1	5
2	CCU2	9
3	ERM	5
4	RIOM 箱Ⅱ型（CIO1）	1
5	RIOM 箱Ⅱ型（CIO2）	2
6	RIOM 箱Ⅰ型（MIO1）	3
7	RIOM 箱Ⅰ型（MIO2）	4

2. TCMS 网络拓扑（见图 12-5）

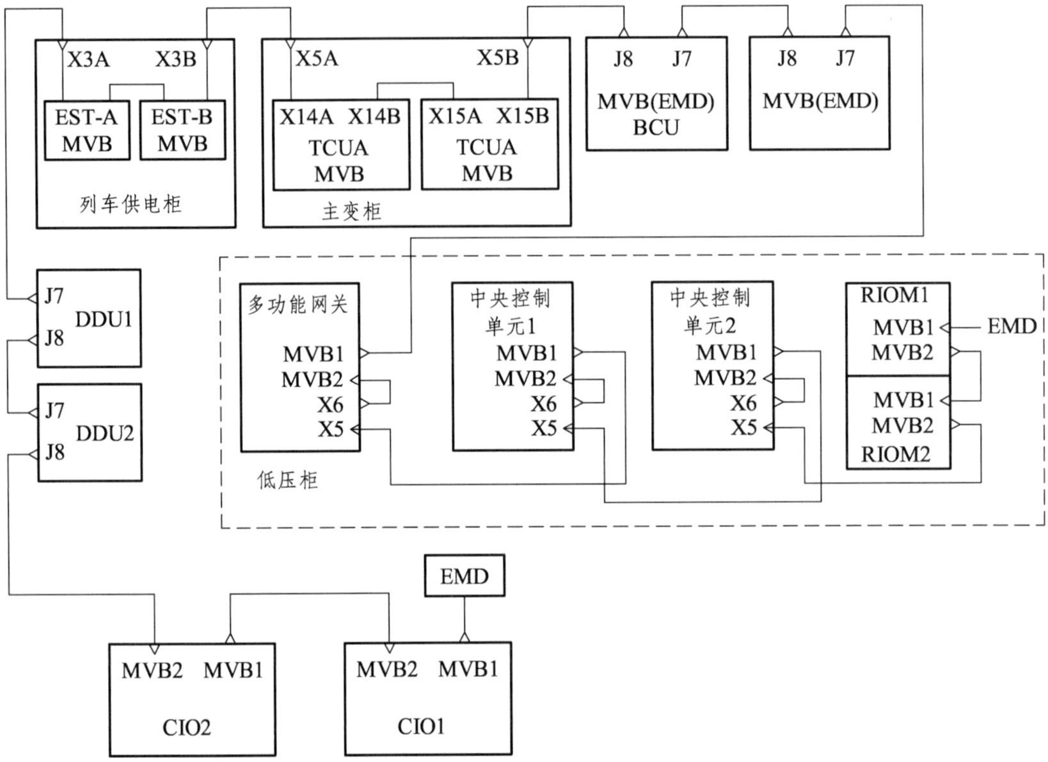

图 12-5　TCMS MVB 拓扑示意图

动力车、控制车 TCMS 由列车总线和车辆总线组成。列车级总线 WTB 贯穿所有拖车，每节车辆的车辆总线采用 MVB+以太网，MVB 总线具有线路冗余，物理介质为 EMD，车辆内以太网符合 IEC 61375-3-4—2014《轨道交通电子设备 列车通信网络（TCN）第 3-4 部分：以太编组网（ECN）》，支持 TRDP 过程数据报文。

每辆动力车、控制车内有两个中央控制单元 CCU，两个 CCU 是 MVB 4 类设备，运行中热备冗余，一个 CCU 激活，另一个备用，激活的 CCU 发生故障时，备用的自动激活继续执行 CCU 的工作。

每辆动力车、控制车内有两个 WTB/MVB/ECN 网关，两个网关是 TCN 5 类设备，运行中双激活，在 WTB 上是两个节点，在 MVB 上也配置为不同的两组端口。

每个司机室有两个 RIOM 机箱，每个动力车低压柜内有两个 RIOM，RIOM 通过 MVB+以太网接口和车辆总线连接，实现对 110 V 控制电路的主要控制信号采集及控制、对司机台和 Tc 车辆 110 V 控制电路的主要控制信号采集及控制，所有采集信号通过两根硬线分别连接到两个 RIOM，实现设备冗余功能。

列车数据记录仪 ERM 实现对列车主要设备的运行状态和故障进行自动信息采集、记录，并可通过便携式测试单元 PTU 将数据读出、分析和打印。列车事件记录器位于 MVB-ECN/LonWorks 网关机箱内部，但具有独立的电路板，ERM 不具有 I/O 接口，可以通过车辆总线或输入/输出模块获得列车主要控制单元和部件的状态信息并做记录保存。

动力车、控制车内的以太网采用交换式以太网，所有终端设备 ED 通过一根以太网线连接到交换机，互为冗余的两个 ED 连接到不同的交换机；交换机之间组成环网。这种结构可以保证任意一个交换机掉电或任意一根以太网电缆中断时，以太网功能不降低。交换机为 2 层网管型交换机，每个交换机具有 16 个以太网接口，支持 TRDP 以太网通信协议。

拖车采用 LonWorks 网络，拖车网络通过 MVB/LonWorks 网关与动力车、控制车通信。

没有 MVB 总线接口的设备也可以通过协议转换模块与 MVB 总线相连；子系统部件故障不影响 MVB 车辆总线的正常运行。子系统与车辆总线之间的接口是冗余的，单一接口的故障不影响列车的正常运行。

12.4.2 中央控制箱

12.4.2.1 产品配置

中央控制箱（CCR）包含一个中央控制单元 CCU 和一个网关单元 GW。CCU 属于车载电子设备，属于 IEC61375-1 规定的 MVB4 类设备，用于网络系统的车辆控制，与总线的连接采用 MVB 通信协议；GW 属于车载电子设备，是 IEC61375-1 规定的 5 类 TCN 设备，具备 MVB 通信、WTB 通信、ETH 通信以及网关路由功能。

12.4.2.2 技术规格

中央控制箱具体电气参数见表 12-5。

表 12-5 电气参数

项目	配置
尺寸	3U 机箱，宽度为 42TE，深度为 330 mm（包括接线半径）
输入电压	电源输入，DC 110 V（77～137.5 V）
功率消耗	40 W
操作温度	GB/T 25119—2021 （箱体内部温度：−40～+70°C；PCB 周围空气温度：−40～+85°C）
安装方式	前面板螺栓安装
外壳防护等级	IP20
总线接口	MVB-EMD Class 4/Class 5 、WTB 、ETH
板卡组成	电源板×1、CPU 板×1、MVB 板×1、WTB 板×1、背板×1、CCU 板

CCR 单元技术规格见表 12-6。CR 采用 3U 电路板式设计，CCR 硬件完全相同，占用 16TE 宽度，可安装于 3U 机箱中。

表 12-6　CCR 单元技术规格

项目	配置
CPU	AMD LX800
内存	256MB DDR OnBoard
网口	1 个 10M Base-T/100 M Base-TX 自适应网口
显卡	主板内置集成
EDOM	2GB EDOM
PC-104	1 个 PC-104 扩展槽
串口	1 个 RS-232/ RS422/485（可以通过跳线切换）
USB	1 个 USB2.0
面板接口	1 个 DB-9（针座）用于串口； 1 个 DB-9（针座）和 1 个 DB-9（孔座）用于 MVB 通信； 1 个 USB TYPE-A； 1 个 4Pin M12 孔座用于网口； 1 个 RJ45 孔座用于网口
前面板	前面板采用丝印印刷
指示灯	6 个指示灯放置在前面板上
设备 ID 设置	1 个 16 位设备 ID 设置旋转编码开关，可以设置主机 ID 号
其他接口	背板电源接口
电源	DC 输入电源： 输入电压：5 V DC； 电源电压中断保护：10 ms 内（正常工作）； 功率：15 W
防护等级	前面板 IP20
工作温度	EN50155 TX 等级； －40～+70℃（箱体内部温度）； －40～+85℃（印刷电路板周围）
振动冲击	GB-T 25119-2010、EN50155、EN61373 CLASS A

12.4.2.3　机箱结构

中央控制箱外观尺寸如图 12-6 所示。

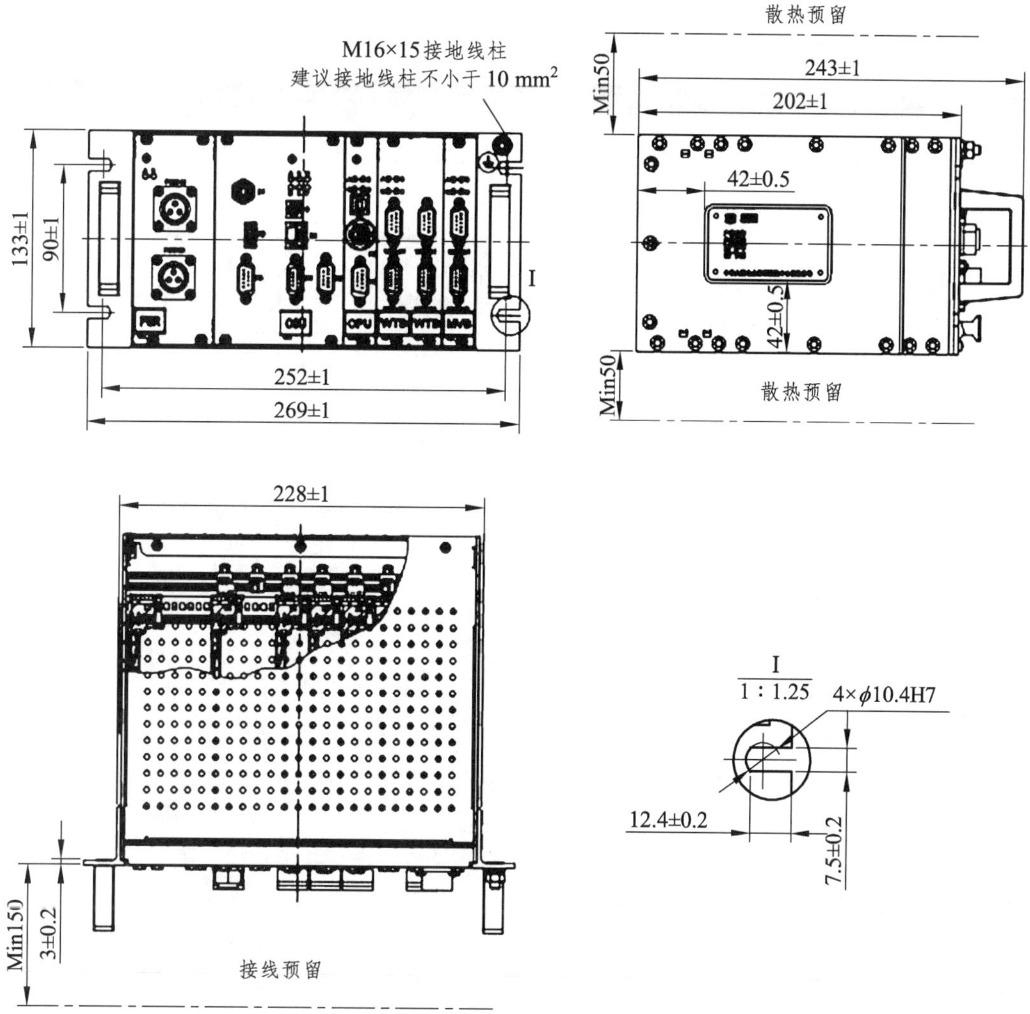

图 12-6　中央控制箱外观尺寸

结构特点：

（1）中央控制箱双插槽设计。

中央控制箱采用标准双插槽设计，可以同时嵌入安装 CCR 和 GW 单元，也可以选择双 CCU 单元或双 GW 单元安装。插槽采用标准化设计，内置专用导轨和加固支撑位，可以有效确保子单元安装的牢固性和稳定性。中央控制箱的标准化设计可以方便系统未来的升级，可快速更换更高性能的子单元。

（2）满足 EN50155 TX 环境温度标准要求。

在中央控制箱、CCU 子单元和 GW 子单元的设计过程中，采用了满足 EN50155 TX 等级要求的整机设计，整机设计中全部采用宽温部件，在生产过程中经过严格筛选后，可确保整机在 – 40 ~ +70°C环境下正常工作。

（3）旋转编码开关。

为方便现场调试设置，CCU 单元均内置有 16 位 ID 旋转编码开关，方便现场调试设置。

12.4.3 远程输入/输出单元（RIOM）

12.4.3.1 产品配置

远程输入/输出（RIOM）是由电源模块、通信网关模块及各种输入/输出板卡组成。RIOM-Ⅰ、Ⅱ型外形尺寸相同，为 84TE 宽度、长 3U 式机箱，最多具有 17 个板位。

其面板如图 12-7 所示。

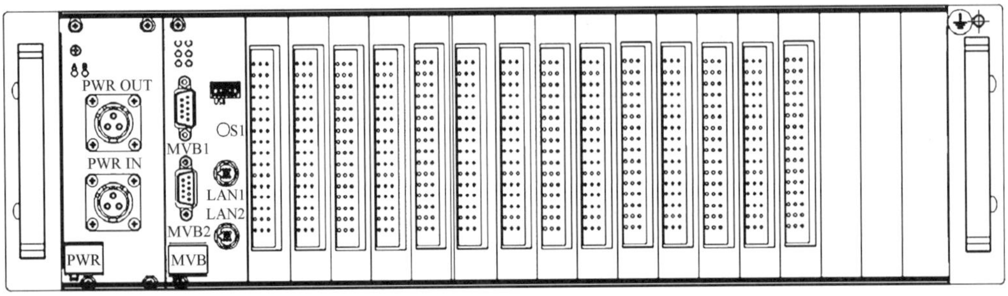

图 12-7 RIOM 前面板

动集动车组中的 RIOM 采用机箱式结构，I/O 的前面板采用欧式 48 芯插头，前面板不带有指示灯。

RIOM 的背板采用 CAN+RS485 通信，正常情况下网关通过 CAN 与其他 I/O 板通信，网关通过 CAN 收不到任意一个 I/O 的生命信号则切换到 RS485 与 I/O 通信。

DI、DO 都具有电路板电路自检功能。DI 采用分时采样，DO 采用继电器输出。

RIOM 实现 DI/DO 完全冗余和自检功能：

（1）通道自检：DI、DO 板卡对每路通道进行周期性自检，并把自检结果上传到 CCU 主控单元，CCU 根据自检结果进行冗余通道的选择。因此，板卡通道故障不会影响整车控制。

（2）板卡冗余：每块 DI、DO 板卡把自身工作状态上传到主控单元 CCU，CCU 可判断板卡是否正常工作，并进行冗余板卡的选择。因此，板卡故障不会影响整车控制。

（3）机箱冗余：整车重要控制信号分布在不同的机箱，进行机箱冗余设计，单个机箱（如电源、网关等）故障，不会影响整车控制。

RIOM 机箱根据安装位置的不同，所使用的板卡配置不同。其中，MIO 型位于低压柜，CIO 型位于司机室。

电源板设计为 DC 110 V 电压输入，为 RIOM 机箱提供 DC 5 V 电源；任意一个 I/O 机箱设置两块 5V 输出电源板模块，保证机箱供电冗余性。

电源板参数见表 12-7。

表 12-7 电源板参数

参数			最小	典型	最大	单位	备注
输入电压			77	110	137.5	V	
输出电压	5V-1	输出电压	4.9	5	5.2	V	为内部电路板供电
		输出功率			100	W	
	5V-2	输出电压	4.9	5	5.2	V	为内部电路板供电
		输出功率			100	W	

1. MVB/ETH 网关

网关板主要的功能是实现 MVB 总线、以太网和背板 CAN 总线互联。网关板可以将 CAN 总线的数据打包处理成 MVB 总线协议、以太网格式数据，送到 MVB 总线和以太网总线上；同时网关板从 MVB 总线、以太网总线接收信号，传送到相应的 CAN 总线上。

网关板参数见表 12-8。

表 12-8　网关板参数

参数		数值	单位	备注
输入电压	标称值	5	V DC	
	允许波动范围	4.75 ~ 5.25	V DC	

2. 数字量输入板（DI）

数字量输入板卡内部集成 24 路 110 V 数字量采集单元。通过 F 型插头内部集成的 CAN 通信介质与主控制单元进行数据交换。

数字量输入板 DI 主要参数见表 12-9。

表 12-9　数字量输入板（DI）主要参数

参数	最小	典型	最大	单位	备注
数字量电压采集（高）	70	110	137.5	V	
数字量电压采集（低）	0	0	27	V	
数字量采集电流（单通道）	5	6.5	8.5	mA	
数字量采集功率（单通道）	0.1	0.065	0.1	W	

注：为了增加数字量采集板卡的抗干扰性能，数字量输入采用了增加导通电流的方法，数字量采集电路单通道的典型导通电流为 6.5 mA，功耗为 0.7 W，这会产生大量的热量，并且会减少电路的寿命。为了解决这一问题，电路采用了每 20 ms 导通 1 ms 关闭 19 ms 的控制机制，这样就使单通道的平均电流和功耗变成了原来的 1/20，平均电流变为 0.35 mA，功耗变为 0.1 W。

3. 数字量输出板（DO）

数字量输出板 1 型，采用继电器作为开关元件，通过背板集成的 CAN 通信介质与主控制单元进行数据交换，见表 12-10。

表 12-10　数字量输出板（DO）1 型参数

参数		最小	典型	最大	单位	备注
数字量驱动能力	DC 110 V	0.02		0.3	A	
外部提供电压范围		12	110	137.5	V	
单通道功耗			0.4		W	无负载
正常工作最大电流				0.3	A	
保护电流				0.6	A	
触点闭合时间			10		ms	
触点断开时间			5		ms	
隔离电压耐压值			AC 1 500		V	50 Hz，1 min
最大耐受冲击电流				65	A	<20 ms

数字量输出板 2 型，采用 MOS 作为开关元件，通过背板集成的 CAN 通信介质与主控制单元进行数据交换，见表 12-11。

表 12-11　数字量输出板卡（DO）2 型参数

参数		最小	典型	最大	单位	备注
数字量驱动能力	DC 110 V		0.5	1	A	
外部提供电压范围		75	110	137.5	V	
正常工作最大电流				1	A	
单通道功耗			1.35		W	无负载
保护电流				2	A	
闭合时间			1	10	ms	
断开时间			0.1	3	ms	
隔离电压耐压值			AC 1 500		V	50 Hz，1 min
最大耐受冲击电流				2.5	A	<5 ms

4. 模拟量输入输出板（AX）

模拟量输入输出板卡，内部集成脉冲信号采集、模拟量输入采集和模拟量输出功能，通过 CAN 接口进行数据交换。

模拟量输入输出参数见表 12-12。

表 12-12　模拟量输入输出参数

参数	数值	单位	描述
输入级类型			非差分共地模式
精度	1	%	满量程
分辨率	12	Bits	
输入	电压：0 ~ 10 V		第 1 ~ 3 路直流电压输入
	电流：0 ~ 20 mA		第 4 ~ 5 路直流电流输入
输出	电流：−20 ~ +20 mA 或者 电压：−10 ~ 10 V		第 1 ~ 2 路直流电流输出或电压输出，二选一
	24 V		直流恒压输出(2 W 负载功率)
	15 V		直流恒压输出(2 W 负载功率)

12.4.3.2　技术规格

远程输入输出单元满足以下规格，见表 12-13。

表 12-13　远程输入输出单元规格

环境	环境温度	−40℃（最小） +70℃（最大）
	储存温度	−40℃（最小） +70℃（最大）
	相对湿度	95%（最大）
供电	77～137.5 V DC	
功率	小于 50 W	
质量	8.2 kg	
防护等级	IP20	
工作温度	EN50155 TX 等级； −40～+70℃（箱体内部温度）； −40℃～+85℃（印刷电路板周围）	

12.4.3.3　机箱结构

RIOM 外观尺寸如图 12-8 所示。

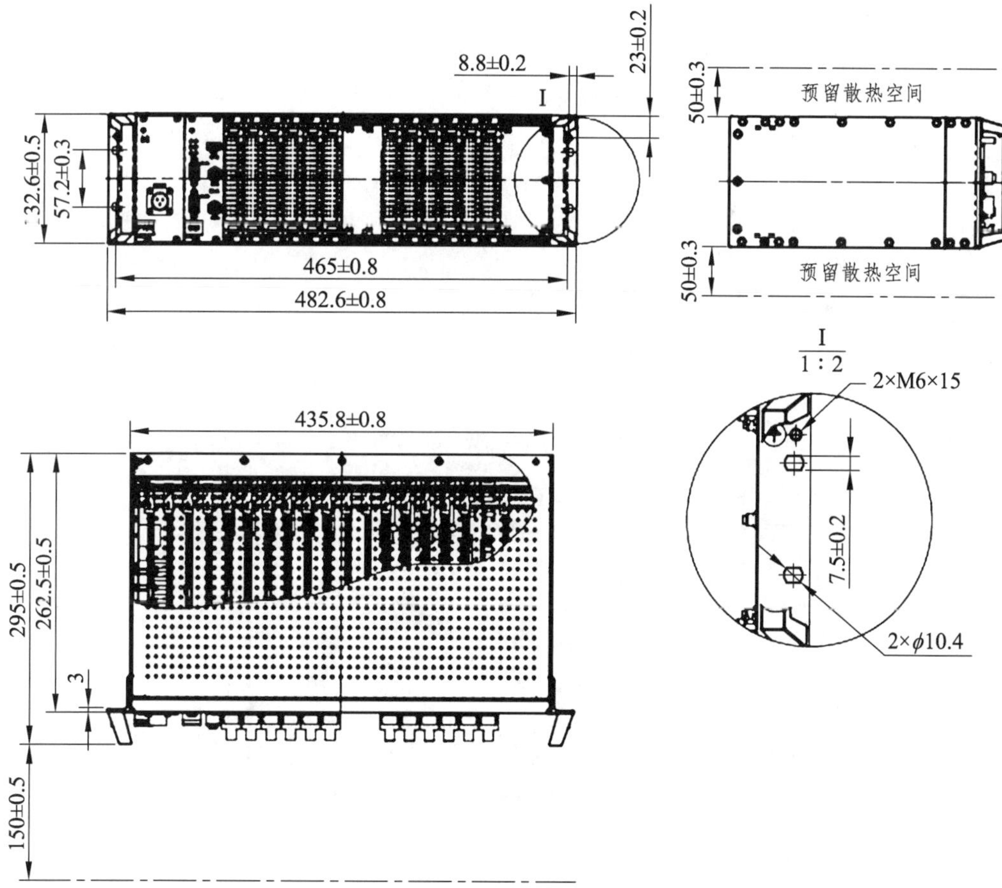

图 12-8　RIOM 外观尺寸

结构特点：

（1）插槽设计。

RIOM 采用标准插槽设计，内置专用导轨和加固支撑位，可以有效确保子单元安装的牢固性和稳定性。RIOM 的标准化设计可以方便系统未来的升级，可快速更换更高性能的子单元。

（2）满足 EN50155 TX 环境温度标准要求。

在 RIOM 设计过程中，采用了满足 EN50155 TX 等级要求的整机设计，整机设计中全部采用宽温部件，在生产过程中经过严格筛选后，可确保整机在 −40 ~ +70°C环境下正常工作。

12.4.4 多功能网关

12.4.4.1 产品配置

多功能网关内部含有 MVB/LonWorks 网关和一个数据记录仪 ERM。

MVB/ LonWorks 网关和 ERM 独立供电，二者没有电气连接。MVB/LonWorks 网关具有连接 MVB 网络和 LonWorks 网络的功能。该模块通过 LonWorks 网络可以把客车的车门、报警、制动、轴温等信息送给 MVB 网络或以太网络，同时将 MVB 或以太网相关信息传送给客车。

LonWorks 板卡终端电阻考虑在外部接入，板卡采用 RS485 通信。背板为预留 LonWorks 板卡做考虑，可以安装 2 个 LonWorks 板卡。ERM 板卡独立供电，可连续记录 72 h 内的运行数据和故障数据。ETH+MVB 转 LonWorks 部分包括 3 种电路板。

（1）ETH/MVB 板：前面板具有 ETH 和 MVB 接口，背板具有 CAN 和 RS485 总线，用于实现 ETH/MVB 与 CAN/RS485 的互相转换，具有 MVB4 类设备功能，同时具备以太网的冗余切换功能和 BootLoader 程序下载功能。根据项目的不同需求，可以编写软件实现不同的转换功能。

（2）LonWorks 板：用于实现 RS485 与 LonWorks 网络数据转换功能，采用神经元芯片，支持 LonWorks 网络变量。

（3）电源板：提供电源。

网关为 3U42TE 尺寸设计，板卡可以灵活更换，方便维护。

其面板如图 12-9 所示。

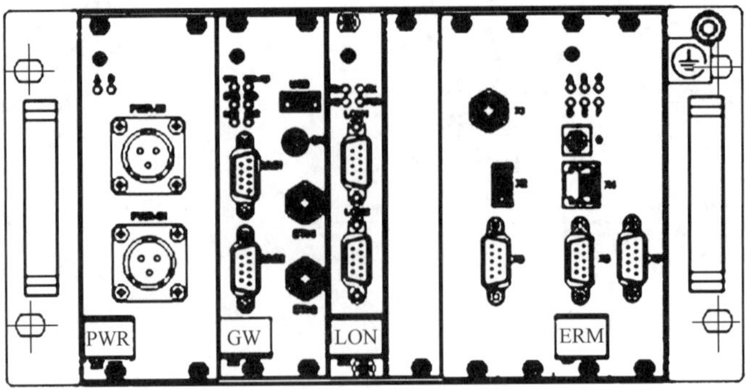

图 12-9 前面板示意图

机箱配置见表 12-14。

表 12-14 机箱配置

项目	配置
电源板	DC 110 V 输入，DC 5 V 输出
ETH/MVB	具有 Ethernet 接口、MVB 接口
ETH/LON	具有 Ethernet 接口、LonWorks 接口
ERM	具有 Ethernet 接口、MVB 接口

1. 电源板

电源板设计为 DC 110 V 电压输入，为整个机箱提供 DC 5 V 电源。

电源板参数见表 12-15。

表 12-15 电源板参数

参数	最小	典型	最大	单位	备注
输入电压	77	110	137.5	V	
输出电压	4.8	5	5.2	V	为内部电路板供电
输出功率	5	25	50	W	为内部电路板供电

2. ETH/MVB 网关

ETH/MVB 网关用于实现以太网与 MVB 网络数据转换功能，具有 MVB4 类设备功能，同时具备以太网的冗余切换功能和 BootLoader 一键下载功能。

网关板参数见表 12-16。

表 12-16 ETH/MVB 网关板参数

参数		数值	单位	备注
输入电压	标称值	DC 5	V	
	允许波动范围	DC 4.75 ~ 5.25	V	

3. LonWorks 网关

LonWorks 网关用于实现以太网与 LonWorks 网络数据转换功能，采用神经元芯片，支持 LonWorks 网络变量。信号线支持无极性双绞线；波特率为 78 kb/s。

网关板参数见表 12-17。

表 12-17 LonWorks 网关参数

参数		数值	单位	备注
输入电压	标称值	DC 5	V	
	允许波动范围	DC 4.75 ~ 5.25	V	

4. ERM 板

ERM 板实现数据记录功能，具有 MVB 和 ETH 接口，见表 12-18。

表 12-18 ERM 配置

项目	配置
网口	1 个 10M Base-T/100 M Base-TX 自适应网口
EDOM	4 GB EDOM
串口	1 个 RS-232/ RS422/485（可以通过跳线切换）
USB	1 个 USB2.0
面板接口	1 个 DB-9（针座）用于串口； 1 个 DB-9（针座）和 1 个 DB-9（孔座）用于 MVB 通信； 1 个 USB TYPE-A； 1 个 4Pin M12 孔座用于网口； 1 个 RJ45 孔座用于网口
前面板	前面板采用丝印印刷
指示灯	6 个指示灯放置在前面板上
设备 ID 设置	1 个 16 位设备 ID 设置旋转编码开关，可以设置主机 ID 号
其他接口	背板电源接口
电源	DC 输入电源： 输入电压：5 V DC； 电源电压中断保护：10 ms 内（正常工作）； 功率：15 W
防护等级	前面板 IP20
工作温度	EN50155 TX 等级； −40 ~ +70°C（箱体内部温度）； −40 ~ +85°C（印刷电路板周围）
振动冲击	GB-T 25119-2010、EN50155、EN61373 CLASS A

12.4.4.2 技术规格

网关满足以下规格，见表 12-19。

表 12-19 网关技术规格

环境	环境温度	−40°C（最小） +70°C（最大）
	储存温度	−40°C（最小） +70°C（最大）
	相对湿度	95%（最大）
供电	77 ~ 137.5 V DC	

续表

功率	30 W
安装方式	前面板螺栓安装
防护等级	IP20
工作温度	EN50155 TX 等级： －40～+70℃（箱体内部温度） －40～+85℃（印刷电路板周围）
振动冲击	EN50155

12.4.4.3　机械结构

如图 12-10 所示，采用标准插槽设计，内置专用导轨和加固支撑位，可以有效确保子单元安装的牢固性和稳定性。标准化设计可以方便系统未来的升级，可快速更换更高性能的子单元。

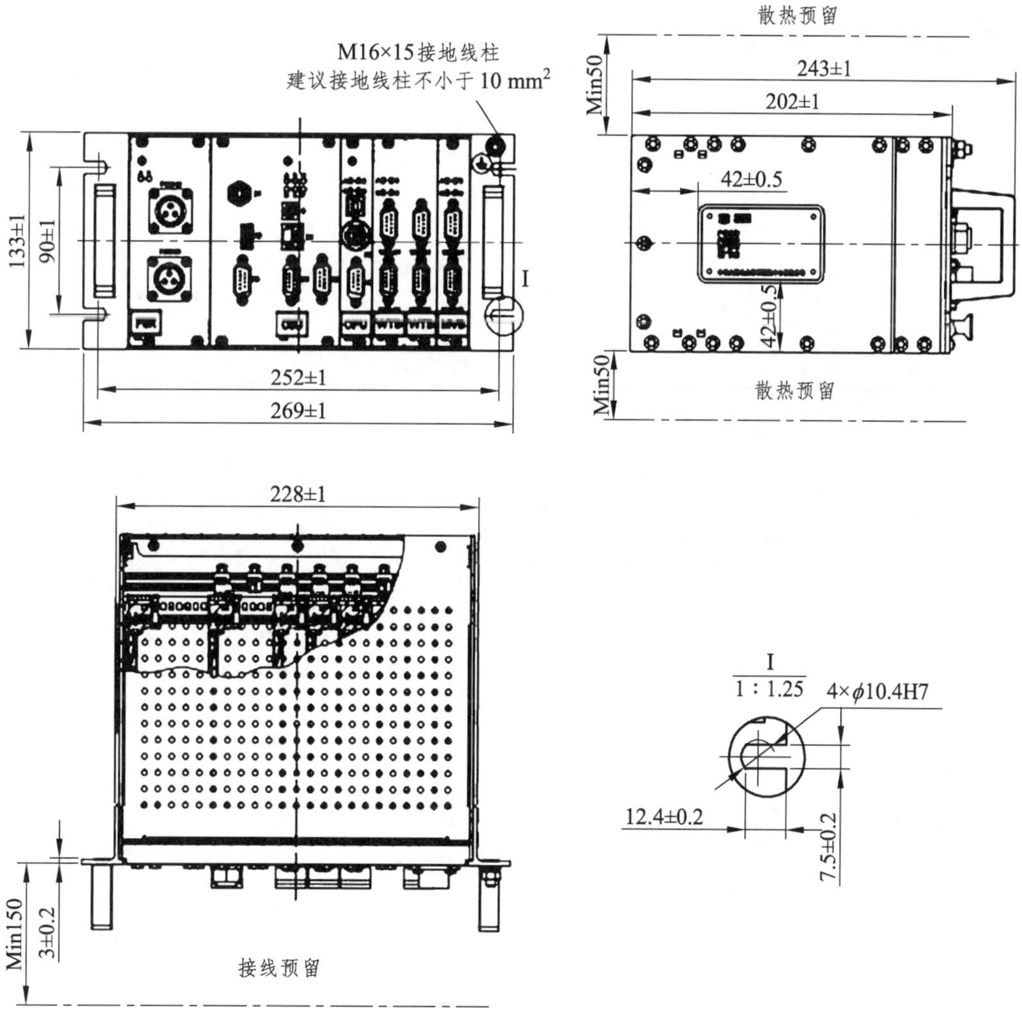

图 12-10　外观尺寸

在设计过程中，采用了满足 EN50155 TX 等级要求的整机设计，整机设计中全部采用宽温部件，在生产过程中经过严格筛选后，可确保整机在 –40 ~ +70°C环境下正常工作。

12.4.5 CS 交换机

12.4.5.1 产品配置

CS 交换机为独立的 3U42TE 机箱。

其面板如图 12-11 所示。

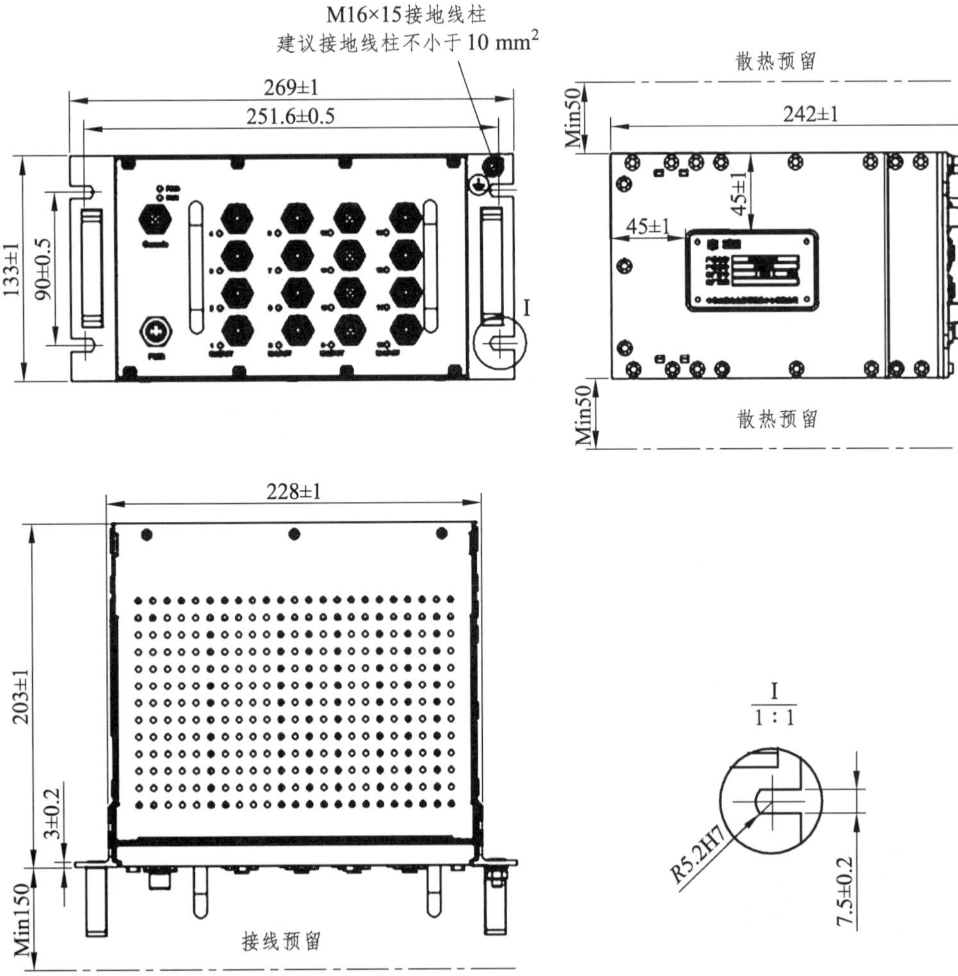

图 12-11 交换机示意图

12.4.5.2 技术规格

网关满足以下规格，见表 12-20。

表 12-20 网关技术规格

参数	值	单位	描述
工作环境温度	最小 –40 最大 +70	°C	依据 GB/T 25119—2021

续表

参数	值	单位	描述
储存温度	最小 −40 最大 +85	℃	依据 GB/T 25119—2021
相对湿度	最大 95	%	不冷凝
海拔	最大 1 500	m	
输入电压	最大 DC 137.5	V	依据 GB/T 25119—2021
	最小 DC 77	V	依据 GB/T 25119—2021
允许供电电源扰动	最大 10	ms	依据 GB/T 25119—2021 S2 级
抗振性	频段 5～150 垂向 1，00 横向 0，45 纵向 0，70	Hz m/s^2 m/s^2 m/s^2	依据 GB/T 21563—2018 Cat.1 Class B
机械冲击防御性	垂向 30， 30 横向 50， 30 纵向 50， 30	m/s^2， ms m/s^2， ms m/s^2， ms	依据 GB/T 21563—2018 Cat.1 Class B

12.4.6 低压电源柜

每节动力车设有一个低压电源柜（含 DC 110 V 电源装置 PSU 和蓄电池组），以提供动力车所需的 DC 110 V 控制电源，同时向蓄电池组充电。DC 110 V 电源装置中有两组功率模块 UR1 和 UR2，输入电源为 APU2 经过滤波的三相 380 V 电源。

功率模块 UR1 和 UR2 同时工作，UR1 给蓄电池充电，UR2 给动力车的控制电路输送 DC 110 V。当其中一组功率模块故障后，DC 110 V 电源装置控制系统可自动切换，转由另一组功率模块给整节车控制电路及蓄电池供电。

动力车还设有一个外接的蓄电池充电插座 XSC3，当蓄电池组馈电严重，致使动力车电器因蓄电池电压低于最低控制电压而无法工作时，XSC3 可作为蓄电池的备用充电插座，也可以作为动力车调试检修时的外接电源的引入插座。

12.5 司机指令与控制功能

在每台动力车的司机室设置了完全相同的控制指令开关，可以分别向动力车控制系统发出命令，动力车控制系统经逻辑处理后，驱动执行机构，实现对动力车的控制。

12.5.1 电钥匙 SA41

司机电钥匙开关 SA41 有两个位置："合"和"断"，当置于"合"位时，本台动力车即被设定为本务车。

同时，司机电钥匙开关 SA41 的辅助触点串联到本台动力车行车安全系统 LKJ2000 的供电电源回路中，确保只有本台动力车的 LKJ2000 系统处于工作状态。

12.5.2 司机控制器 AC41

司机控制器（简称“司控器”）有两个手柄：方向手柄和调速手柄。方向手柄有“向前”“0”“向后”三个位置，调速手柄可以提供牵引级位 0～100%，制动级位 0～100%。两个手柄之间设有机械联锁：当调速手柄在“0”位时，方向手柄方可进行方向转换；方向手柄在“0”位时，调速手柄不能移动，只能在“0”位。

12.5.3 受电弓扳键开关 SA43

受电弓扳键开关设有“升”“0”“降”三个位置，该开关为自复式，正常位置为“0”位。

“升”位：升起预选受电弓；

“降”位：降落所有受电弓；

“0”位：维持预选受电弓的当前状态。

12.5.4 主断路器扳键开关 SA45

司机通过操纵主断路器扳键开关，可以实现对主断路器的控制。主断路器扳键开关设有“合”“0”和“分”三个位置。“合”为自复式，正常位置为“0”位。

“合”位：闭合主断路器；

“分”位：断开主断路器；

“0”位：维持主断路器的当前状态。

12.5.5 压缩机扳键开关 SA47

压缩机扳键开关设有三个位置，分别为“0”“合”“强泵”位。“强泵”位是自复位置。

“合”位：压缩机根据总风压力开关 KP49 和 KP50 的状态投入工作；

“强泵”位：强制动力车的所有压缩机都投入工作；

“0”位：压缩机停止工作。

12.5.6 紧急制动、半自动过分相和定速按钮

半自动过分相按钮 SB53 为自复位按钮，紧急制动按钮 SB69 为自锁按钮。

按下紧急制动按钮 SB69，动力车将实施紧急制动，一方面断开主断路器，另一方面对列车实施紧急制动。

动力车通过分相区前，司机可以按“半自动过分相”按钮一次，动力车采用半自动方式通过分相区。动力车自动将牵引力或制动力降为零并断开主断路器，通过分相区后，TCMS 在检测到网压后闭合相应的主断路器。

12.5.7 停放制动控制

为了防止动力车在停放状态下发生溜车事故，设置了停放制动功能。该功能相关按钮有停放制动按钮 SB47 和停放缓解按钮 SB49，均为自复位按钮。

停放制动按钮：动力车进入停放制动状态，“停放制动”指示灯亮。

停放缓解按钮：动力车退出停放制动状态，“停放制动”指示灯灭。

当动力车速度为“0”，司机电钥匙开关 SA41 置于“断”位时，停放制动将自动实施。

12.5.8 无人警惕控制

动力车运行时，如果司机出现打瞌睡、离岗或因紧急伤病等情况丧失操控能力时，无人警惕功能将主动实施停车，保证行车安全。该功能是通过微机控制系统来实施，并在操纵台上设有声光报警和信息提示，直至实施惩罚制动。

当动力车速度≥3 km/h，并且司机控制器的方向手柄离开零位，60 s 内如果司机没有操纵任何复位开关，司机室的语音箱开始发出“无人警惕”的语音报警，微机屏同时进行无人警惕预警提示，如果再经过 10 s 仍没有施加任何无人警惕复位指令，TCMS 微机控制系统会发出惩罚制动指令，动力车实施最大常用制动。

操纵端司机室的下列任一操作均可复位无人警惕功能：① 警惕开关，包括警惕按钮 SB43 和警惕脚踏开关 SA73；② 高音风笛按钮 SB57、SB59、SB61；③ 低音风笛脚踏开关 SA85；④ 撒砂脚踏 SA83；⑤ 电笛按钮 SB63；⑥ 司控器的级位转换；⑦ 制动手柄的移动。

12.5.9 微机复位

当动力车在正常运行中发生主变流器故障，不能自行恢复时，故障信息在司机室信息显示单元中显示出来，司机可以根据提示，通过按动显示屏内故障复位软按键 S 一次，实现故障的恢复。

12.5.10 自动换端

动力车的自动换端功能可使司机在升弓、合主断且辅助系统维持运行状态下，完成换端操纵。通过激活操纵台上“自动换端”按钮 SB41 激活停车位置功能后，停放制动将投入，两端操纵台上的自动换端指示灯亮（信号 561=1）。司机可将操纵端动力车钥匙拔出，并在重新选择操纵端后将动力车钥匙处于“合”位，按下“自动换端”按钮，动力车将正常退出自动换端状态，并自动保持自动换端被激活前的运行模式。若在规定时间内司乘人员没有任何操作，自动换端功能将异常退出，动力车将断主断、降弓。

若是司机在激活自动换端的这一端，未进行换端操作，而是再次按下“自动换端”按钮，将正常退出自动换端状态，并保持自动换端被激活前的运行模式。

12.6 动力车逻辑控制和保护电路

动力车的逻辑控制和保护电路主要是将各辅助电动机的自动开关、各控制电器用自动开关、辅助变流器库内试验开关、各接触器、主断路器、各操作开关、空气管路系统压力开关等状态，以及各类接触器、继电器和电控阀等的状态指令送入 TCMS，用于动力车的各种工作逻辑及保护逻辑控制，并通过 TCMS 与主变流器和辅助变流器之间的通信，将有关控制指令信息送到主变流器和辅助变流器，达到整车联控目的。

12.6.1 各辅助电动机自动开关功能

牵引通风机自动开关 QA11、QA12：用于牵引通风机的故障保护和相应的逻辑控制。当牵引通风机过流造成自动开关断开后，主触点断开对应牵引通风机的供电电路，辅助触点将故障信号送到 TCMS，然后通过 TCMS 一方面进行故障提示，另一方面自动隔离对应变流柜内的对应牵引变流器，同时对应的牵引电动机停止工作。

冷却塔通风机自动开关 QA15、QA16：用于冷却塔通风机的故障保护和相应的逻辑控制。当冷却塔通风机过流造成自动开关断开后，主触点断开对应冷却塔通风机的供电电路，辅助触点将故障信号送到 TCMS，然后通过 TCMS 一方面进行故障提示，另一方面自动隔离对应变流柜内的 2 组牵引变流器，同时对应的 2 组牵引电动机全部停止工作。

压缩机自动开关 QA17、QA18：用于空气压缩机的故障保护。当空气压缩机自动开关断开后，断开空气压缩机的供电电路，并将故障信号通过 TCMS 进行显示，同时断开空气压缩机的控制接触器线圈支路，使该接触器不能得电闭合。

油泵自动开关 QA19、QA20：用于主变压器油泵的故障保护和相应的逻辑控制。当油泵自动开关断开后，断开对应油泵供电电路，故障信号一方面送到司机故障显示灯，另一方面自动隔离对应变流柜内的 2 组牵引变流器，同时对应的 2 组牵引电动机全部停止工作。

12.6.2　各辅助电动机接触器功能

动力车辅助系统安装有各类接触器，包括辅助供电接触器 KM11、KM12、KM20，压缩机接触器 KM13，辅助压缩机接触器 KMC1。接触器的主触点用于接通对应辅机的供电电路，辅助触点用于该接触器的工作确认，确保辅机能够投入工作。

12.6.3　原边过流继电器 KC1

当动力车发生原边过流故障时，原边过流继电器 KC1 动作，其联锁触点信号送入 TCMS，跳开主断路器，实施故障保护。

12.6.4　主变压器保护电路

动力车控制系统通过设置的温度传感器 BT47、BT48、BT49，油流继电器 KP41、KP42，压力释放阀 KP43，布赫继电器 KP44 对主变压器实施温度保护和过压力保护。

温度传感器 BT47、BT48、BT49：检测油路的油温，当主变压器的油温超过 90°C时，动力车功率开始线性下降；当主变压器的油温超过 105°C时，断开主断路器。

主变压器具有两路油循环冷却系统，各设有一个油流继电器对油流情况进行监测。当主变压器油温≥30°C时，如果一个油流继电器检测到无油循环，则该冷却支路对应的两组牵引变流器停止功率输出，动力车的牵引功率下降 50%。当主变压器油温≥30°C时，如果两个油流继电器都检测到无油循环，主变流器封锁，停止输出功率。

主变压器安装有压力释放阀 KP43。当变压器内部压力达到 95 ± 15 kPa 时，压力释放阀动作，释放压力，同时动力车断主断，并在微机显示屏上进行故障显示。

主变压器安装有布赫继电器 KP44，用于检测主变压器内气体含量。KP44 设置有 2 级报警，当 1 级报警动作时，TCMS 在显示屏上提示。当 2 级报警动作时，TCMS 将控制断主断。

12.6.5　主断路器快速保护电路

当动力车发生故障时，为了在最短的时间内分断主断路器，动力车设置了硬线的快速分断电路。主断路器线圈闭合回路中串入紧急制动开关的常闭触点，按下紧急制动按钮会立即切断主断路器线圈闭合回路，使主断路器立即断开。

主断路器的辅助触点的状态信息送入动力车控制系统中，方便动力车控制系统对设备的状态确认和故障判断。

12.6.6　主变流器控制电路

动力车设有两组完全相同的变流柜 UM1、UM2，每组变流柜中有两套牵引变流器，用以控制两台牵引电动机。不同的是，变流柜 UM1 的装置识别信号设定为 110 V，变流柜 UM2 的装置识别信号设定为 0 V。下面以变流柜 UM1 的控制进行说明，括号内为 UM2 的外围设备信号。

动力车主变流器的控制是动力车控制单元 TCMS 根据司控器给定指令，通过 RS485 网络传送给主变流器控制单元，并按照动力车的牵引/制动特性完成对牵引电动机的控制。牵引电动机的速度传感器 BV41、BV42（BV43、BV44）将信号反馈回牵引变流器，完成对牵引电动机速度的闭环控制，有效地实施动力车的防空转、防滑行保护，并对动力车的轴重转移进行补偿。牵引电动机的温度传感器 BT41、BT42（BT43、BT44）将信号反馈回牵引变流器，完成对牵引电动机温度的监测，有效地避免电机由于温升过高，导致绝缘破坏，从而烧损电机。电机温度传感器采用双路冗余配置。

牵引变流器发生接地、次边过流、牵引电动机过流、牵引变流器自身器件发生故障时，故障信号送 TCMS，同时进行自动故障隔离，并在司机显示屏中给出提示，指导司机进行有关故障隔离等的操作。

对主变流器的控制还设置了牵引变流器隔离功能。当由于某种原因，如牵引电动机发生故障、牵引变流器支路发生接地等，需要对某个牵引变流器支路或牵引电动机进行隔离时，可以通过微机显示屏隔离软按键进行相应牵引变流器的隔离，使之停止工作。

库内动车信号通过库用开关 QS3 送到主变流器控制单元，用于在库内动车时主变流器按照特定的控制程序工作。

静态仿真试验开关 SA75，用于在低压试验或动力车出厂前对主变流器的控制单元进行试验检查，确认其是否工作正常。

为满足主变流器工作需要，在主变流器的控制单元内引入高压电压互感器的同步信号。

12.6.7　辅助变流器控制电路

动力车两套辅助变流器装置 UA11、UA12 的控制电路基本一致。不同的是，正常情况下，辅助变流器装置 UA11 设定为变频变压（VVVF）工作方式，当主断路器闭合后，将根据牵引电机温度、主变压器油温、变流柜冷却液温度进行变频变压输出；辅助变流器装置 UA12 设定为恒频恒压（CVCF）工作方式，只要主断路器闭合，UA12 软启动后就开始投入工作。

电磁接触器 KM11、KM12、KM20 的辅助触点信号送入 TCMS 中。当动力车某一辅助变流器发生故障，故障的辅助变流器能及时发信息给 TCMS，通过 TCMS 的控制，自动完成输出电磁接触器的动作转换：若辅助变流器 UA11 发生故障，则电磁接触器 KM11 断开，电磁接触器 KM20 闭合；若辅助变流器 UA12 发生故障，则电磁接触器 KM12 断开，电磁接触器 KM20 闭合。TCMS 将使维持正常工作的辅助变流器工作在 CVCF 方式，同时，故障的辅助变流器被隔离，此时所有辅助电动机全部由另一套辅助变流器供电，牵引电动机通风机和冷却塔通风机将正常满功率工作。

为便于辅助变流器的隔离，在微机显示屏内设置了辅助变流器开放隔离开关，通过触摸开关进行隔离。正常情况下，这些开关均闭合。当由于某种原因，需要进行隔离操作时，可以通过微机显示屏进行相应辅助变流器的隔离。

12.6.8 列车供电系统控制电路

列车供电系统与动力车控制监视系统 TCMS 通过以太网和 MVB 网络与列车供电管理柜进行信息交换，传动列车供电的工作状态和动力车的状态，同时列车供电管理柜有列供钥匙，来控制列供配电柜的电能输出。

12.6.9 空调机组的控制电路

在动力车的司机室设置了空调机组、空调操作控制板 EV11。

空调操作控制板安装于司机室操纵台上，设置有模式选择开关 SA77 和风阀控制开关 SA79。模式选择开关按照顺时针方向依次是："停机""自动""18℃""20℃""22℃""24℃""26℃""通风"，用于实现空调机组的控制状态转换；风阀控制开关有"低速"和"高速"两个位置，用以调整空调新风阀，以控制新风进风量。

12.6.10 动力车重联控制电路

在动力车的后端部设置 4 个内重联插座，可以通过内重联电缆将动力车与动力车电气控制电路连接起来，以实现两台动力车的内重联控制。

12.6.11 自动过分相控制电路

动力车装有全自动过分相检测装置 AE5，有 4 个信号感应接收装置 T1、T2、T3、T4，用于进行分相区前后的信号检测。当动力车运行的线路区段在分相区前后装有地面感应器时，动力车全自动过分相检测装置将起作用。该装置通过向微机控制系统提供过分相区的信息：预告信号、恢复信号 488、强迫信号 489，保证动力车每次通过分相区时，司机不需要做任何操纵，动力车微机控制系统即可自动跳主断，待通过分相区后，又能自动合主断，并保证动力车恢复至通过分相区前的运行状态。

12.6.12 动力车照明电路

12.6.12.1 司机室照明控制

动力车司机室设有两组司机室灯 EL41 和 EL43；司机室灯扳键开关 SB47 设有"强""弱""0"三个位置，用于控制司机室灯亮度的强弱。动力车司机室设有仪表灯，它们都由操纵台上仪表灯扳键开关 SA57 控制，共有"0""合"两个位置。

12.6.12.2 走廊照明控制

每台动力车的走廊灯设置为车内机械间走廊左右两条灯带。它们由操纵台扳键开关 SA59

控制亮、灭。

12.6.12.3 车外照明控制电路

车底灯扳键开关 SA61 能实现对两节车底灯 EL67、EL68、EL77、EL78 的控制，设置有“合”“0”两个位置。

标志灯扳键开关 SA5，设置有“合”“0”两个位置，实现对动力车标志灯 EL57、EL58 的控制。

辅照灯扳键开关 SA77，设置有“闪”“合”“0”三个位置，实现对前辅照灯 EL59、EL60 的点亮控制。当扳键开关置于“闪”位时，辅照灯闪烁。

前照灯扳键控制开关 SA49，有“强”“弱”“0”三个位置，实现对前照灯 EL45 的控制。

12.6.13 其他辅助设备控制

遮阳帘开关 SA62 用于控制遮阳帘的升降；刮雨器水泵开关 SB66 用于对刮雨器水泵 MD41 的开关控制；电风扇开关 SA63 实现对司机室电风扇 MD47、MD49 的开关转换控制；电冰箱开关 SA69 实现对电冰箱 MD51 的控制。

空气管路柜内的辅助压缩机开关 SB71 可实现对辅助压缩机 AMD1 的直接控制。当司机发出升弓指令后，也可由动力车控制系统自动控制辅助压缩机工作。辅助压缩机由蓄电池经辅压机接触器 KMC1 后供电。

动力车在车内和车外还设置了 DC 110 V 电源插座 XL1 ~ XL3，用于司机行车临时使用。

12.6.14 快速降弓控制电路

当动力车受电弓出现风压泄漏问题时，需要立即降弓。为了保证在降弓前，主断路器先断开，动力车控制系统采集了受电弓风管压力开关 KP45 的信号。当压力开关动作时，动力车控制系统会立即分主断，然后停止对升弓阀 YV41 的输出控制，防止拉弧放电对弓网的损坏。

12.6.15 风笛、电笛控制电路

每节动力车上都安装有 2 个高音风笛、1 个低音风笛，分别由高音风笛按钮 SB57、SB59、SB61，低音风笛脚踏开关 SA85 及电笛按钮 SB63 控制。

12.7 制动系统控制电路

动力车控制系统通过 MVB 网络和硬线与制动系统全面结合，完成对制动系统的控制与监测。

动力车控制系统采集各个压力开关和隔离阀的状态信号和制动系统输出信号。状态信号主要包括：紧急制动隔离 S10.01，升弓钥匙阀 U99，辅压机开关 KP47（U84）、KP48（U43.02），辅助风缸隔离 U43.13，总风压力开关 KP49（P50.72）、KP50（P50.74）、KP53（A71 MREP），停放制动压力开关 KP52（B40.07）、KP54（B40.11），停放制动隔离 B40.06，转向架隔离 Z10.22、Z10.23；制动系统输出信号包括：卸载、BCPS、补机故障、紧急制动。动力车控制系统根据

这些信号的状态进行逻辑控制。

动力车控制系统向制动系统输入动力车状态信号和各类控制信号，具体包括：零速、电空互锁、常用制动 A、常用制动 B、紧急制动、停放制动投入、停放制动缓解、撒沙控制、干燥器控制、风笛控制等信号。

13 旅客信息系统

13.1 主要功能

旅客信息系统（Passenger Information System，PIS）包括以下主要功能：

（1）运行信息显示：分为车内信息显示和车外信息显示，车内信息显示主要显示车次号、车厢号、车外温度、当前速度等信息；车外信息显示主要显示车次号、车厢号和区间信息。

（2）广播通告：自动触发预录的广播、手动触发预录的广播和全列人工广播。

（3）娱乐服务：FM 广播。

13.2 系统结构

旅客信息系统包括 PIS 列车主机、PIS 车厢控制器、车外信息显示屏、车内信息显示屏、PIS 操作屏、广播控制盒、扬声器、GPS/FM 天线、集中功放单元等。

13.3 主要部件的结构与功能

PIS 列车主机的人机界面在 PIS 操作屏上显示，通过 PIS 操作屏来完成对 PIS 列车主机的操作。操作界面如图 13-1 所示。

图 13-1 PIS 主界面

车辆运行的途中，如果因为某些原因（例如，线路信息输入错误等）而无法自动报站时，需要进行人工广播报站。

13.4 基本使用操作

人工广播的步骤：工作人员摘下餐吧车乘务员室的话筒，点击广播控制盒面板上的“广播”按键，全列喇叭会发出“叮”提示音，然后进行全列人工广播通告，如图 13-2 所示。

图 13-2　人工广播控制盒

13.5　日常维护保养

13.5.1　PIS 列车主机维护

PIS 列车主机软件的维护更新操作主要有设备状态信息、扬声器测试、显示测试、时间校准以及音量设置等。

点击按钮，进入维护测试界面，如图 13-3 所示。

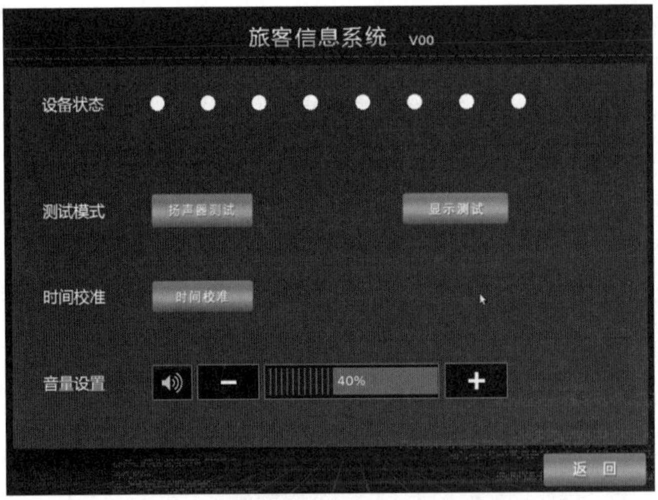

图 13-3　维护测试界面

点击可回到 PIS 列车主机主界面。

1. 设备状态信息

最上方设备状态栏有 8 个（单列）或 16 个（重连）圆形图标，从左到右，从上到下每一个图标依次代表 1 ~ 8 车（单列）或 16 车（重连）的 PIS 车厢控制器在线状态。不在线时图标为白色，在线时图标为蓝色，如图 13-4 所示。

图 13-4　设备状态

2. 测试模式

测试模式分为扬声器测试和显示测试，如图 13-5 所示。

图 13-5　测试模式

点击扬声器测试按钮 ，扬声器播放测试音频。

点击显示测试按钮 ，车内信息显示器屏、车外信息显示屏进入测试模式。

3. 时间校准

时间校准的主要功能是设置 PIS 列车主机的系统时间，在维护测试界面点击 按钮，进入时间校准界面，如图 13-6 所示。

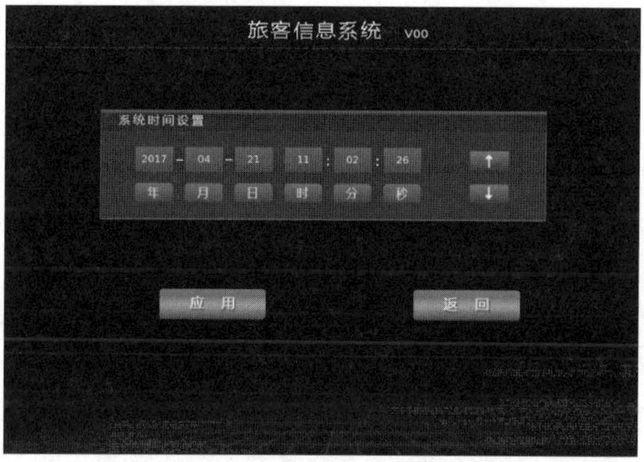

图 13-6　时间校准界面

下面以“年”的设置为例说明时间设置的操作方法：

按下代表“年”的按钮，按钮变成金色 ，此时操作 按键、 按键即可增加、减小时间。最后点击 应用设置。

4. 设置音量

点击 按钮，增大扬声器音量；点击 按钮，减小扬声器音量；点击 按钮，实现静音切换。当前的音量如图 13-7 所示。

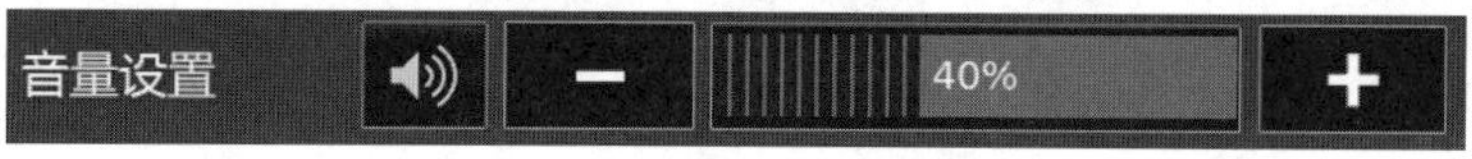

图 13-7　设置音量

13.5.2　升级更新

升级更新主要包括以下操作：更新程序、更新数据库、更新语音文件。

点击 

按钮，进入升级更新界面，如图 13-8 所示。

图 13-8　升级更新界面

下面以“更新程序”为例说明升级更新的使用方法:

按下更新程序的按钮，可以看到升级更新界面的更新进度条的变化，更新完毕时会有提示。

13.5.3　日常保养

1. PIS 列车主机和 PIS 操作屏维护

PIS 操作屏在使用过程中防止表面与硬、尖锐的物体接触损伤。

PIS 操作屏表面较脏时，应用柔软干布擦拭触摸屏，如果特别脏，应用含中性洗涤液的湿抹布绞干后擦拭触摸屏。

在使用过程中若出现 PIS 操作屏显示颜色异常，应检查 PIS 列车主机的 X5 与 PIS 操作屏的 X3 连接是否牢固。

2. PIS 车厢控制器维护

检查 PIS 车厢控制器上电后是否正常运行，如果电源指示灯不亮，检查连接极性是否正确。如果数据通信不正常，检查 X22、X23 指示灯是否正常，连接器连接是否紧固。

检查车内外信息显示屏是否显示正常，如果车内外信息显示屏没有显示，检查 X22、X23 是否连接到位。

检查广播时扬声器是否输出正常，如果广播时扬声器没有输出，检查集中功放单元是否正常工作。

3. 车内外信息显示屏

在 PIS 列车主机主界面选择“测试模式”，检查车内外信息显示屏的版本号，检查车内外信息显示屏的 LED 灯是否有坏点。

14 通风及空调系统

14.1 动力车通风系统

时速 160 公里动力集中动车组动力车通风系统的主要作用是对动力车上需要进行强迫冷却的电气设备实施强迫通风冷却，以使它们的工作温升不超过允许值，保证电气设备正常、可靠的工作。另外，通风系统还包括司机室空调、机械间换气等装置，以给司乘人员提供一个舒适的工作环境。

时速 160 公里动力集中动车组动力车通风系统主要特点如下：

（1）通风系统设计采用高度集成化、模块化的设计思路。根据动力车总体设备斜对称布置的要求，采用独立通风冷却技术，具有结构简单、进风面积大、风阻小、各通风支路风量分配均匀并互不干扰等特点。

（2）通风用的冷却空气进行必要的过滤。如牵引电机通风冷却系统采用顶盖百叶过滤器+旋风式自动排尘过滤器对吸入的空气进行过滤，具有冷却空气清洁度高、进气阻力小、电气部件积灰少、工作可靠性高等特点。

（3）主变压器油冷却和牵引变流器水冷却使用油、水复合冷却器。采用这种“复合冷却”技术，使动力车主要部件减少，缩减了油、水连接管路，减小了流阻，提高了冷却性能，减轻了重量，使得动力车总体设计更加合理。

（4）通风机组采用了铝合金等高强度轻质材料，不仅满足风机性能要求，还极大地减轻了机组重量，以便于动力车的轻量化设计。风机电机轴承采用进口可维护注油脂轴承，极大地提高了轴承的使用寿命，并能更好地适应苛刻的线路条件，大幅提高了风机的可靠性。

14.2 动力车设备通风冷却

通风冷却系统主要包括牵引电机通风、主变压器与牵引变流器冷却的复合冷却通风、司机室通风、空气压缩机通风和机械间通风等系统。

动力车的通风系统采用独立通风系统，按动力车纵向中心线斜对称布置在动力车中间走廊两侧。司机室通风系统布置在两端司机室内。各通风系统有各自相对独立的通风部件和管道，各通风系统相互不影响，进风量均匀，不需进行风量再分配。动力车通风冷却系统如图 14-1 所示。动力车通风冷却系统风量分配示意图如图 14-2 所示。

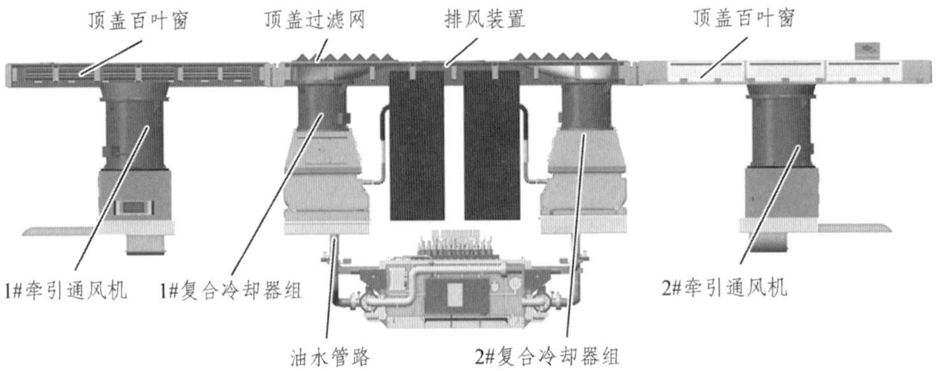

图 14-1　动力车通风冷却系统总体布置示意图

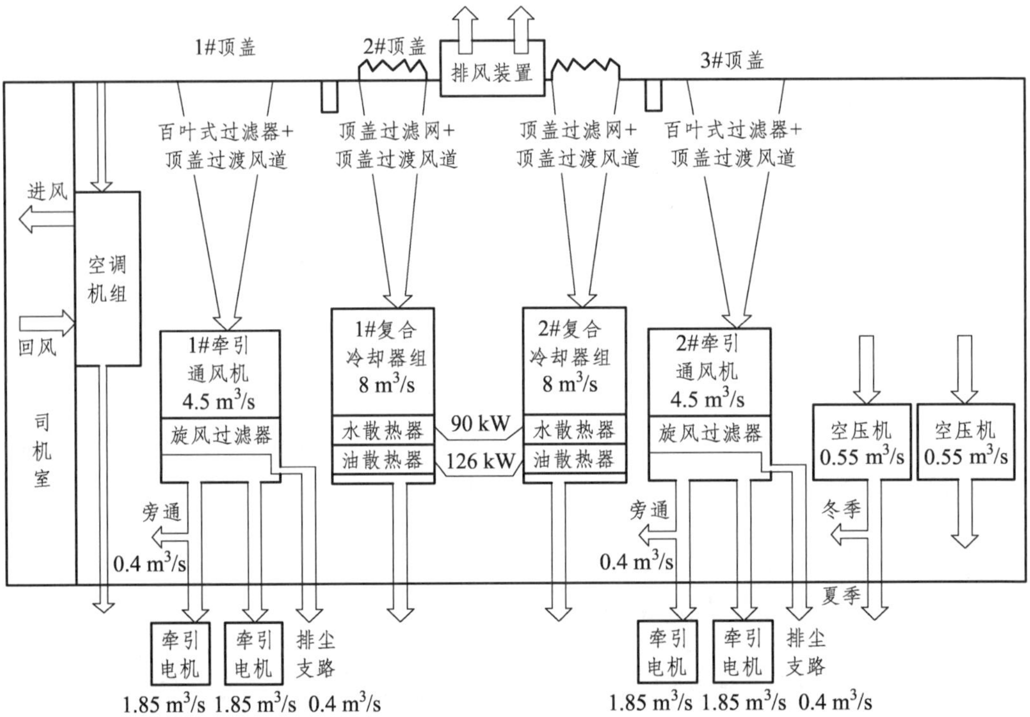

图 14-2　动力车通风冷却系统风量分配示意图

14.2.1　牵引电机通风冷却系统

牵引电机通风系统由两台通风机来完成，每一台通风机分别用来冷却一台转向架的两台牵引电机，室外的空气经过顶盖百叶式过滤器、顶盖过渡风道、通风机、旋风过滤器和风机底座，在风机底座分成两个通风道，分别通过软管和牵引电机的入口相连接，并在风机底座处加开机械间旁通口为机械间通风。牵引电机通风系统示意图如图 14-3 所示。

每组牵引电机通风支路空气走向如下：

车外大气→顶盖百叶式过滤器→车顶过渡风道→通风机→旋风过滤器→风机底座→车体风道→连接软管→牵引电机→大气
↘机械间旁通口→机械间换气
↘排尘支路

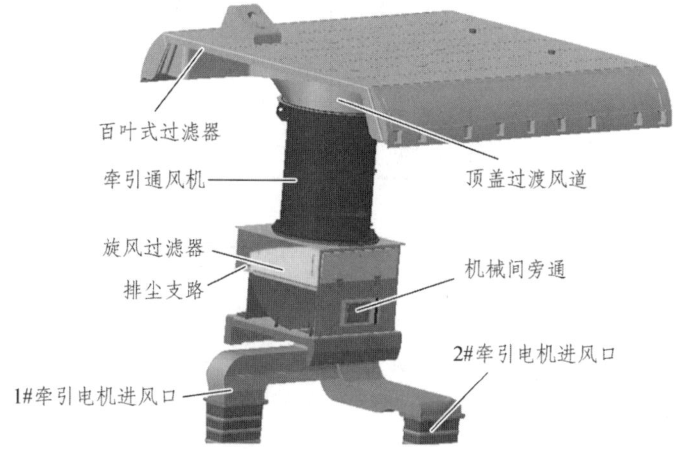

图 14-3　牵引电机通风系统示意图

14.2.2　复合冷却通风冷却系统

由两台复合冷却通风机组等部件组成的复合冷却通风系统分别对两台复合冷却器进行独立冷却，复合冷却器通风系统示意图如图 14-4 所示。冷却空气走向如下：

车外空气→顶盖过滤网→顶盖过渡风道→复合冷却器风机组→过渡风道→复合冷却器→车底大气

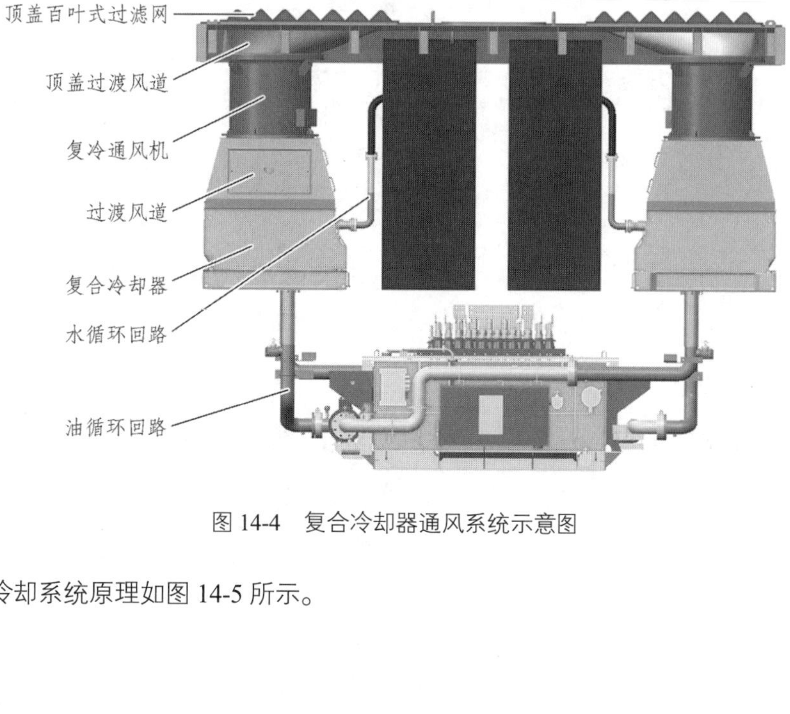

图 14-4　复合冷却器通风系统示意图

复合冷却系统原理如图 14-5 所示。

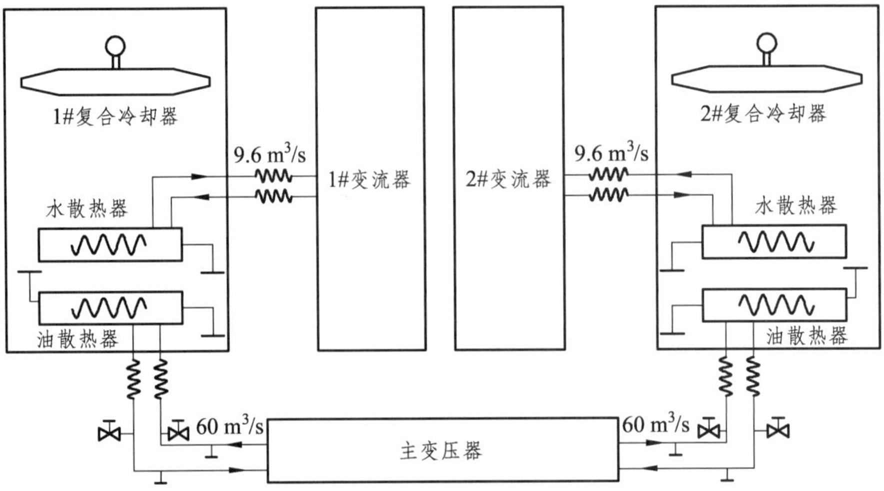

图 14-5　复合冷却系统原理

14.2.3　动力车机械间通风系统

机械间通风是由动力车两组牵引通风系统旁通一条支路提供冷却空气。每组机械间通风支路空气走向如下：

车外大气→顶盖百叶式过滤器→车顶过渡风道→牵引通风机→旋风过滤器→抽板式棕纤维过滤器→机械间→顶盖排风口

为了维持机械间内始终存在一稳定的微正压，可以根据实际情况调节抽板过滤器的进气流量和顶盖排风口的排气流量，以保证机械间内正压的恒定。排风装置如图 14-6 所示。

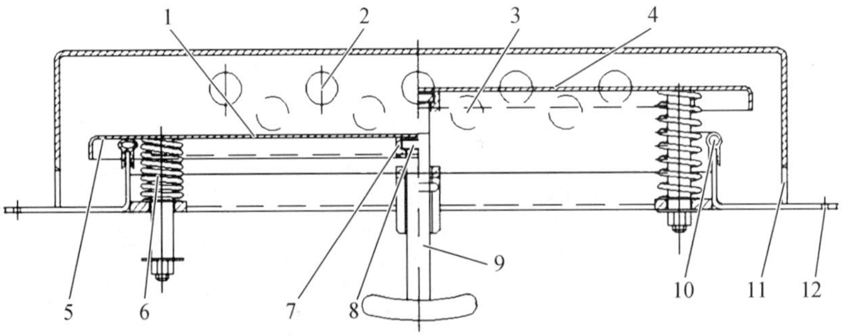

1—排风口关闭位置；2—U 形钢管一；3—U 形钢管二；4—排风口开启位置；5—排风盖；6—压紧弹簧；7—卡槽；8—卡舌；9—手柄；10—密封胶条；11—侧排风口；12—铆钉。

图 14-6　排风装置结构示意图

14.2.4　司机室通风系统

司机室通风采用单元式空调机组，安装在动力车司机室前端罩板内。司机室内的循环空气由空调机组内的通风机组经过装有滤尘网的回风道吸入，并与外界的新鲜空气混合，在通过空调机组内的蒸发器后，冷空气经过出风口处的可调出风栅送入司机室内。制冷系统连续工作，使车内温度逐渐降低，从而达到制冷、除湿的目的，车内空气温度由控制器自动进行控制。

14.2.5 空压机通风散热系统

空压机通风散热采用机械间进气，冷却空压机后，冬季热空气排到车内，并由车体排气口排出车外；夏季热空气直接通过风道排出车外。

14.2.6 空气过滤装置

牵引电机通风冷却要求空气过滤精度相对较高，采用顶盖百叶式过滤器+旋风式自动除尘过滤器的二级过滤方式，并增加了自动排尘装置，以提高过滤效率、精度和降低系统阻力，增强防雨性能，延长了保养周期。

复合冷却器进气系统中安装有顶盖过滤网，由于复合冷却器空气翅片最小间隙为2.3 mm，顶盖钢板网式过滤器孔径为1 × 1 mm，钢丝直径为0.5 mm。因此，颗粒较大污物可以被滤网有效过滤，颗粒较小污物可以随冷却空气吹出冷却器，这样不仅可以有效防止冷却器阻塞，又可以最大限度地降低通风阻力，延长过滤器的维护周期。

机械间通风要求过滤精度较高，由牵引通风系统中旁通的一条支路完成，采用顶盖百叶式过滤器+旋风过滤器+抽板式棕纤维过滤器的三级过滤方式。

14.2.6.1 旋风式自动除尘过滤器

旋风式自动除尘过滤器的工作原理是当外界空气通过旋风过滤器入口，通过螺旋体之后产生高速旋转，在离心力的作用下空气中较大颗粒物被甩向周边，并从下导流管与上导流管之间的通道进入空滤器内腔，在余压的作用下加速从排尘风道排出车体外，而上导流管中心部分的清洁空气则从下导流管内腔通过，达到过滤的效果。过滤器结构如图 14-7 所示。

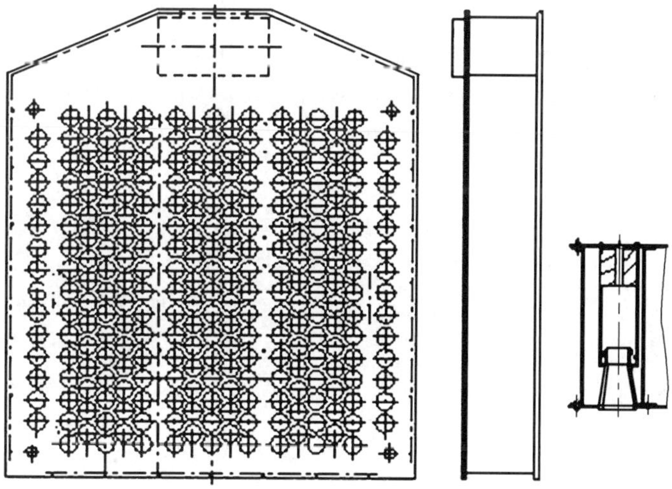

图 14-7 旋风式自动除尘过滤器结构

旋风式自动除尘过滤器具有阻力小、噪声小、免维修和重量轻等优点。

旋风式自动除尘过滤器性能：

滤尘效率：≥80%（灰尘采用 ISO-12103-A4 粗灰，加灰浓度为 1 g/m^3）

初始阻力ΔP：不大于 360 Pa（排尘率约 10%）

额定风量：4.5 m^3/s

清洁空气流量：4.05 m^3/s

排尘空气流量：0.45 m^3/s

旋风式自动除尘过滤器流速-阻力曲线如图 14-8 所示。

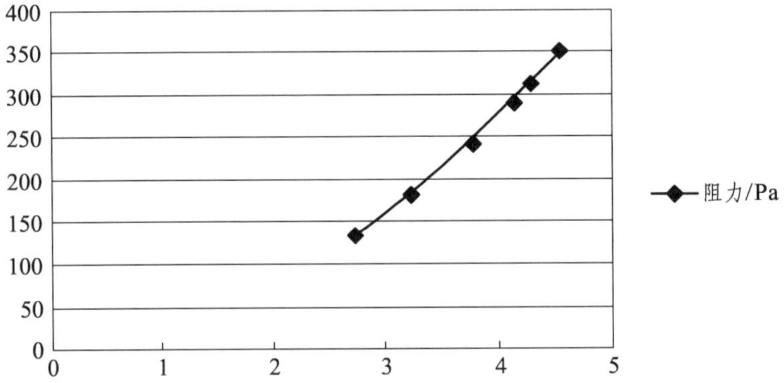

图 14-8　旋风式自动除尘过滤器流速-阻力曲线

14.2.6.2　顶盖钢板网过滤器

顶盖钢板网过滤器安装在动力车顶盖上方，复合冷却器通风支路中，其主要作用是夏季可以有效地过滤空气中的柳絮及漂浮物。该滤器为 1×1 mm 孔径钢丝网结构，阻力小，安装简单，清洗方便。

14.3　客室空调系统

14.3.1　组成及原理

时速 160 公里动力集中动车组空调系统主要由空调机组、送风装置、回风装置、废排装置、采暖装置构成。空调系统通过监测车辆外温及内温状态，自动调整工况，以实时调节车内温度及送风量，以保证车内温度及风速符合标准要求。

14.3.2　设备布置

时速 160 公里动力集中动车组各车型均在一位端平顶设置一台空调机组，控制车除一位端设置客室空调机组外，二位端设置了司机室空调机组。控制车送风装置位于中部高顶，除一等卧车回风装置均布于包间大走廊顶板上部外，其余车辆均布置于空调机组正下方。采暖装置分为空气预热装置和客室加热器，其中空气预热器安装于空调机组内部，客室加热器安装于客室内部及端部区域。空调系统各部件数量见表 14-1。

表 14-1　短编空调系统各车部件数量

部件名称	二等座车	二等座车/餐车（餐吧式）	控制车（客室）	控制车（驾驶室）
空调机组/台	1	1	1	1
送风装置/套	1	1	1	1
回风装置/套	1	1	1	1
废排装置/套	2	2	2	0
采暖装置/套	1	1	1	1

14.3.3 主要部件结构与功能

14.3.3.1 客室空调机组

客室空调机组包含两个独立运行的制冷循环，制冷模式下，混合风（由来自客室的回风和从外界环境吸入的新风混合而来）被送风机吸入，经过蒸发器盘管，盘管内的制冷剂蒸发吸热，热量从混合风经蒸发盘管传给制冷剂，混合风得以冷却减湿。冷却减湿后的空气经过送风机送入车顶风道系统，通过风道输送到乘客车厢。客室空调机组参数见表 14-2。

表 14-2 空调机组参数

机组型号		KLD-53/12DG-E	KLD-45/09DG-E	KLD-35/09DG-E
适用车型		二等座车	二等座车/餐车（餐吧式）	控制车
型式		车顶平底弧顶单元式（前送底回）		
电源	主回路	三相交流 380 V（±10%）50 Hz（±5%）（逆变器供电，有断电区）		
	控制回路	DC 110 V（波动范围：DC 77～137.5 V）		
制冷量/kW		53	45	35
总风量/（m^3/h）	高速	6 500	5 500	4 500
	低速	4 200	4 000	3 000
最大新风量/（m^3/h）		1 960	1 500	900
制冷剂		R407C		
电热功率/kW		12	9	9

客室空调机组如图14-9所示。

图 14-9 客室空调机组

14.3.3.2 司机室空调机组

司机室设置独立的单元式空调机组，放置在控制车车顶。司机室空调机组通过风道将气流输送给司机室。

司机室的新鲜空气来自安装在车顶的单元式空调机组，通过风机为司机室吸入新鲜空气。新鲜空气被吸入司机室空调机组后，与来自司机室的回风混合，再经过过滤网和蒸发器。然后通过司机室主风道和布置在司机室各位置的风道将冷风或暖风输送到司机室（地板区域、前风挡玻璃、司机室控制台上方的可调节风口等）对温度进行调节。司机室的回风口设置在靠近司机室门的侧墙区域，便于司机室内的空气循环。司机室空调机组参数见表 14-3。

表 14-3　司机室空调机组参数

机组型号		KLD-06/06D-E
适用车型		控制车司机室
型式		车顶平底弧顶单元式（底送底回）
电源	主回路	三相交流 380 V（±10%）50 Hz（±5%）（逆变器供电，有断电区）
	控制回路	DC 24 V
制冷量/kW		6
总风量/（m^3/h）	高速	800
	低速	600
最大新风量/（m^3/h）		60
制冷剂		R407C
预热器功率/kW		6

司机室空调机组如图14-10所示。

图 14-10　司机室空调机组

14.3.3.3　送风装置

送风道目前采用 20 mm 厚铝箔复合板及 3 mm 厚玻璃钢两种材质，各车型主要风道均采用铝箔复合板材质，仅二等卧车与空调机组直接相连的风道采用玻璃钢材质。送风道目前由静压腔、动压腔、支风道、出风口及隔板、吊码等组成。送风道如图 14-11 所示。

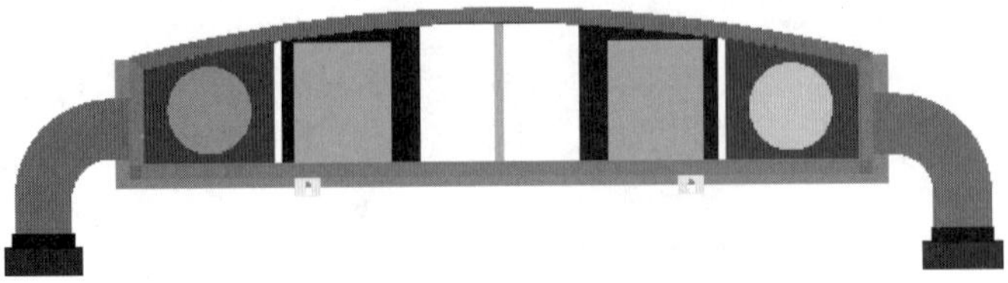

图 14-11　送风道

14.3.3.4　回风装置

回风道目前采用 3 mm 厚玻璃钢风道材质，回风口设置回风过滤装置，回风过滤装置可从车内打开对相关滤网进行维护作业，回风过滤装置如图 14-12 所示。

图 14-12　回风过滤装置安装效果

14.3.3.5　废排装置

卫生间和厨房设置机械排风装置，包括侧墙废排格栅及车内排风机。该结构由原 160 顶部废排改进而来，通过废排风机的作用，将卫生间、厨房的废气排出至车外。废排格栅及风机如图 14-13 所示。

（a）废排风口

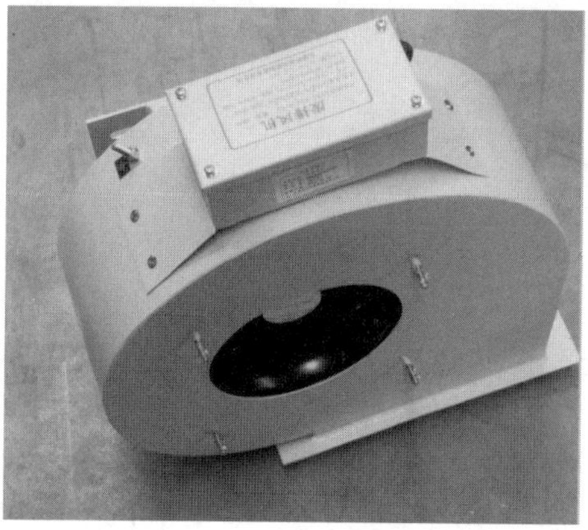

（b）废排风机

图 14-13　废排风口和废排风机

14.3.3.6　采暖装置

采暖装置包括客室自然通风电取暖器和强制通风电取暖器，客室自然通风电取暖器为带状板式电取暖器，由铝型材罩板、加热元件及底板组成。强制通风电取暖器由壳体、加热元件、风机、控制板组成。自然通风电取暖器和强制通风电取暖器如图 14-14 和图 14-15 所示。

图 14-14　自然通风电取暖器

图 14-15　强制通风电取暖器

14.4　基本使用操作

时速 160 公里动力集中动车组目前需车内进行的日常操作为空调电热装置的启动及滤网更换等日常维护操作。

空调电热装置的启动：

闭合空调控制柜电源、空调控制空开、废排风机空开，将空调控制旋钮调整至自动位，空调采暖装置即进入自动工况，通过监测到的内温及外温的状态自动调节空调运行状态。通过操作显示屏可监控空调运行状态并查询故障记录，也可通过控制屏手动对空调运行状态进行操作。空调控制界面如图 14-16 所示。

图 14-16　空调控制界面

滤网更换：

打开小走廊处平顶板上的回风过滤装置，打开后可经回风过滤装置将空调机组新风滤网及混合风滤网拆下清洗或进行更换。空调机组滤网如图 14-17 所示。

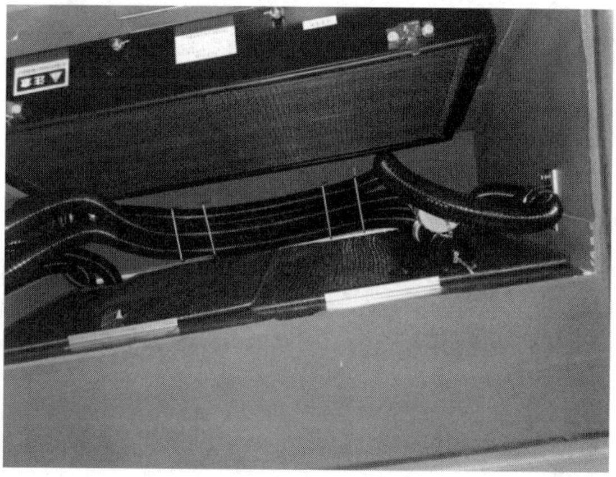

图 14-17　空调机组滤网

15 车辆给排水及卫生系统

15.1 组成及原理

时速 160 公里动力集中动车组给排水卫生系统主要由给水装置和卫生系统两部分组成。给水装置主要包括水箱、注水装置、供水装置、溢水装置、电热开水器等。卫生系统主要包括卫生间、洗面间、真空保持式集便装置。

给水装置采用车上水箱重力供水原理，向各个用水设施进行供水。

真空保持式集便装置的工作原理：用加压后的水冲洗便器，用污物箱的真空把污物吸进污物箱。

电热开水器采用沸腾翻水式原理、电磁加热方式。

15.2 设备布置

时速 160 公里动力集中动车组给水卫生系统由以下几部分组成：

（1）座式卫生间、蹲式卫生间分别布置在二等座车、控制车上。

（2）无障碍卫生间布置在二等座车/餐车上。

（3）除二等座车/餐车外，每车均设置一个洗面间和一个电热开水器。

（4）每车均在二位端平顶上部设置净水箱，净水箱材质为不锈钢。

（5）每个卫生间对应设置一套真空保持式集便装置。

二等座车/餐车（餐吧式）给水系统原理图、二等座车给水系统原理图、控制车给水系统原理图如图 15-1 ~ 图 15-3 所示。

操作说明

1. 车辆运行：球阀 F1、F2、F4、F5、F8处于打开状态，
   球阀F3、F6、F7、F9处于关闭状态。

2. 排水：水箱打开球阀 F3；
   卫生间打开球阀 F6、F7；
   厨房洗池打开球阀 F9.
   排水完毕后，排水阀务必恢复原状态。

注意：A型球阀阀柄与阀体平行时，球阀打开；阀柄与阀体垂直时，球阀关闭。
蝶形球阀阀柄与阀体平行时，球阀打开；阀柄与阀体垂直时，球阀关闭。

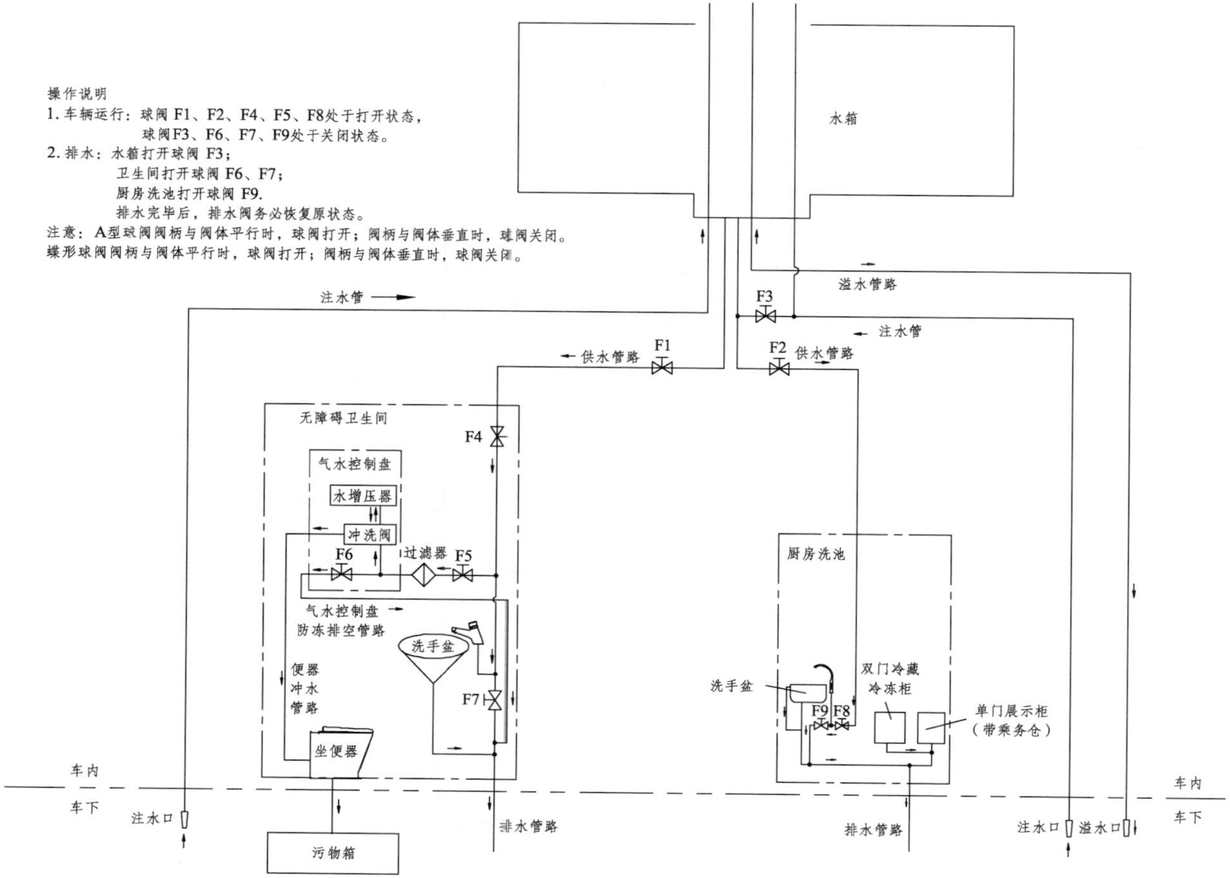

时速160公里动力集中动车组餐吧车球阀用途表									
球阀序号	F1	F2	F3	F4	F5	F6	F7	F8	F9
球阀型式	A型球阀	A型球阀	A型球阀	碟形球阀	碟形球阀	碟形球阀	碟形球阀	碟形球阀	碟形球阀
球阀用途	检修	检修	排水	检修	检修	排水	排水	检修	排水

图 15-1　二等座车/餐车（餐吧式）

操作说明

1. 车辆运行：球阀 F1、F2、FB、F4、F5、F6、F9、F13、F16处于打开状态，
   球阀F7、F8、F10、F11、F12、F14、F15、F17、F18、F19处于关闭状态。

2. 排水：卫生间打开球阀 F7、F8、F14、F15；
   洗面间打开球阀 F17、F18、F19；
   电热开水器打开球阀 F10、F11、F12；
   排水完毕后，排水阀务必恢复原状态。

注意：A型球阀阀柄与阀体平行时，球阀打开；阀柄与阀体垂直时，球阀关闭。
　　　蝶形球阀阀柄与阀体平行时，球阀打开；阀柄与阀体垂直时，球阀关闭。

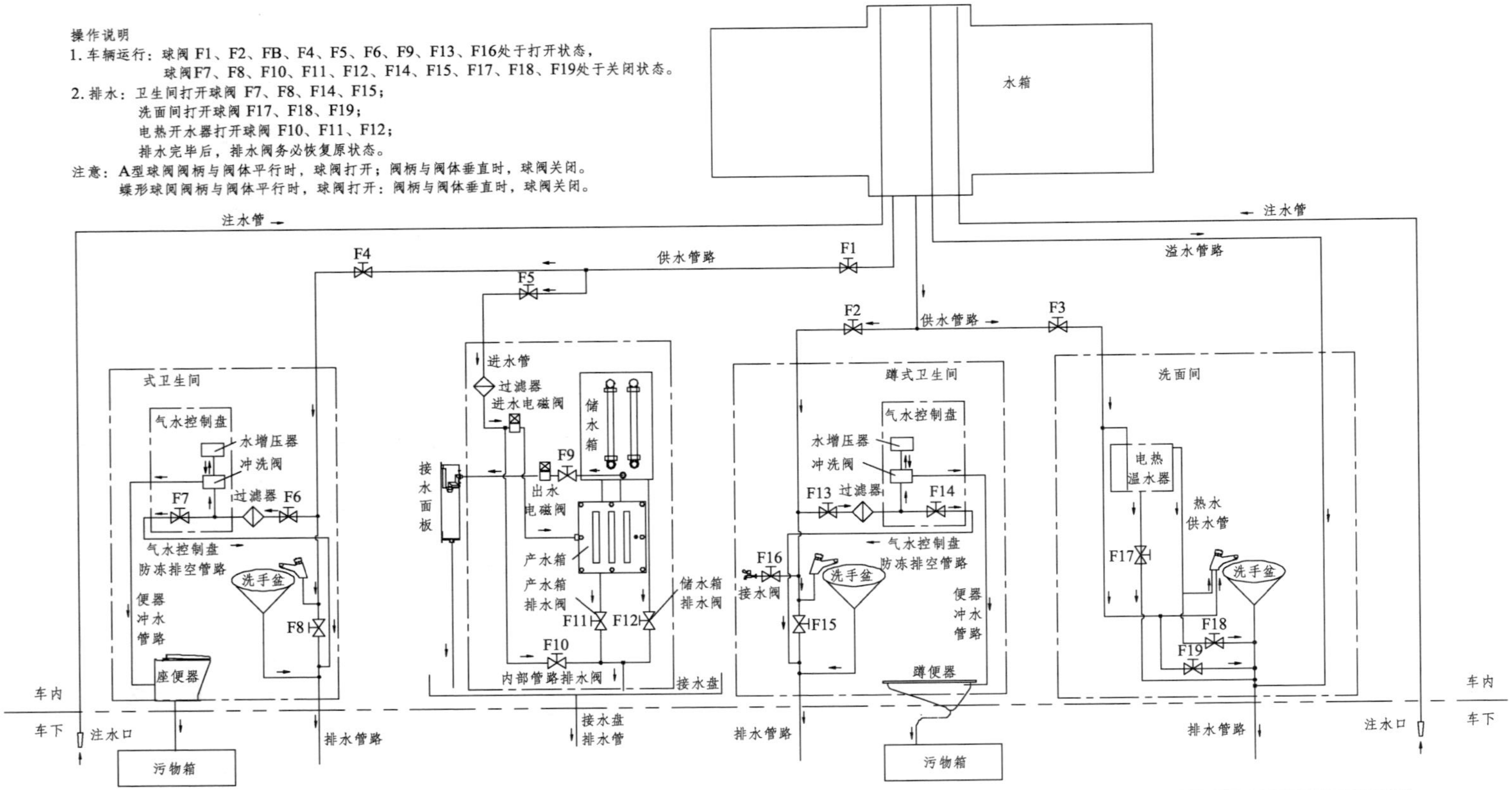

时速160公里动力集中动车组座车球阀用途表																			
球阀序号	F1	F2	F3	F4	F5	F6	F7	F8	F9	F10	F11	F12	F13	F14	F15	F16	F17	F18	F19
球阀型式	A型球阀	A型球阀	A型球阀	A型球阀	碟形球阀	碟形球阀	碟形球阀	碟形球阀	碟形球阀	碟形球阀	碟形球阀	碟形球阀	碟形球阀	碟形球阀	碟形球阀	碟形球阀	碟形球阀	碟形球阀	碟形球阀
球阀用途	检修	检修	检修	检修	检修	检修	排水	排水	检修	排水	排水	排水	检修	排水	排水	检修	排水	排水	排水

图 15-2　二等座车给水系统原理图

操作说明

1. 车辆运行：球阀 F1、F2、FB、F4、F5、F6、F9、F13、F16处于打开状态，
　　球阀F7、F8、F10、F11、F12、F14、F15、F17、F18、F19处于关闭状态。

2. 排水：卫生间打开球阀 F7、F8、F14、F15；
　　洗面间打开球阀 F17、F18、F19；
　　电热开水器打开球阀 F10、F11、F12；
　　排水完毕后，排水阀务必恢复原状态。

注意：A型球阀阀柄与阀体平行时，球阀打开；阀柄与阀体垂直时，球阀关闭。
　　蝶形球阀阀柄与阀体平行时，球阀打开：阀柄与阀体垂直时，球阀关闭

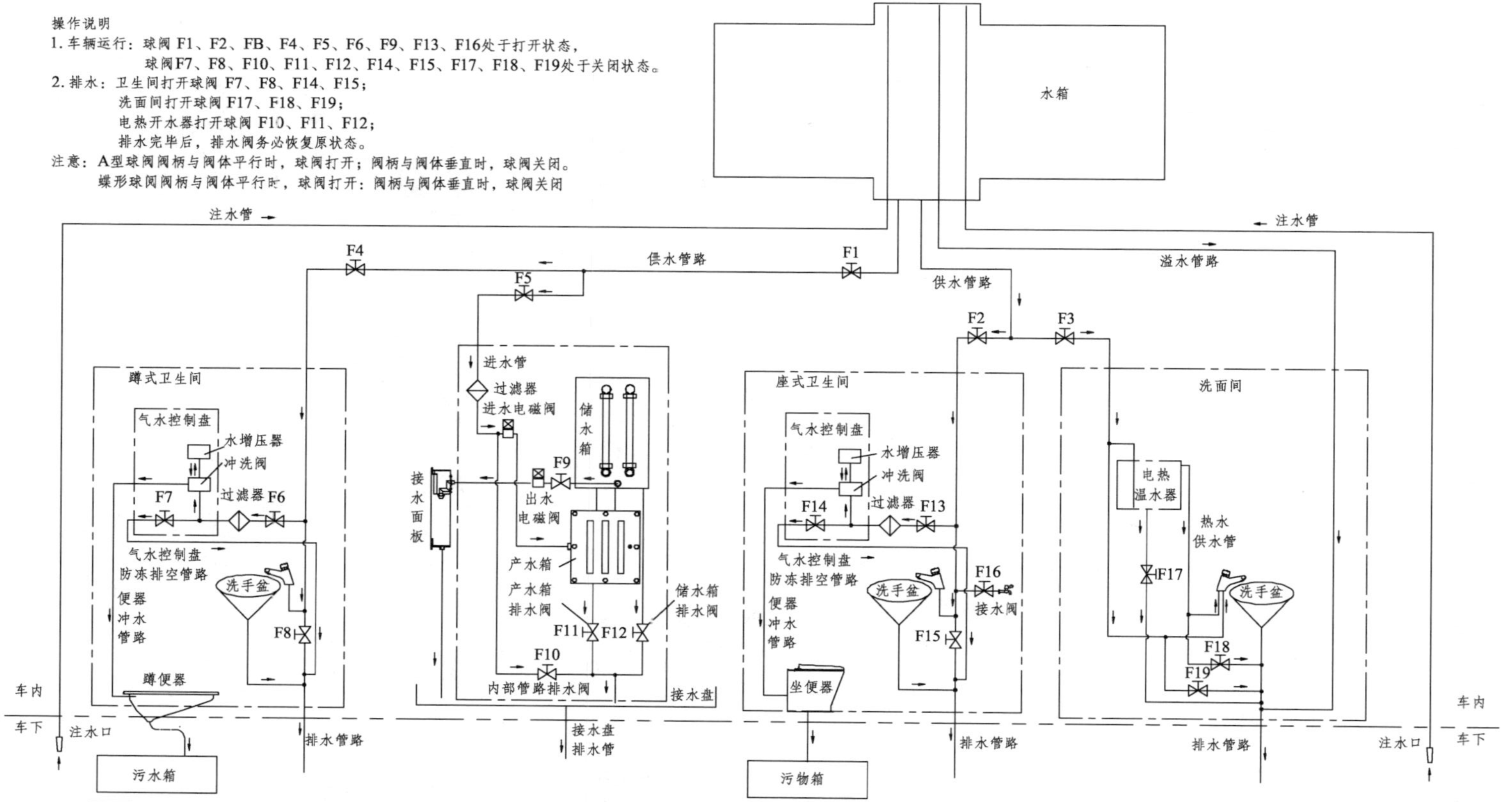

时速160公里动力集中电动车组控制车球阀用途表																			
球阀序号	F1	F2	F3	F4	F5	F6	F7	F8	F9	F10	F11	F12	F13	F14	F15	F16	F17	F18	F19
球阀型式	A型球阀	A型球阀	A型球阀	A型球阀	碟形球阀	碟形球阀	碟形球阀	碟形球阀	碟形球阀	碟形球阀	碟形球阀	碟形球阀	碟形球阀	碟形球阀	碟形球阀	碟形球阀	碟形球阀	碟形球阀	碟形球阀
球阀用途	检修	检修	检修	检修	检修	检修	排水	排水	检修	排水	排水	排水	检修	排水	排水	检修	排水	排水	排水

图 15-3　控制车给水系统原理图

15.3 主要部件的结构与功能

1. 净水箱

净水箱箱体采用 3 mm 厚不锈钢焊接而成，端板处设注水接口，底板处设供水接口、排水接口和水位传感器安装接口，箱体内部设防波板，同时整个箱体外部黏结防寒材料。

净水箱给每个用水点单独供水，即卫生间和电热开水器具有独立的供水管路。

2. 水位显示仪

水位显示仪供电电源为 DC 110 V，功率为 10 W，水位显示仪设有 100%、75%、50%、25%、0 五个级位，并设置常亮显示的电源指示灯和液位指示灯。液位传感器安装于水箱下部，水位显示仪安装于电气综合控制柜门板上。电源灯为绿的 LED 灯，用于区别水位显示板故障时和清水箱空时的两种状态。在绿色电源 LED 灯上部有红色的 LED 灯，用来表示清水箱液位状态，当清水箱空时，红灯全熄灭；当清水箱满时，红灯会全亮；当清水箱内液位不同时，红色 LED 灯的显示状态也会随之变化。

3. 电热开水器

电热开水器采用沸腾翻水式原理、电磁加热方式的柜式整体结构，主要由框架、电控箱、加热元件、加热箱、储水箱、进水电磁阀、过滤器、磁控管等组成。接水面板设有纸杯架、解锁按钮、出水按钮，为乘客全天候提供饮用开水。

4. 卫生间

卫生间主要由仿理石增强复合地板、铝蜂窝板或玻璃钢墙板、拉门、面镜、转轴门、洗手器、扶手、衣帽钩、垃圾箱等构成，为乘客在旅途中提供大小便的场所。

5. 洗面间

洗面间主要由仿理石增强复合地板、铝蜂窝板或玻璃钢墙板、洗手器、扶手、面镜、皂液器等构成，为乘客提供洗漱的场所。

6. 真空保持式集便装置

真空保持式集便装置由车下污物箱、气水控制盘、电气控制盘、冲水按钮、蹲式便器（或座式便器）等组成，用于收集人体排放的废物和废水。

15.4 基本使用操作

15.4.1 水箱注水

可以使用民用供水管网的供水系统给水箱注水，注水水压为 100 ~ 600 kPa，但水温不应该高于 15°C。水箱存水最多为 3 天，水箱需完全排空。水箱和净水管道需要定期消毒。

可从车体的两侧注水口给水箱注水。注水口设置在车体二位端车体底架下部。水箱设有一个溢流接口。当水箱注满时（当水从水箱排水管或另一侧的注水口溢出时），应该立即停止注水。通过常亮液位显示器可以显示水位。

15.4.2 正常操作

正常操作下，水箱到电热开水器和卫生间及洗面间的供水管路处于连通状态。每个供水管路都有球阀，可以用这些球阀来关闭每个用水点的供水。在每个卫生间供水管路分别给便器和各用水点供水，每个洗面间供水管路给电热温水器和各个用水点供水。

便器安装在卫生间地板上，冲洗便器的水通过集便系统的水增压器，增压后对便器的便池进行冲洗。

15.4.3 排空污物箱

当污物箱满时，集便系统停止使用，通过乘务员室集便控制柜上部指示灯显示出来。

为排空污物箱，需打开污物箱排污口拉门。将污物箱的排气球阀打开，然后将抽吸设备的管道连接到水箱的凸轮，锁紧连接上。最后打开球阀，污物箱被清空。

为冲洗污物箱，可以使用冲洗接头连接。重要的是污物箱上所有的阀在列车返回到运营之前是关闭的。

15.4.4 防冻排水步骤

（1）手动打开排水管路上的手动球阀，排空净水箱及其管路里的存水（餐座车、餐吧车）。

（2）手动打开卫生间、洗面间上排水球阀，排空净水箱及其供水管路里的存水。

（3）手动打开电热开水器和电热温水器排水球阀，排空内部存水。

（4）打开卫生间面镜检查门，打开气水控制盘上手动放水阀，将进水管路及水增压器内剩余的水排空后关闭。打开手动加气阀，压缩空气将冲洗喷嘴或冲洗环中剩余的水排空。10 s 后关闭手动加气阀，按下冲洗按钮，将便器中的水排到污物箱内。

（5）通过吸污设备将污物箱清空，整车防冻排空结束。

（6）防冻排水完成后，需复位所有排水球阀到原位。

16 电务车载

16.1 第三方行车安全系统控制电路

时速 160 公里动力集中动车组目前采用国产电力动力车通用的行车安全监控系统，主要设备包括 LKJ 监控主机、信号主机、数模转换盒（预留）、轴端速度传感器、TAX 箱、无线列调 CIR 主机、GPS 主机、LKJ 功能扩展盒、LASI 主机及通话器、监控显示屏、列调终端 MMI、压力传感器等。

动力车的LKJ监控主机的电源回路与动力车司机电钥匙辅助触点联锁，故在正常运行时，只有本务车的 LKJ 主机处于工作状态。

动力车 TCMS 与第三方行车安全系统采用硬线连接方式，由 TCMS 送出的 5 个输出信号和送入 TCMS 的 4 个输入信号构成。5 个输出信号是：牵引或制动工况信号、调速手柄处于零位信号、方向手柄处于向前位或处于向后位信号；4 个输入信号是动力车卸载信号、常用制动 A 信号和常用制动 B 信号、紧急制动信号。其中，常用制动 A 信号和 B 信号、紧急制动信号还通过硬线送入空气管路柜中，由制动系统执行相应指令。

动力车风笛压力开关 KP89～KP90，分别安装在高、低音风笛管路中。将信号送到 LKJ 功能扩展盒中，用于 LKJ2000 监控系统记录风笛的动作次数、时间等信息。

16.2 车载 CTCS

CTCS2-200 型设备主要运用于 CTCS-2 级线路高速列车，最高速度为 250 km/h。该设备通过实时接收地面轨道信号以得到列车运行前方的空闲区间长度，实时接收地面应答器数据得到列车前方路段的限速、坡道等信息，实时采集列车速度信息，不断综合这些信息形成列车的制动速度曲线。当判断列车运行速度大于当前曲线所规定的速度时，会通过图像与声音通知司机。如果实际速度与曲线规定速度差继续变大，便通过与列车的制动接口向列车发出制动信息。

系统具备三取二的系统运作模式，既保证安全性又保证可用性；具备故障安全导向特点，在设备出现任何异常时都会保证列车的安全；具备数据记录功能，全程记录运行时的各种关键数据。

16.3 CTCS-200 车载设备构成

如图 16-1 和图 16-2 所示，CTCS2-200C 型车载列控设备包括 8 个主要部分：车载设备主机、人机交互接口、速度传感器、连续信息接收设备、点式信息接收设备、列车接口、列车运行记录单元（集成在 CVC 安全计算机中）和与 LKJ 的接口。

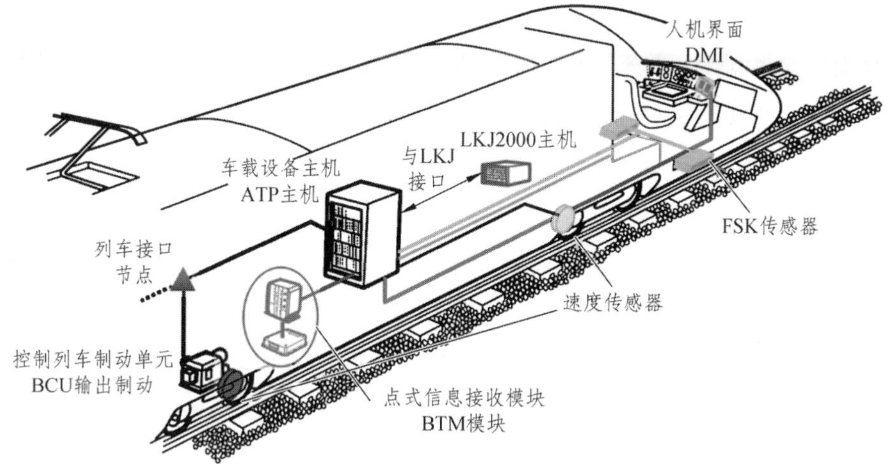

图 16-1　CTCS-200 车载设备构成

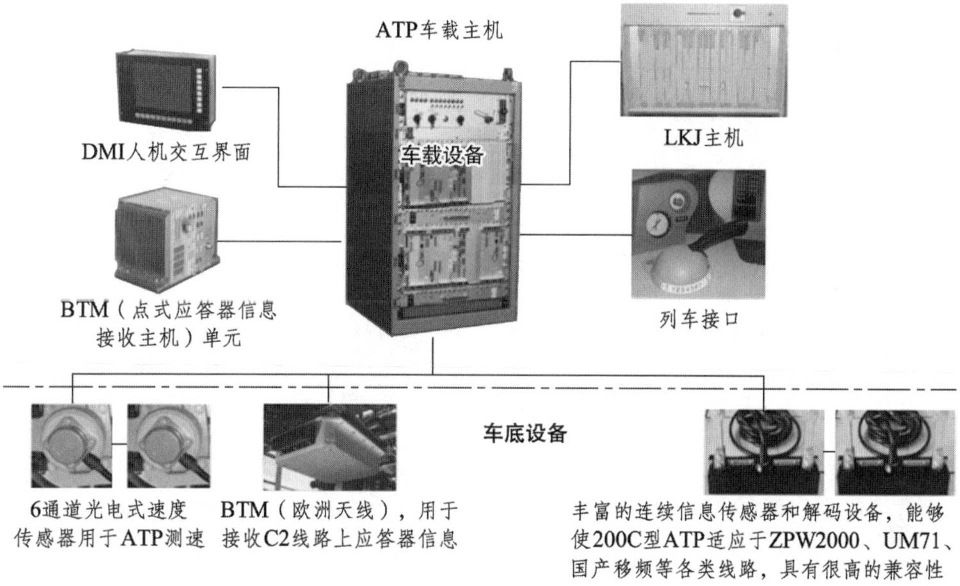

图 16-2　CTCS 车载设备实物图

16.4　CTCS 与 LKJ 系统的互联互通

时速 200 ~ 250 公里动车组，车载装备 CTCS-2 级列控设备和 LKJ，实现两者的有机结合和系统集成。在具有 CTCS-2 级控制条件时，包括安装 CTCS-2 级、CTCS-3 级地面设备的区段，采用 ATP 控车方式，最高速度为 250 km/h；在停车时可通过司机操作，进行 ATP/LKJ 控车方式的切换，在 CTCS-0 级、1 级区段采用 LKJ 控车方式，最高速度为 160 km/h。

安装不同等级列控系统的线路分界处，设置 CTCS 级间转换应答器，由列控车载设备自动实现方式的转换。

16.5 车载安全防护系统电路

车载安全防护系统包括走行部检测系统、防火检测系统、车顶绝缘检测系统、视频检测系统、列车供电检测系统和空气制动检测系统，对动力车进行全面的安全检测。在动力车内重联与外重联侧设有 VDSL 重联、LonWorks 重联和 CAN 总线电缆，以实现两台动力车或动力车与控制车之间的通信，使司机在本务动力车就可以对重联动力车的检测结果进行查看。

附　录　更换 PLC 电池

如果电源没有向 PC 供电已有一段时间，则在更换电池前要接通电源至少 5 min。

在更换电池前断开 PC 的电源。

在更换电池时，采用下列步骤必须在 5 min 内完成。

（1）用平头螺丝刀取下电池盖（见附图 1）。

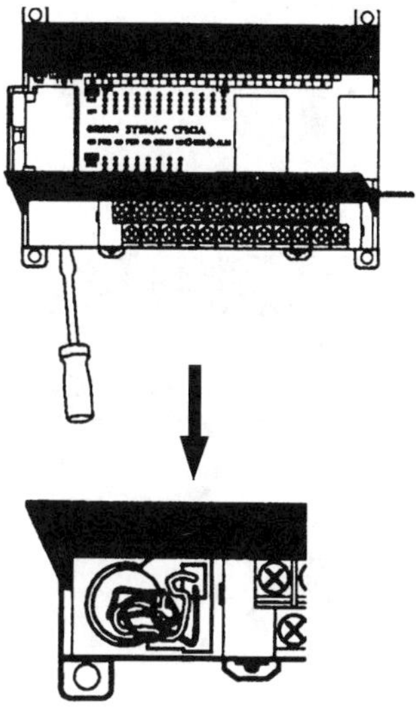

（a）打开端子盖

（b）取下电池盖

附图 1　取下电池盖

（2）取出电池（见附图 2）。

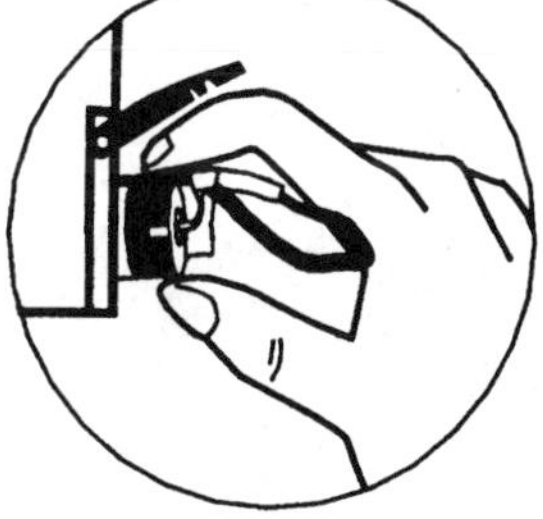

附图 2　取出电池

（3）卸卜电池连接器（见附图 3）。

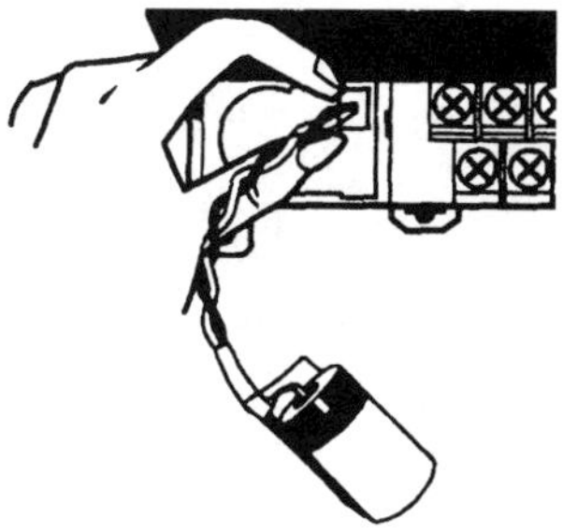

附图 3　卸下电池连接器

（4）检查更换电池的连接器（见附图 4）。

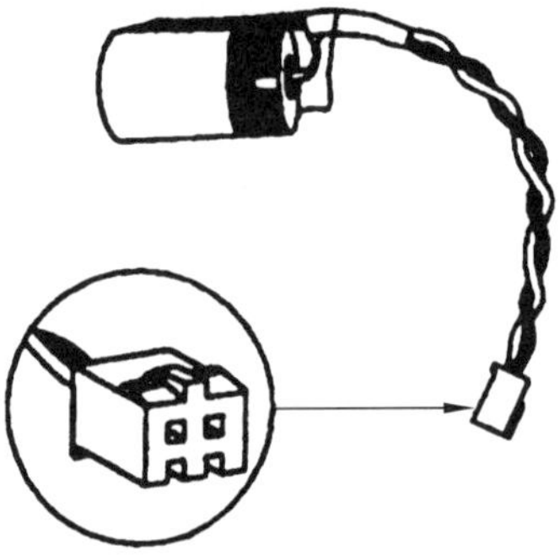

附图 4　检查连接器

（5）检查连接器接头的准线且完全插入连接器（见附图 5）。

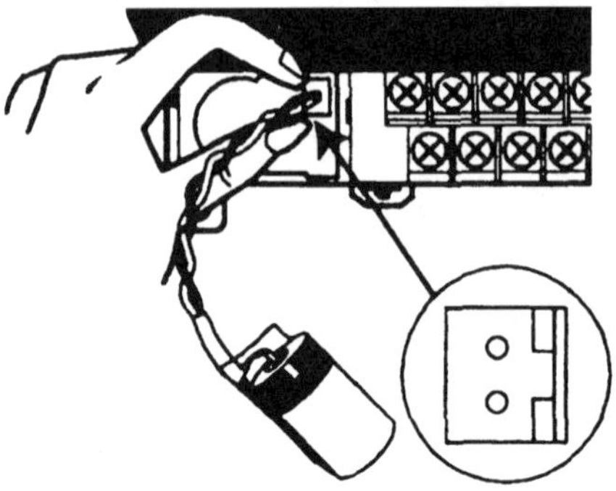

附图 5　检查连接器接头

（6）将电池插入电池舱，确保电池上的电线是面向舱内右边的连接器（见附图 6）。

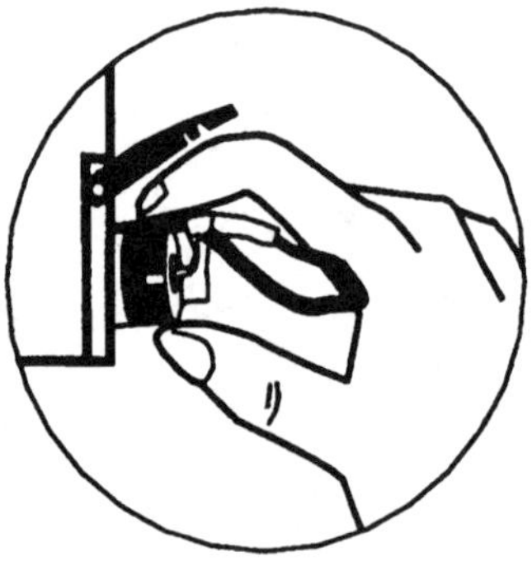

附图 6　将电池插入电池舱

（7）关上电池盖。

参考文献

[1] 刘海波. 铁路集中供电客车电气装置[M]. 北京：中国铁道出版社，2004.
[2] 160 动集编委会. 时速 160 公里动力集中型电力动车组原理与操作[M]. 北京：中国铁道出版社，2020.